管 理 学 概 论

（第六版）

尤建新　蒋　璐　编著

同济大学出版社
TONGJI UNIVERSITY PRESS
·上海·

内 容 提 要

本书聚焦于管理学的本质与内涵，明确了管理是计划、组织、领导、控制等一系列职能协同作用的过程，强调效率与效果的统一，并探讨管理者在不同层次所需扮演的角色与技能。在此基础上，本书系统解析了四大基本管理职能的主要理论：计划职能阐述了计划工作、方法及计划工具和决策等，组织职能阐述了组织结构、人力资源、组织文化及组织变革等，领导职能阐述了行为、激励、领导特质及沟通等，控制职能阐述了管理控制、有效控制等内容，确保管理目标的实现。同时，本书还深入探讨个体行为（如动机、认知、态度）、群体行为（如团队建设、沟通、冲突管理）以及组织文化、组织结构设计对管理实践的影响，为学习者构建一个关于"组织如何有效达成目标"的完整知识框架。

全书体系完整、结构清晰、可读性强，每章后都设有小结和思考题。本书可供高等院校经济与管理类专业管理学概论和管理学基础理论课程使用，也可供其他专业选修管理类课程或各类管理干部培训使用。

图书在版编目(CIP)数据

管理学概论 / 尤建新，蒋璐编著. -- 6版. -- 上海 ：同济大学出版社，2025. 7. -- ISBN 978-7-5765-1724-8

Ⅰ. C93

中国国家版本馆 CIP 数据核字第 20254QX953 号

管理学概论（第六版）

尤建新　蒋　璐　**编著**

责任编辑　马继兰　　**责任校对**　徐逢乔　　**封面设计**　陈益平

出版发行　同济大学出版社　　www.tongjipress.com.cn

（地址：上海市四平路 1239 号　邮编：200092　电话：021-65985622）

经　　销　全国各地新华书店

排　　版　南京月叶图文设计制作有限公司

印　　刷　江阴市机关印刷服务有限公司

开　　本　710mm×1000mm　1/16

印　　张　18.5

字　　数　321 000

版　　次　2025 年 7 月第 6 版

印　　次　2025 年 7 月第 1 次印刷

书　　号　ISBN 978-7-5765-1724-8

定　　价　56.00 元

前　言

（第四版）

从开始讲授《管理学概论》课程至今，已经三十年。这三十年中，不仅是中国，全世界都发生了巨大变化，尤其是世界经济格局，用“翻天覆地”一词来形容，一点也不夸张。互联网的出现，改变了许许多多企业的组织体系和运营模式，也使得市场变得更加眼花缭乱。许多百年老店在变化的大潮中被冲垮，也有许多新创企业被这一波又一波的大潮推上巅峰。

新的世界格局下，新思维、新理论、新方法不断涌现，一些传统的管理理论和方法受到了冲击和挑战。但是，有句话说得好“产品是壹，营销是零”，在一个又一个的商业模式光环背后，都有着实实在在的核心竞争力。虽然与时俱进的管理实践迸发出形形色色耀眼的火花，但是管理的实质，在去掉光环后所呈现的主流仍然是很传统、很基础、很简单的思想和方法，所基于的管理学的基本概念和理论仍然有着很强的生命力，尤其像 Peter F. Drucker 这类管理学大师的思想贡献，不仅影响了 20 世纪的管理实践，更是今天管理创新发展的指南。

第四版《管理学概论》是在前三版的基础上修改而成，保持了第三版 5 篇 20 章的结构，结合 21 世纪以来管理实践的发展增加了案例研讨，期望大学生们能够主动地融入现实的管理实践中，从管理问题中学习和获得提升。

第四版《管理学概论》由尤建新执笔进行修订。在第四版的修订过程中，听取了许多授课老师的意见，在此，向使用本书和对作者提出改进建议的所有师生、专家以及参加过本书第二、第三版修订的雷星晖、彭正龙、周文泳、陈守明等教授们表示衷心的感谢！并期望大家继续对第四版《管理学概论》给予积极支持和不吝赐教！

尤建新

2015 年 8 月于温哥华

前　言

（第三版）

时间飞驰，《管理学概论》一书出版已经十年有余，从作者开始讲授这门课至今，已有20余年。在这20多年中，中国的经济有了翻天覆地的变化，人民的物质生活和精神生活水平有了显著的提高。在世界经济一体化和全球变革的浪潮中，管理的学问也有了飞速的发展。新的思维、新的理论不断涌现，一些传统的管理思想受到了冲击和挑战。然而，热闹过后，能够沉淀下来、为后人指明前进道路的成系统的理论模式不多，甚至可以讲是寥寥无几。回过头来，我们发现，许多管理中暴露的问题还是很传统、很基础的，那些差点被扔掉的被视为陈糠烂谷子的基本概念和理论竟然有很强的生命力。这就更加肯定了《管理学概论》的作用，也推动了我们加快修订出版第三版的步伐。

第三版《管理学概论》是在前两版的基础上修改而成，特别是第一版的影响。虽然第一版出版至今已经有11年多的时间，第二版是在此基础上修订的，在使用中大家却对第一版的感觉要好一些。这也许是习惯的缘故，但我们在第三版修订时不得不对这个问题进行重新审视。所以，虽然第三版在内容上还是有许多变化，但这次修订后的风格与第一版更为相似，并且更注重基本理论和概念的陈述。

第三版《管理学概论》分为5篇20章，全书的结构保持了原来的计划、组织、领导及控制的四项职能划分方式，由尤建新博士和陈守明博士执笔进行修订。第1篇总论在对第二版进行修订的基础上，增加了第5章社会责任和管理道德；第2篇是计划职能，以第二版为基础进行了部分内容的调整和补充，增加了第8章计划职能中的战略问题；第3篇是组织职能，在对第二版内容进行调整和补充的基础上增加了第13章组织文化；第4篇是领导职能，对第二版内容做了部分调整和补充；第5篇是控制职能，对第二版的内容作了较大的调整和补充。在修订中还删减了第6篇，从而保持了原第一版的总体结构。全书由尤建新博士拟订修订大纲并最后统稿。

在第三版《管理学概论》的修订过程中，听取了许多授课老师的意见，在此，向使用本书和对作者提出改进建议的所有师生、专家以及参加过第二版修订的雷星晖博士、彭正龙博士、周文泳博士等表示衷心的感谢！并期望大家继续对第三版《管理学概论》给予积极支持和不吝赐教！

尤建新

2006年11月于云通楼

前　　言

（第二版）

本书第一版自 1995 年出版发行以来，已 4 次印刷，不仅在同济大学作为教材使用，也受到兄弟院校的青睐，并被推荐为报考研究生的参考读物。由于本书相对其他管理学教材而言，既保持了全面、完整的优点，又具有精练、简明的特点，故在使用中深受广大师生的欢迎，并在 1998 年获得上海高校优秀教材奖。

随着社会经济的迅速发展，有必要对本书进行修订，以满足读者和管理学教学的需要。为此，原作者组织并主持了本书的修订工作，其中：第 1 篇由原作者和陈守明负责修订，增加了第 5 章管理创新；第 2 篇由周文泳负责修订，重点对第 7 章的内容做了调整和补充；第 3 篇由彭正龙负责修订，重点对第 9 章的内容做了调整和补充，并增加了第 11 章人力资源；第 4 篇由原作者修订；第 5 篇由雷星晖负责修订，对第 17 章和第 18 章都做了调整和补充；新增加的第 6 篇由陈守明执笔。全书由原作者拟订大纲并统稿。

在对本书修订过程中，听取了雷星晖、彭正龙、叶明海等授课教师的意见，在此，向使用本书和对原作者提出改进建议的所有师生和专家表示衷心的感谢，并期望对本书的第二版继续给予支持和指教。

尤建新

2002 年 3 月于同济园

前　言

（第一版）

管理是人类组织社会活动的一个最基本的手段。大至一个国家，小至三人组成的群体，无论进行何种社会活动，都离不开管理。通过管理，人们才能被组织起来，为实现某种目标而行动。

管理是一种资源。在不增加物资资源、人力资源和财力资源的情况下，甚至在减少上述资源的情况下，通过加强管理，改善资源利用，可以取得提高效益的目的。与物质资源、人力资源和财力资源相比，管理具有无形的和潜在的特点。

随着现代科学技术和各国经济活动的迅猛发展，管理对于任何一个组织都愈来愈显示出其重要性。管理的优劣是关系到一个组织兴衰存亡的根本大事，这一点已成为人们的共识。

管理理论在人类活动的各个领域中的发展，不断吸收了诸如心理学、社会学、政治学、军事学、教育学以及自然科学各学科的成果，形成了许多专门的管理学科以及与其他学科交叉渗透的边缘学科或学科群。尽管如此，管理的基本功能、基本原理和基本方法是相同的，这就是管理学研究的对象。

本书是作者在10余年讲授“工业企业管理导论”和“管理学概论”的基础上编写而成。全书共分5篇16章，第一篇阐述了管理的概念、管理理论的发展、管理与环境、管理的目标和方法。第2篇至第5篇分别对管理的四大职能（即计划职能、组织职能、领导职能和控制职能）展开讨论，其中包括对一些主要学派作了简要的介绍。为便于讲授和自学，本书每章末都附有小结和研讨题。

本书可供高等院校经济管理类专业管理概论课程和其他专业选修管理类课程的教学使用，也可供各类管理干部培训使用。

鉴于作者水平有限，不妥之处，敬请斧正。

尤建新

1995年5月于同济大学

目　录

第二篇　计　划

第三篇 组 织

第四篇 领 导

第五篇 控 制

思维导图、拓展
阅读与案例研读
文件汇总下载码

第一篇

总　论

1 管理的概念

步入“管理学概论”的课堂，首先要思考的是何谓“管理”(Management)。此问题随时代发展，至今无公认答案。各类管理学书籍中概念各异，但大致可归为三类：科学视角、艺术视角及科学与艺术结合视角。不同视角解释难以统一。

教学与实践中，人们还会探讨管理的目的、范围、时机及管理者等问题。这些问题因视角而异，答案随时代变化。尽管本章难以给出准确完美回答，但此类话题不可回避。因此，本章将从管理概念的界定、管理的任务、管理者和管理的目的等方面展开思考，并有重点地引出一些讨论。

1.1 管理概念的界定

2007年，本书第三版出版时，互联网的磅礴力量已初露端倪，然而，它所带来的颠覆性变革却远远超出了我们的预料。近10年来，互联网如同一股洪流，使社会及管理活动产生了惊人的改变。

自本书首版至今近30年，新世纪初的VUCA（Volatile易变不稳定，Uncertain不确定，Complex复杂，Ambiguous模糊）时代特征，在新冠疫情大流行后已不足以描述当今世界，于是BANI（Brittleness脆弱性，Anxiety焦虑感，Non-linear非线性，Incomprehensibility不可理解）被用来描绘当今世界的复杂变化。如“卷”或“内卷”成为社会发展常见词，即映射BANI世界。显然，标准答案已经开始偏离管理学的理论与实践发展，同时，也给出了一个让“90后”“00后”扮演主角的舞台和空间——教学相融，学生回归课堂的主角。

管理学课堂中，经常会讲到管理是人类组织群体、开展社会活动的基本手段。无论是庞大的国家，还是仅由两人组成的小团体，都离不开管理。那么，人类为何要组成群体呢？一个关键的答案便是：需求。为了生存和更好地生活，人类选择了群居。然而，加入群体意味着个人需要放弃部分自由，遵循群体的规范，通过协同合作来达成共同的目标，这种协同就是管理。

为了更好地阐述管理的概念，本节首先对管理的任务进行简要陈述。

1.1.1 管理的任务

如前文所述，人类组成群体的初衷，无非是为了生存与改善生活。为此，人们需摒弃独立自由、各自为政的行为模式，转而通过协同一致来达成共同目标。在群体中，对个人行为的规范与协同，便是管理的核心所在。

若以现代视角审视人们加入组织的动机，不难发现其相较于原始时期已变得更为复杂。可以说，任何一个组织的存在，必然有其明确的目的，这一目的主要受投资者（投资者也是人们加入组织群体的一种角色）的影响，而组织的目的，又能为众多个人目的的实现提供平台，这正是吸引人们加入组织的重要因素。

尽管组织的目的涵盖了所有个人的目的，但达成群体行为的目标并非易事。因为每个人所属的群体并非单一，他们在不同群体中扮演着不同的角色，拥有不同的背景和初衷。这导致人们加入组织后，不仅角色各异，个人目的也大相径庭。在此情况下，管理活动的目标便是引导组织成员共同实现组织发展目标。换言之，管理就是要将组织的人力、物力、财力等资源进行合理配置与优化，以更好地实现组织目标。

为推动组织逐步接近目标，必须明确组织中每个成员的活动内容，并确保他们的活动相互协调。当这些活动都规定得当、协调一致且进行顺利时，组织中各成员的活动就会对组织目标的实现产生积极的推动作用。因此，管理活动应当鼓励那些有利于组织目标实现的成员行为，同时预防和阻止那些妨碍组织目标实现的不利行为。

在互联网时代，群体的组织模式、行为方式及其协同都发生了翻天覆地的变化，这使得管理活动变得更加复杂。然而，互联网和人工智能也同时促进着管理活动与时俱进。它们为企业带来了信息与效率的革命，深刻改变管理哲学、组织结构以及角色设定。因此，管理者需要不断适应新技术的发展，以应对这些挑战与机遇。

1.1.2 管理的概念内涵

在组织实现目标的进程中，成员个人行动之间、组织内部各方面活动之间，由于认识、动机和利益的不同，总会出现一些不同性质、不同程度的矛盾和冲突。因此，管理必须自始至终贯穿组织实现其目标的全过程。只要组织存在，并为其目标而活动，就一定存在管理，互联网时代也不例外。

为便于理解，本书对“管理”的概念进行了界定：整合和优化配置组织资源、协调组织中个人和群体行为，以更有效地实现组织目标的过程。这一概念的界定有五层含义：第一，管理是一个过程；第二，管理的任务是实现组织目标；第三，管理的手段是整合和优化配置组织拥有的各种资源；第四，管理的核心是全方位地追求卓越和可持续发展；第五，管理的本质是全过程的决策和协调。过程中的矛盾和不协调会成为组织实现既定目标的阻碍，管理就是要努力使资源充分发挥作用、成员能够协同行动，从而更好地实现组织既定的目标。

随着社会的不断进步，特别是互联网的兴起与迅速普及，人们共同活动的规模日益扩大，跨越了传统的物理与行业界限。社会分工越来越精细，竞争也越来越激烈与复杂。在此背景下，管理的五层含义变得更为丰富与复杂。管理逐渐崭露头角，成为人力、物力、财力之外的第四种关键资源——管理资源。这种资源蕴含着中间变量的巨大潜力，在互联网与人工智能的助力下，通过优化管理，不仅能更有效地配置资源，还能挖掘与创造新资源，丰富并提升资源价值，进而更好地助力组织，实现可持续发展目标。

1.1.3 管理的职能

管理者在引领他人或与他人携手共进的过程中，致力于实现工作目标，而这一系列管理活动所蕴含的职能（Function）可以精炼地划分为以下四个方面：计划（Planning）、组织（Organizing）、领导（Leading）和控制（Controlling）。这四个管理职能相互关联、相辅相成，共同构成了管理者在达成工作目标过程中的核心框架。

1. 计划职能

计划这一概念，可从两个维度进行深入探讨。首先，从名词的角度（静态层面）来看，计划是组织目标的明确表述以及为实现这些目标所设计的行动蓝图。它如同一座灯塔，为组织指明了前进的方向和路径。其次，从动词的角度（动态层面）解读，计划则是指计划工作本身，即制定组织目标并设计实现这些目标的行动方案的过程。这是一个充满思考与决策的动态过程，需要管理者充分发挥智慧和洞察力。在实际操作中，组织的目标往往不是单一的，而是多元化的。同样，实现这些目标的途径也并非只有一条，而是存在多种可能的选择。因此，管理者在面临多种行动方案时，必须运用有效性和高效率标准，对这些方案进行深入比较和分析，以做出最明智的选择。这一过程，就是决策过程。而最终选定的行动方案，就是决策的结果。

管理是一个持续不断的过程，而计划则是这一过程中的首要职能。计划的首要任务，是明确组织的目标，包括中期、长期以及近期的目标。这些目标一旦确定，计划中所设计的行动方案就必须紧密围绕这些目标展开，确保所有活动都指向同一个方向，即实现组织的目标。此外，计划还必须详细规定各项活动的具体时间、地点、执行人员以及执行方式等，以确保计划的可行性和可操作性。值得注意的是，由于计划的目标涵盖了近期、中期和长期等多个时间段，因此计划本身也相应地分为短期计划和中、长期计划。这种划分方式有助于组织在不同时间段内保持清晰的目标和行动方向，确保组织的持续发展和进步。

最后，互联网和人工智能的迅猛发展，为管理者的计划工作提供了有力的支持。这些技术的应用水平，将在很大程度上影响管理绩效水平。因此，管理者必须紧跟时代步伐，充分利用互联网和人工智能等先进技术，提高计划工作的效率和准确性，为组织的未来发展奠定坚实的基础。

2. 组织职能

组织的含义可以从两个方面来解释。第一方面是以静态结构来解释组织的含义，这是指为达成某些目标而设计并建立的组织系统。这一组织系统有如下特点：①开放系统，它不断地与外部环境进行各种资源的交换；②技术系统，它不断地进行由投入转化为产出的过程；③整合系统，它不断地与环境相互作用，并与其各子系统（或系统元素）相互依存。第二方面是从动态活动来解释组织的含义，这是指对组织系统所拥有资源的用途加以规定，使之有秩序地得到利用的活动过程，常称之为组织工作。这一动态过程具有如下作用：明确组织系统的哪些资源用于哪项活动，或哪项活动使用哪些资源，这些资源何时使用、何地使用、如何使用等，使得组织的全部资源之间建立起合理的关系。

当具体到人力资源时，组织工作的重点就是将计划中的行动任务分配到组织内部特定的个人和群体去完成。这要求管理者充分了解每个成员的特长和能力，根据他们的特点分配适当的工作岗位和任务，确保人尽其才，让每个成员的才干都能得到充分发挥。同时，组织工作还需要确保每个成员的活动能够相互配合、协调一致，形成合力，共同推动组织目标的实现。

值得注意的是，互联网和人工智能的兴起为组织工作带来了新的机遇和挑战。它们打破了传统组织的局限，促进了组织效率和资源价值的显著提升。管理者需要紧跟时代步伐，充分利用这些先进技术，不断创新组织模式和工作方式，以适应快速变化的市场环境和竞争态势。

3. 领导职能

领导，这一概念在名词意义上，指的是领导者个人或集体，即通常所说的上级或上司。而从动词及组织管理的角度来看，领导则是一种行为和影响力，它能够引导、激励甚至在某种情况下迫使人们去实现组织的目标。因此，领导工作的核心内容包括激励、指导、引导、促进、鼓励和必要的命令。

领导职能在组织中扮演着至关重要的角色。一个组织的目标实现，依赖于组织全体成员的共同努力。而管理的一个重要职能，就是领导这些成员，激发他们的潜力，引导他们朝着既定的组织目标前进。有效的领导能够激发团队成员的积极性和创造力，促进他们之间的相互合作与信任，从而形成一个高效、协同的工作氛围。同时，领导还需要具备敏锐的洞察力和出色的决策能力，能够在复杂多变的环境中迅速做出正确判断，带领组织应对各种挑战和机遇。

因此，领导职能不仅是组织管理中不可或缺的一部分，更是推动组织实现既定目标、持续发展的重要动力。管理者需要不断提升自己的领导能力，以更好地引领组织走向成功。

4. 控制职能

控制是促使组织的活动按照计划规定的要求展开的过程。它涉及主动识别计划执行中出现的（或潜在的）偏差，并采取相应措施进行纠正（或预防）。

在组织追求目标的过程中，会受到内外部多种因素的影响，导致运营计划的执行可能偏离既定目标。控制工作的核心在于，依据组织运营的作业标准和目标实现情况，对实际作业进行度量。通过对比计划目标、作业标准与实际结果，决定是否需要采取措施纠正或改进行动。因此，控制工作是确保组织活动按计划进行，并最终实现组织目标的重要保障。随着互联网和人工智能的快速发展，控制职能变得愈发强大。然而，这也带来了伦理和个人隐私等方面的新问题，使得边界管理成为一个新兴话题。管理者在行使控制职能时，需要平衡技术应用与伦理道德的关系，确保在追求组织目标的同时，不损害相关方的合法权益。

计划、组织、领导、控制这四种管理职能相互关联、不可分割。它们共同构成了一个完整的管理过程，其中某一职能的完成情况会直接影响其他职能的成效。例如，计划作为管理过程的首个职能，为组织目标提供了明确的路径，直接影响了组织的特点和结构。一个以提供食宿为目标的组织与一个以生产电器产品为营利手段的组织，在组织结构和特点上存在显著差异。同时，精心制订的周密计划也是组织工作的坚实基础。组织在很大程度上决定了计划的成败，一个适当、合理的组织是计划得以实现的重要保障。领导必须适应计划和组织的要求，而控制则对计划、组织、领导进行全面检查，纠正偏差，以确保组织目标的实现。

1.2 管理者和管理绩效

管理者（Managers）的核心任务是开展管理工作。那么，管理者究竟是谁？在组织中扮演何种角色？其工作绩效又如何评判？这是每位管理学学习者都应深入了解的问题。

1.2.1 管理者

管理者是组织中依制度有权指挥他人活动的人员。在组织结构中，每位管理者均有下级。根据组织层次，管理者可分为高层、中层和基层。高层管理者全面负责管理，拥有最高权力；中层管理者负责特定领域，拥有局部权力；基层管理者直接管理一线操作者，负责指挥和实施具体任务。

1.2.2 管理者的作用

在组织中，管理者起着非常重要的作用，主要体现在人际管理、信息管理和决策制定与实施三个方面。

在人际管理方面，管理者负责代表、沟通和指挥。高层管理者代表组织整体，中层管理者代表组织的某个局部，基层管理者代表一个基层单位。管理者代表组织利益，构建沟通网络，确保信息流畅，协同各方力量。同时，他们还需具备指挥与激励的才能，激发下级潜能，确保任务高效完成。

在信息管理方面，管理者需确保信息畅通，有效获取、处理和传播信息。利用互联网收集决策所需信息，进行信息处理，并发布决策指令，推动（包括监督）指令实施。

在决策制定与实施方面，管理者负责确定行动目标和方案，并推动实施。在职权范围内，管理者需制定有效解决方案，合理配置资源，协调行动，实施控制，以确保决策目标实现。

1.2.3 管理者的技能

管理者的角色所需技能复杂多样，难以一概而论。罗伯特·李·卡茨（R. L. Katz）认为，管理者为履行其管理职能和提高其管理绩效，至少需要三种基本技能，即技术技能、人际技能和概念技能。技术技能是指熟悉和精通某种特定专业领域的业务知识，诸如机械制造、会计学、施工技术等；人际技能是指与他人沟通和协作的能力，如激励、引导和鼓舞组织成员的热情和信心的技能；概念技能是管理者对复杂情况进行抽象和概念化的技能，即管理者必须具有能够将组织看作一个整体，理解组织各部门之间的关系，并从整体上认识组织和决策组织活动的能力。从组织角度也可以说，概念技能是一种宏观管理的能力。

不同层次的管理者，其岗位对于上述技能的要求是不一样的。

技术技能对基层管理者岗位更为重要，因为基层管理者面临的管理对象是工作在组织第一线的基层成员。由于专业化分工的发展，在组织第一线工作的成员专业技术特征较为显著，基层管理者必须具备相应的技术技能才可能服众。

人际技能是各个层次的管理者都必须具有的，只是在不同层面上所需要的沟通和协作，依据的知识会有所差异。组织中不同的层面会有不同的共同语言，管理者必须认识这类差异，并熟悉共同语言背后隐含的组织各层面成员的不同需求和价值观。

概念技能对高层管理者来说是非常必要的。高层管理者必须具备宏观思维和广阔视野，能够从组织整体认识各方面的进展，以及对于达成组织目标的贡献，把控全局和发展方向。

由此可见，组织在选聘管理者时，必须关注候选人的管理技能结构。同时，也必须加强在职管理者相应技能的学习和提升，工商管理硕士（Master of Business Administration，MBA）就是为这方面需求服务的。

1.2.4 管理绩效

不同组织因性质各异，其目标、投入、产出及运作过程均有所不同。那么，如何评判这些组织的管理绩效呢？通常，管理绩效有两个评判标准：管理的有效性（Effectiveness）和管理的效率（Efficiency）。

1. 管理的有效性

管理的有效性是指所从事的工作和活动有助于组织实现其目标的程度，即对管理活动是否在做正确的事（Doing the Right Things）的评判。如果一个组织能够有效地将其资源投入实现组织目标之中，即投入所得产出与组织目标一致（也称有效产出），则说明其管理是有效的。

2. 管理的效率

管理的效率是指投入与产出之比，即对管理活动是否正确地做事（Doing Things Right）的评判。管理效率追求的是既定产出下付出尽可能少的投入或既定投入下获得尽可能多的产出。投入少，产出多，说明资源效率比例高，浪费的资源少，管理的效率高。

管理的有效性与效率在管理实践中紧密相连，单纯地追求有效性而忽视效率，或反之，均非理想状态。卓越的管理应兼顾二者，既确保目标达成，又实现资源的优化配置。图 1-1 展示了管理的有效性与效率的不同状态，其中“高有效性和高效率”是管理者应努力达成的理想状态。

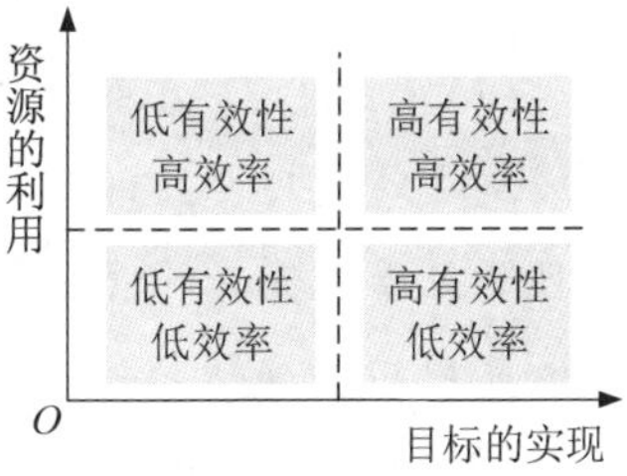

图 1-1 管理的有效性与效率

鉴于管理绩效难以即时评判，人们往往会定期重新审视组织战略，并对组织管理绩效进行自我反思。这种做法有助于明确组织的发展方向，进而促进组织的持续与健康发展。

1.3 学习管理的目的

探讨为何学习管理，这一议题虽不常直接出现在试卷上，却深刻影响着大学生、MBA 学生乃至职场人士的成长路径。该问题没有唯一答案，因为每个人的视角、需求及思考的深度各不相同。在日常生活中，人们无时无刻不在体验管理的成果，无论是令人满意的、不尽如人意的，还是介于二者之间的。许多看似寻常的问题，深究之下往往源于管理不当。因此，学习管理的初衷在于不断优化管理实践，减少那些令人困扰的问题。

此外，每个人在组织中都扮演着管理者和被管理者的双重角色。学习管理，既是为了掌握有效管理他人的技巧，也是为了更好地理解如何接受他人的管理，洞悉上级的管理风格及组织的管理体系。这一过程有助于我们更全面地认识管理，进而提升个人综合素质，使自己成为对组织绩效有积极贡献的成员，并从组织的发展中获得个人成长与回报。

然而，要真正领悟管理的真谛，并非易事。对管理知识的学习仅仅是起点，它为我们提供了理解管理的基础框架。但要成为一名成功的管理者，还需在实践中不断摸索与成长。因此，我们不能仅仅依赖课程或书本学习，就期望能立刻成为有效的管理者。学习管理是一个持续的过程，需要在实践中不断积累经验，方能逐步成为一个有效的管理者。

本章小结

(1) 管理，作为群体存在的必然产物，其核心目的在于推动群体（或组织）达成既定目标。评判管理绩效时，主要依据两个核心标准：管理的有效性与管理的效率。优秀的管理绩效，应当体现在能够最大限度地利用组织资源，从而顺利实现组织目标上。

(2) 为了实现管理目标，管理者必须具备一系列关键的管理技能。这些技能包括但不限于技术技能、人际技能和概念技能，它们共同构成了管理者有效履行职责的基础。

(3) 管理活动可以细分为四大核心职能：计划、组织、领导和控制。这些职能不仅明确了管理工作的具体内容，还揭示了组织目标得以实现的过程。通过有效行使这些管理职能，管理者能够引领组织在充分利用资源的基础上，顺利达成既定目标，从而实现管理的最终目的。

管理的概念思维导图

本章思考题

1. 什么是管理？如何理解管理定义的五层含义？

2. 如何理解管理职能中计划、组织、领导和控制的含义？

3. 管理活动的四大职能相互间有怎样的关系？

4. 管理者需要哪些技能？为什么说这些管理技能对于不同层面的管理者岗位有着不同的重要性？

5. 什么是管理的有效性？什么是管理的效率？

6. 阐述管理的有效性与效率的关系，怎么才算是良好的管理？

7. 互联网和人工智能对于管理职能有哪些改变？

本章拓展阅读

2 管理理论的发展

管理思想发展为系统化的管理理论，普遍被认为是发生在19世纪末至20世纪上半叶。尽管21世纪以来，管理领域不乏新的理论研究贡献，然而，这些理论或许因时间尚短而未能经过充分的实践检验，因此，其影响力相对有限。相比之下，经典管理理论依然占据着举足轻重的地位，这一点从2019年彼得·F. 德鲁克（P. F. Drucker，1909—2005年）中国管理论坛的热烈反响中便可见一斑。

纵观管理理论的发展历程及其内容演变，可大致划分为三个阶段：古典管理理论、人际关系理论和现代管理理论。值得一提的是，18世纪的工业革命及其催生的新型"工厂制度"，对管理理论的萌芽与发展起到了至关重要的作用。

2.1 工业革命与"工厂制度"

自人类社会出现以来，管理实践便伴随而生。随着社会的不断进步，人们对管理的认知也在持续深化。从原始社会的简单协作到现代社会的复杂组织，管理的思想与实践在历史的长河中不断演变，逐渐形成了系统化、科学化的理论体系。

1. 工业革命与管理变革

18世纪的工业革命不仅极大地推动了科学技术的进步，还为物质资源和人力资源的大规模利用与优化提供了可能。随着劳动的精细分工和产品的标准化生产，"工厂制度"作为一种全新的生产管理方式应运而生。这一变革不仅标志着技术层面的革新，更带来了社会组织方式的深刻变革。手工作坊被机器化大生产所取代，管理理论与实践在这一背景下得到了快速发展。

2.“工厂制度”下的管理挑战与理论发展

“工厂制度”的兴起带来了诸多新的管理问题。传统的基于教规和信徒虔诚的管理方式已无法适应新的生产模式。生产规模的扩大、资本的大量投入以及劳动分工的细化，要求对生产组织进行重构，以实现预期的经济效果。同时，为了在激烈的市场竞争中立足，企业必须不断创新、扩大规模，并引入新型管理人员和熟练劳动力。这些挑战推动了管理理论的深入研究与发展，为后续管理科学的形成奠定了基础。

3. 早期管理先驱的贡献

在管理理论的发展过程中，罗伯特・欧文（R. Owen，1771—1858 年）、查尔斯・巴贝奇（C. Babbage，1791—1871 年）和丹尼尔・C. 麦卡勒姆（D. C. McCallum，1815—1878 年）等先驱者作出了杰出贡献。Owen 作为工业革命时期的重要人物，他首次提出应重视和珍惜人力资源，开创了管理思想中关心人的先河。Babbage 作为英国剑桥大学教授，被誉为运筹学和管理科学的鼻祖，他深入分析了工厂中的作业流程和制造费用，提出了许多改进操作和管理方法的建议，并出版了《论机器和制造业的经济》一书。McCallum 则强调了管理工作中的纪律性、职责明确性以及工作汇报的准确性，提出了根据工作成绩评定工资和提升、明确权力层次以及实行个人责任制等管理原则。这些先驱者的思想为后来管理理论的发展奠定了坚实的基础。

2.2 古典管理理论

古典管理理论的代表人物有：美国的弗雷德里克・温斯洛・泰勒（F. W. Taylor，1856—1915 年）、弗兰克・邦克・吉尔布雷斯（F. B. Gilbreth，1868—1924 年）、亨利・甘特（Henry Gantt，1861—1919 年），法国的亨利・法约尔（H. Fayol，1841—1925 年），德国的马克斯・韦伯（M. Weber，1864—1920 年），英国的林德尔・厄威克（L. F. Urwick，1891—1983 年）等。

2.2.1 Taylor 的科学管理

Taylor 历经工人、车间主任、工程师、总工程师等多个职位，深谙企业低生产率之弊。为提升工业生产的效率，他毕生致力于管理研究，1911 年发表《科学管理原理》，奠定了科学管理理论的基础，被誉为“科学管理之父”。其倡导的管理思想与制度，称作“Taylor 制度”，然而却引发了劳资双方的争议：工人认为 Taylor 制度是迫使他们为了获得多一点的工资而付出更多的劳动，并导致了一部分工人失业；资本家则认为 Taylor 制度是要他们向工人支付更多的工资，从而导致自身的收入减少。1912 年，海军兵工厂罢工事件促使美国国会召开听证会，Taylor 借此机会详述其科学管理理念，其证词对科学管理理论的推广与应用影响深远。

Taylor 的科学管理思想核心如下。

1. 管理职能与作业职能分离

Taylor 认为，要提高生产效率，必须实行管理职能与作业职能分离。管理职能的主要任务是：

（1）进行调查研究，为工作定额和操作方法提供科学的依据。

（2）制定有科学依据的工作定额和标准化的操作方法、工具。

（3）拟订计划并下令实施。

（4）将标准和计划与实际情况进行比较，以便进行有效控制。

为进一步贯彻管理职能，Taylor 认为管理人员也应进行分工，即实行“职能工长制”，Taylor 是第一位确立管理人员的专业化和管理部门职责分工的人。

2. 实行管理科学化

Taylor 强调以科学方法替代经验判断，并提出了一系列管理制度：

（1）工作定额。Taylor 认为，要提高劳动生产率，就要对工人制定“合理的日工作量”，即工作定额。为此，要选择合适而熟练的工人，对他们的每一项动作、每一道工序的时间予以记录和分析，再加上必要的休息时间和其他延误时间，从而研究出合理的日工作量。所谓合理，是以一流工人“能在不损害其健康的情况下维持很长年限而愉快工作的速度”为标准的。

（2）一流工人。Taylor 认为，人具有不同的禀赋和才能，只要工作岗位合适，都能成为一流工人。比如，一个身强力壮的人，干重体力活是一流的，但干精细的工作，就可能不是第一流的，这就是工作合适与否的问题。一流工人就是承担适合的工作而又有进取心的人。科学管理要求挑选或培训一流工人，使他们有最合适的工作，激励他们尽最大力量来完成工作任务。

（3）激励性付酬。Taylor 认为，要想鼓励工人努力工作，提高工人的工作积极性，从而完成或超额完成工作定额，就必须使付酬制度具有激励性。激励性付酬制度包括以下内容：①通过工时研究和分析，制定出恰当的工作定额或标准；②采用“差别计件制”，按照工人是否完成其定额采取不同的工资率；③工资支付的对象是工作业绩，而不是职位。

（4）标准化。Taylor 认为，要让工人掌握标准化的操作方法，使用标准化的工具、机器和材料，并使作业环境标准化，消除不合理因素，从而使工人有能力完成较高的工作定额。同时，这些标准化的规定还可以用于培训和考核工人。

（5）例外管理。Taylor 认为，管理中的大量事务性工作应尽可能实行规范化，授权给下级管理人员去处理，高级管理人员只需保留对例外事项的处理权和监督权。

3. 管理的实质是发展生产力

Taylor 在听证会上指出，动作研究、时间研究、工时定额、计件工资制、职能工长制，等等，仅仅是一些提高工作效率的措施，如果把这些等同于科学管理，无疑是一种误解。科学管理的实质是一场思想革命，旨在让劳资双方认识到提高生产率对双方均有益，从而携手合作，将关注点从利润分配转向盈余增长，实现生产力的真正发展。

2.2.2 Fayol 的 14 条管理原则

Fayol 历任工程师、执行董事及总经理等职务，其 1916 年的著作《工业管理和一般管理》影响深远。这部著作提出了 14 条具有普遍适用性的管理原则，对后世管理理论发展产生了重大影响。在这 14 条原则中，5 条聚焦于人际关系，1 条关注生产效率，其余 8 条则涉及行政管理。

1. 人际关系原则

（1）个体利益服从整体利益。Fayol 认为，在一个组织中，组织的利益应高于组织内个人或少数人的利益；而组织所处社会的利益应高于组织的利益。利益的服从可以通过监督来达到，同时要求监督人员或组织树立起良好的榜样。

（2）公平。Fayol 认为，组织的政策制定及其实施过程必须对所有成员一视同仁，讲求信用、平等。只有这样，才能使组织的成员全心全意、忠实地履行自身职责。

（3）人事稳定。人事稳定有两层作用：一是使各级人员有一种安全、稳定的感觉，以利于其钻研业务，把工作做得更好；二是每个人对一个新的工作岗位都需要时间去适应，如果经常更换工作岗位，就难以适应和做好工作。

（4）首创精神。Fayol 认为，人们发表建议和投入工作的积极性、自觉性是组织的巨大财富，要充分利用每个成员的智慧和能力去解决组织的问题，并让他们看到自己建议的成功结果，从而进一步激励他们的创造精神。

（5）团结。团结就是力量，管理的任务不是清除持不同意见的人，而是要团结所有持不同意见的群体和个人，共同去实现组织的目标。

2. 生产效率原则

Fayol 提出的第一个原则就是分工，这是关于提高生产效率的原则。分工是专业化的基础，也是充分发挥人力资源作用的重要因素。Fayol 认为，分工的原则不仅适用于工人，同样也适用于各级管理人员。

3. 行政管理原则

（1）权力与责任。权力指的是指挥和要求别人服从的权利，责任则是使用权力时应尽的义务。权力与责任必须统一，谁被赋予权力，谁就要承担与权力相应的责任。否则，就会出现滥用权力或不负责任的现象。

（2）纪律。纪律的实质是组织对其成员的约束和成员对组织的尊重态度。没有严格的纪律，组织将名存实亡，一事无成。要保证组织的纪律行之有效，就必须抓好三个重点：一是努力使各级领导品质优良、精明能干；二是制定明确而公平的政策、规章和人事合同；三是建立公正、合理的表彰和处罚制度。

（3）统一命令。这是指一个成员只能接受一个上级的命令。如果这一原则受到损害，那么组织的权力、纪律、秩序就不复存在，组织的运营也难以保持正常。

（4）统一指挥。为达成组织的目标，组织成员必须在一个计划的统一指挥下，向同一个方向努力和协同行动。

（5）集权与分权。集权是降低下级的作用，分权则相反。一般来讲，认为下级不得力或不能重用下级，以及一些事关重要的例外问题的处理，倾向于集权；而认为下级很得力或能充分发挥下级主观能动性和智慧的上级，往往倾向于分权。集权与分权没有一个明确的界限，也不能肯定谁是谁非。集权与分权的程度取决于组织的环境和组织内部的具体情况，因而也有人称之为“集权与分权的弹性原则”。

（6）等级层次。等级层次也称为等级链原则，它要求权力与责任的界限必须从一个组织的最上层直到基层都明确地建立起来，使各级层次之间的权责界限清楚明了。

(7) 报酬。支付报酬应与完成的工作挂钩，因而报酬的金额必须让成员和组织双方都感到满意和公正。

(8) 秩序。组织中的人与物应该“人尽其才，物尽其用”。对于人事管理来讲，可以通过绘制一张组织图表来表示组织中每一个成员所处的岗位以及各岗位之间的相互关系。组织图表中还应反映各岗位对任职人员的要求，以及组织中各成员具有的不同工作能力、抱负和有关的人力资源情况，以便人尽其才。

2.2.3 其他代表人物的主要贡献

1. F. B. Gilbreth

Gilbreth 作为劳动科学的先驱，主张“最优工作法”是科学管理的基石。他将每项任务细分为最基本动作，通过细致观察与分析，区分出必要与非必要动作，进而创立了一套标准化操作流程，用以培训工人，显著提升了工作效率。举例而言，他成功将砌砖动作由 18 个精简至 5 个，极大提高了生产率。Gilbreth 毕生致力于动作研究，提出了五项动作改进原则：①减少动作种类、数量及方向变化，缩短动作路径；②降低动作造成的疲劳；③使动作习惯化、自然化；④设定动作标准，并进行预先教育培训；⑤重视提升产品质量的动作改进。

2. H. L. Gantt

Gantt 的最大贡献在于 1917 年创立了“Gantt 横道图”（也称“Gantt 图”），这一方法通过线条清晰展示工作顺序、时间、数量及负责人，极大提升了工作计划的效率。在薪酬体系方面，他提出了“作业奖励工资制”：一方面，确保工人获得基本日工资以保障最低生活标准；另一方面，对于达到或超越工作定额的工人，将按比例额外颁发奖金，以此激励工人优化操作，提升生产效率。

3. M. Weber

Weber 是德国柏林大学教授，其研究聚焦于组织理论领域，他的最大成就在于提出了理想行政组织体系理论。Weber 在其著作《社会组织与经济理论》中阐明，为实现组织目标，应将全部活动细分为基本作业，并据此设立各岗位，每个岗位均明确规定其权责。人员任用需依据岗位要求，通过正式考试或教育培训实施。组织成员必须严格遵守组织规章纪律，且这些规章纪律及成员间关系均不受个人情感左右。这一公正无私原则不仅适用于组织内部管理，同样适用于组织与外界交往。Weber 认为，此理想行政组织体系能有效提升工作效率，增强组织的精确性、稳定性、纪律性及可靠性，相较于其他组织体系具有显著优势。

4. L. F. Urwick

Urwick 毕业于英国牛津大学，其主要成就在于将 Taylor、Fayol、Weber 等人的古典管理理论进行了系统化整合，著作包括《管理的要素》《组织的科学原则》以及《管理备要》等。Urwick 提炼出八项他认为普遍适用于所有组织的原则：①目标明确原则，即所有组织均应清晰展现其目标；②权责一致原则，即权力与组织架构需相匹配；③绝对责任原则，强调上级对下级工作负有绝对责任；④组织层级清晰原则，即组织内部应建立明确的层级关系；⑤控制跨度适中原则，建议每个上级直接管理的下级人数不超过 5～6 人；⑥专业分工原则，主张每人工作应专注于单一职能，以促进专业精进；⑦以协调为核心原则，强调管理的本质是协调各方；⑧职责明确原则，要求每项职位的职责都需有清晰界定。

自 Taylor 等人开启管理实践与理论研究以来，古典管理理论已历经了近一个世纪的发展。这一理论不仅在当时发挥了关键作用，而且对后续管理理论的演进产生了深远影响。其中蕴含的诸多原理与方法，至今仍备受全球管理学者推崇，并在实践中被广泛借鉴与深入研究。

2.3 人际关系理论

人际关系理论的主要代表人物有：乔治·埃尔顿·梅奥（G. E. Mayo，1880—1949 年）、亚伯拉罕·哈罗德·马斯洛（A. H. Maslow，1908—1970 年）、弗雷德里克·赫茨伯格（F. Herzberg，1923—2000 年）、伯尔赫斯·弗雷德里克·斯金纳（B. F. Skinner，1904—1990 年）、维克托·哈罗德·弗鲁姆（V. H. Vroom，1919—　）、道格拉斯·默里·麦格雷戈（D. M. McGregor，1906—1964 年）、克里斯·阿吉里斯（C. Argyris，1923—2013 年）、罗伯特·罗杰斯·布莱克（R. R. Blake，1918—2004 年）、简·S. 莫顿（J. S. Mouton，1930—1987）和库尔特·勒温（K. Lewin，1890—1947 年）等人。

2.3.1 G. E. Mayo 与 Hawthorne 实验

Mayo 是公认的以人际关系作为管理方法研究的创始人，使他出名的是著名的霍桑（Hawthorne）实验。1924 年，美国科学院全国学术研究委员会在西部电气公司（Western Electric Company）芝加哥 Hawthorne 工厂进行了一系列开拓性的研究。研究的最初目的是想通过实验找出继电器装配车间的照明强度与装配女工的劳动效率之间的关系。实验时把工人分为两组，即实验组和对照组。研究人员认为，只要把不同的工作条件（包括照明、温度、湿度、休息时间等）对生产效率的影响关系找出来，就能确定和创造使生产效率达到最高值的工作条件。但实验的结果令人失望，产量不仅没有因照明的减弱而降低，甚至在很微弱的照明下仍保持增长，并且对照组在照明无任何变化的条件下生产效率也有明显提高，这使原有的假设全部被推翻。显然，实验中还有比照明更有影响力的因素在起作用。一次偶然的机会，Mayo 参与了实验，他分析后提出了这一影响因素就是人的因素。为了揭示人的因素对组织中生产效率的影响，Mayo 等人又安排了一次实验。他们选择 14 名男工，规定小组整体的产量越高，个人的收入就越多。他们认为，这 14 名男工一定会相互督促，提高产量，以便使每个人获得较多的工资。但实验结果却出乎意料，调查发现整个小组不但没有对做得慢的人施加压力，还对做得快的人施加压力，使其慢下来。

研究分析发现，在工人中存在非正式组织，这种组织影响和左右着各成员的行为。虽然两次实验的结果都与原先的假设存在距离，但却为管理学者揭示了一个很重要的研究方向：组织中人的因素可能产生积极作用，但也可能相反。Mayo 等人认为，工人的积极性主要取决于社会因素、心理因素，也取决于工人与管理人员以及工人之间是否关系融洽；而物理环境（如照明等）、物质刺激只有次要意义。在心理学研究的历史上，Hawthorne 实验第一次把工业中的人际关系问题提到首要位置，并且提醒人们在处理管理问题时要注意人际关系的因素，这无疑对管理学理论的发展产生了重大促进作用。

Mayo 通过 Hawthorne 实验提出了以下几点新的见解。

1. 工人是“社会人”

这一新见解挑战了将工人视为“经济人”的传统观念，指出人的行为动机不仅源于物质追求，更包含社会和心理层面的需求，如友情、安全感、归属感和尊重等。这些因素往往更为关键。因此，组织与管理应超越技术和物质层面，深入考虑社会心理因素。

2. 存在“非正式组织”

除正式组织外，企业中还存在着非正式组织，它们以维护成员共同利益为使命，抵御内部疏忽或外部干涉。非正式组织拥有核心人物、领袖及共同的价值观念和行为规范。与正式组织的效率逻辑不同，非正式组织遵循感情逻辑。管理者需平衡二者的关系以促进协作发展与效率的提升。

3. 提倡新型的领导风格

强调提高生产效率的关键在于提升工人“士气”，通过满足合理需求、加强合作、改善关系来实现。

4. 关心工人

指出生产效率不仅受工作方法和条件的影响，还受到工人态度、积极性及社会关系等因素的影响，管理人员应关心下属，促进情感沟通。

Mayo 的这些观点在其 1935 年的著作《工业文明中人的问题》中得到了系统阐述，奠定了行为科学的基础。此后，行为科学的发展主要聚焦于人的需要、动机与激励，人性探讨，非正式组织及人际关系，以及领导方式四大领域，对管理学理论产生了深远影响。

2.3.2 A. H. Maslow 与“需要层次理论”

研究人的需要、动机和激励问题的代表人物是 Maslow，他在《人类动机的理论》《激励与个人》等著作中提出了著名的“需要层次理论”。他把人的需要按其重要性和发生的先后次序排成五个层次：生理需要、安全需要、社交需要、尊重需要和自我实现需要。Maslow 认为，人们正是按照这个层次来逐一追求并满足各项需要，这一过程也构成了人们行为动机的核心解释。本书“16.1.1 需要层次理论”将详述此内容。

与 Maslow 并肩探索同一领域的，还有多位杰出的学者及其理论。其中，Herzberg 提出了“激励因素—保健因素理论”，为理解工作满意度与工作效率之间的关系提供了新视角；Skinner 则通过“强化理论”，揭示了奖励与惩罚在行为塑造中的关键作用；而 Vroom 的“期望理论”则进一步阐释了个人期望与目标达成之间的内在联系，为激励机制的设计提供了有力支撑。这些理论共同构成了行为科学中动机研究的丰富宝库，为深入理解人的行为动机提供了多维度的视角和深刻的洞见。

2.3.3 D. M. McGregor 与“X 理论”“Y 理论”

研究“人性”议题的杰出代表是 McGregor，这位来自美国麻省理工学院的教授，在深入探究管理实践时，揭示了管理人员对工人看法的深远影响。当管理者视工人为不诚实、懒惰且缺乏责任感的人时，他们倾向于采取严格的控制性管理措施，这一观念被 McGregor 命名为“X 理论”。相反，若管理者相信人们本质上愿意主动工作，并且在适宜条件下会积极投入并追求成就，这种从管理内部寻找动力、鼓励员工自主性与积极性的观点，则被称为“Y 理论”。McGregor 坚信，“X 理论”已不合时宜，唯有“Y 理论”方能引领管理走向成功。本书“17.3.1 X 理论与 Y 理论”将详述此内容。

与此同时，另一位美国学者 C. Argyris 也在“人性”研究领域做出了重要贡献。在其著作《个性与组织》中，他提出的“不成熟—成熟理论”为缓解个性与组织间潜在的冲突与不和谐提供了有力框架，对于促进二者间的和谐共生具有积极意义。

2.3.4 K. Lewin 与“团体力学理论”

在非正式组织及人际关系领域的探索中，原籍德国后移居美国的学者 Lewin 占据了举足轻重的地位。1944 年，他创造性地提出了“团体力学理论”，为理解非正式组织的运作机制提供了重要视角。该理论的核心观点在于：非正式组织与正式组织一样，有其目标、要素、内聚力、规范、结构、领导方式、参与者、行为分类、规模和对变动的反应等。

随着互联网的蓬勃兴起，虚拟组织的涌现及其迅猛的发展态势，不仅极大地拓宽了人们对组织形态的认知边界，更为“团体力学理论”注入了新的活力与内涵，使其在面对新时代组织变革时展现出更加丰富的解释力和应用价值。

2.3.5 R. R. Blake 和 J. S. Mouton 与“管理方格图理论”

研究领导方式的主要代表人物有美国的 Blake 和 Mouton，他们在合著的《新管理方格》等著作中提出了“管理方格图理论”。“管理方格图理论”中的 $9\times9=81$ 个小方格代表着不同结合的领导方式。Blake 和 Mouton 认为，将对生产的高度关心和对工人的高度关心结合起来，是效率最高的领导方式。本书“17.3.3 管理方格图”将详述此内容。

此外，在探索组织内领导方式的有效路径上，还有其他几位学者及其理论同样值得关注。罗伯特·坦南鲍姆（R. Tannenbaum）与沃伦·哈罗德·施密特（W. H. Schmidt）提出了“领导方式连续统一体理论”，为理解领导风格的多样性与灵活性提供了新视角。伦西斯·利克特（R. Likert）的“支持关系理论”则强调了管理要以人为中心的重要性。这些理论为提升组织领导力与效能提供了宝贵的理论与实践指导。

2.4 管理学派的发展

现代管理理论是在古典管理理论和人际关系理论的基础上发展起来的，主要有以下一些理论学派：社会系统学派、决策理论学派、系统管理学派、经验主义学派、权变理论学派和管理科学学派等。

2.4.1 社会系统学派

社会系统学派的主要代表人物是美国的切斯特·欧文·巴纳德（C. I. Barnard，1886—1961 年），他将社会学理念融入经理人员职能与工作过程的分析，着重于组织结构的逻辑剖析，从而构建了一套完整的协作与组织理论。其观点主要包含以下几个方面：

（1）组织是一个协作系统：社会的各级组织都是一个由有意识进行相互协调的每个人组成的协作系统。

（2）正式组织：正式组织的协作基础是成员相互协作的意愿、共同的目标和相对稳定的信息联系。协作的意愿、共同的目标和信息联系，通常被称为协作系统的三个基本要素。

（3）非正式组织：一个组织中不仅有正式的组织，还有非正式组织。非正式组织与正式组织互相创造条件。在某些方面和时刻，非正式组织能对正式组织的目标产生积极的影响。

（4）经理人员的职能：①建立和维持组织的信息系统；②选拔或招聘最好的人员，安排其从事适当的工作，充分发挥其作用；③确立组织的目标。

社会系统学派认为，经营管理就是领悟到作为一个整体的组织以及与之有关的全部形势的过程，这就是管理的“艺术”，它是组织内部平衡和对外部条件适应的全部综合。各级组织是社会这个大协作系统的各个部分和方面，每一个组织者都必须符合上述条件才能生存。

2.4.2 决策理论学派

决策理论学派是从 Barnard 创始的社会系统学派中独立出来的。这一学派的主要代表人物是赫伯特·亚历山大·西蒙（H. A. Simon，1916—2001 年），由于他在决策论的研究上作出了杰出贡献，曾获得 1978 年度的诺贝尔经济学奖。Simon 的主要贡献有以下三个方面：

（1）突出决策工作在管理活动中的地位：Simon 认为，决策工作贯彻于管理的全部过程，决定着管理活动的成败。从这一意义上讲，管理过程就是决策的制定和贯彻过程。另外，一个组织机构的建立，必须同决策过程联系起来进行考察。

（2）系统阐述决策原理：Simon 对决策的过程、决策的准则、程序化决策和非程序化决策的异同及其决策技术、决策的组织结构等进行了分析，并提出用“满意标准”来代替传统决策理论的“最优化标准”。

（3）强调决策者的作用：Simon 认为，组织是由决策制定者个人所组成的系统。因此，不仅要注意在决策制定过程中应用定量的方法和新的计算技术、手段，还要重视心理因素、人际关系等社会因素在决策制定中的作用。

2.4.3 系统管理学派

系统管理学派是 20 世纪 60 年代前后在西方盛行的管理理论派别，它同社会系统学派、决策理论学派有着密切的联系，但又各有特点。系统管理学派的主要代表人物是美国的弗里蒙特·卡斯特（F. E. Kast）和詹姆斯·埃德温·罗森茨韦克（J. E. Rosenzweig）。他们合著的代表作是《系统理论和管理》《组织与管理：系统与权变的方法》。

系统管理学派认为，从系统的观点来考察和管理企业，有助于提高组织效率，使各个系统和有关部门的相互联系网络更清楚，从而更好地实现组织战略目标。虽然从 20 世纪末开始，系统管理学派已不像 20 世纪 60 年代前后那么盛行了，但由于系统管理理论中的许多内容有助于自动化、控制论、管理情报系统、权变理论的发展，所以一直有许多人在对这一学派的理论进行研究。21 世纪随着互联网的发展，人们对系统管理的兴趣又恢复了，并且已经跨过组织“围墙”，从更大的系统视角来认识组织的管理活动。

2.4.4 经验主义学派

经验主义学派中最有名的代表人物有美国的 P. F. Drucker 和欧内斯特·戴尔（E. Dale）等人。经验主义学派以向大企业的经理提供管理企业的成功经验和科学方法为目标，他们认为传统的管理理论和行为科学不能完全适应企业发展的需要，管理的科学应该从企业管理的实际出发，以管理实践为主要研究对象，以便在一定的情况下把管理实践加以概括和理论化。经验主义学派的一些主要观点表现在以下几个方面：

（1）关于管理的性质和任务：该学派认为，管理是有关人员管理技能的活动和知识的一个独立领域。管理的任务是建成一个“统一的生产体系”，这个体系的生产力要比它的各个部分的生产力的总和更大。管理人员在做出每一个决策时，需要把当前利益和长远利益协调起来。

（2）对“Taylor 制度”和“人际关系”的评价：该学派认为，这二者都不能适应企业发展的需要，只有经验主义才能把这二者的长处结合起来。

（3）关于目标管理：该学派认为，这方面包括企业中目标的性质、目标管理成功的先决条件以及目标管理的三个阶段。

（4）关于企业管理的组织机构：该学派认为，这包括集权的职能性结构、分权的“联邦式”结构、规划目标结构、矩阵结构、模拟性分散管理结构、系统结构等。

（5）研究方法：该学派提倡用比较的方法，研究和概括企业管理的经验。

2.4.5　权变理论学派

权变理论学派是 20 世纪 70 年代在西方广受欢迎的管理学派，主要代表人物有弗雷德·卢桑斯（F. Luthans）和弗雷德·爱德华·菲德勒（F. E. Fiedler）等人。这一学派的核心概念是“权变”，即灵活应变。它主张，在管理实践中应依据具体环境和内外部条件的变化而灵活调整，不存在一种固定不变、普遍适用的“最优”管理理论或方法。权变理论学派致力于通过广泛研究各类案例，将复杂多变的管理情境归纳为若干基本类型，并为每种类型匹配相应的管理模式。因此，权变理论着重强调的是两个或多个变量间的动态函数关系。基于此，权变管理便是依据环境变化（自变量）与管理策略及技术手段（因变量）之间的这种函数关系，来确定最为有效的管理方式。自 20 世纪 70 年代以来，鉴于全球科技、经济的迅猛发展，以及企业职工队伍结构和文化技术水平的显著提升，权变理论展现出了极强的实用性和适应性，至今仍备受推崇。本书“10. 2. 3 权变组织理论”将详述此内容。

2.4.6　管理科学学派

管理科学学派是近代在西方管理学界形成的，其代表人物是 E. S. Buffa。也有人称其为管理数量学派或运筹学派等。管理科学学派认为，管理就是制定和运用数学模式与程序的系统，用数学模式与程序来表示计划、组织、控制、决策等合乎逻辑的程序，求出最优的解答，以达到企业的目标。因此，所谓管理科学就是制定用于管理决策的数学模式与统计模式，并把这种模式通过电子计算机应用于管理之中。管理科学强调了管理中应用的先进工具和科学方法，但不够注重管理中人的作用，这是这一学派的不足之处。

管理科学学派的主要内容包括以下几个方面：

(1) 关于组织的基本看法：该学派认为，组织是由“经济人”组成的一个追求经济利益的系统，同时又是由物质技术和决策网络组成的系统。

(2) 关于管理科学的目的、应用范围、解决问题的步骤：该学派认为，强调科学的目的就是通过科学原理、方法和工具应用于管理的各种活动之中。应用范围着重在管理程序中的计划和控制这两项职能。解决问题的步骤分为：①提出问题；②建立数学模型；③得出解决方案；④对方案进行验证；⑤建立对解决方案的控制；⑥把解决的方案付诸实施。

(3) 关于管理科学应用的科学方法：主要有线性规划、决策树、计划评审法和关键路线法、模拟、对策论、排队论等管理数学的方法，也称运筹学。

(4) 关于管理科学应用的先进工具：先进工具主要是计算机。

2.4.7　管理现代化

随着管理理论的发展和实践，以及现代科学技术和高度社会化大生产的环境变化，人们对管理的认识也在不断变更。如何系统地认识现代化的管理呢？可归纳为以下几个方面。

1. 管理思想现代化

思想观念的水平决定了管理的水平。所以，解放思想、不断改造和提升世界观是推动管理现代化的基础。在管理思想的现代化过程中，教育扮演着重要角色。当前，可持续发展以及循环经济的概念和理论已经融入新的管理思想之中。

2. 管理体制现代化

市场经济体制的优越性在于能够借助市场的力量优化资源配置。管理要适应市场机制的变化和发展，在分工与协作中刚柔并济地推动经济社会和生活质量的发展和提高。

3. 管理方法现代化

现代管理理论是管理现代化的基础，而管理实践还必须有现代的管理方法给予支持。管理现代化必须紧紧依靠现代社会科学和自然科学的最新研究成果，积极采用现代、科学的管理方法和管理技术。

4. 管理手段现代化

要建立管理信息系统，运用现代信息工具和管理软件的最新成果，实现管理的现代化。

归纳起来，管理现代化的特点有：①有更长远的发展目标，能更好地兼顾管理的效率和有效性；②对资源有更前瞻的认识，更加关注资源的有效配置和使用；③更加强调以人为本，重视人力资源的发展和社会责任；④经济全球化推动管理国际化，更加重视跨文化管理的研究及其成果应用，跨文化的管理教育已日趋成熟。

2.5 管理理论的新进展

当前，管理理论在经济社会发展的新背景下取得了显著进展，涌现出一系列新的热点议题。

1. 全球化管理

全球化已成为不可逆转的趋势，相应的管理活动也随之跨越国界。组织要想长期成功，管理者必须具备全球视野，进行全球化管理，即在全球范围内配置资源，关注社会文化差异，并实施跨文化管理。

2. 互联网影响与数字化管理

互联网和电子商务的兴起为管理变革开辟了新空间。大数据和信息技术对管理的计划、组织、领导、控制等职能产生了深远影响。数字化管理应运而生，它利用计算机、通信、网络等技术，通过数字量化管理对象与行为，实现管理职能的创新。从数据资产视角看，数字化管理还涉及对组织全域数据资源的开发、应用[illegible]管理，以提升数据资产价值。

3. 管理伦理与道德

管理伦理已成为当前管理学研究的重要内容。道德作为规定行为是非的准则，在管理研究与实践中不容忽视。管理伦理主要探讨管理者的道德观、影响管理伦理的因素，以及如何改善道德环境。随着社会对组织社会责任的日益关注，管理伦理的重要性愈发凸显。

4. 创业与创新管理

《2015年政府工作报告》两次提到“大众创业、万众创新”，这与增加公共产品、公共服务一起，构成中国经济提质增效升级的“双引擎”。同时创新也是改造传统产业、打造经济新引擎的重要手段。由此可见，在新的发展环境下，创业创新在政府层面上也得到了广泛的重视。创业、创新虽非新概念，但近年来备受瞩目。创业管理不仅包括新创企业，还涉及现有企业内部的创业活动。创新管理则关注对创新活动的管理，强调创新是推动企业成长的根本途径。随着人工智能、生物技术等新技术的突破，负责任创新理念被提出，强调创新成果除了要达到经济与技术指标，还需要社会满意和道德伦理可接受。

5. 柔性管理

柔性管理，也被称作“弹性管理”，即组织和管理工作针对迅速变化的环境需要有灵活性。柔性管理主要体现在经营战略、企业组织、管理手段等方面。如战略管理的柔性化，因为未来企业所面对的是快变市场，所以企业战略必然具备战略柔性（Strategic Flexibility），即战略在更大范围内的可调整特性；组织结构的有机化，即能够迅速对环境变化做出反应；在管理手段上强调自我管理和人本管理。

6. 全面质量管理

全面质量管理（Total Quality Management，TQM）是一种管理哲学，它已经超出了一般意义上的关注组织运作过程和组织顾客的范围，还涵盖了对组织所有受益者的影响，包括投资者、购买者、雇员、供应商等。高度关注顾客、重视领导作用并坚持持续改进是TQM最重要的思想。其他观点还有：关注过程；改进组织各项工作的质量；强调系统思想；尊重事实和准确测量；争取供应方支持和双赢等。随着产业创新生态、竞争生态以及互联网、大数据等研究的开展，生态质量、数据质量将给予TQM更广泛、更深入、更新颖的发展空间。

7. 知识管理与学习型组织

知识管理分为狭义和广义两种。狭义上，它关注知识本身的管理；广义上，则涉及与知识相关的各种资源和无形资产的管理。学习型组织是指具有持续学习和适应变革能力的组织。在当前快速变化且复杂的环境中，组织必须持续学习、响应变化并提升绩效，以确保健康发展。知识管理在学习型组织的构建中发挥着关键作用。

随着互联网、大数据和可持续发展等新变化的出现，管理理论与实践的发展呈现出不协调的矛盾。部分领域理论滞后于实践需求，特别是移动互联网的迅猛发展改变了信息不对称状况，给管理学发展带来了严峻挑战。然而，这也为管理学研究开辟了新的空间，推动了管理理论的不断创新与发展。

本章小结

（1）管理理论是随着人类社会的进步而不断发展的，18 世纪的工业革命导致了“工厂制度”的产生，对现代管理理论的发展产生了重要作用。以 Taylor、Fayol 为代表的古典管理学派，最早把管理实践上升到管理理论。最著名的是 Taylor 的科学管理思想、Fayol 的 14 条管理原则、Gantt 的横道图等。Hawthorne 实验推动了人际关系学派的形成。

（2）以 Mayo 为代表，提出了工人是“社会人”的见解，从而改变了在这之前一直把工人看作“经济人”的观点。此外，Mayo 的“非正式组织论”、Maslow 的“需要层次理论”、McGregor 的“X 理论”与“Y 理论”、Lewin 的“团体力学理论”、Blake 和 Mouton 的“管理方格图理论”等，都是这一时代的著名代表人物的理论思想。

（3）在古典管理理论和人际关系理论基础上发展起来的现代管理理论，包括了社会系统、决策理论、系统管理、经验主义、权变理论、管理科学等众多学派，以 Barnard、Simon、Drucker 等为代表的学派从思想、体制、方法和手段上推进了管理的现代化进程。

（4）由于管理环境和人性的新变化，管理理论在 21 世纪有许多新的进展，如全球化管理、数字化管理、管理伦理与道德、创业与创新管理、柔性管理、全面质量管理、知识管理与学习型组织等。

管理理论的发展思维导图

本章思考题

1. “工厂制度”的产生，提出了哪些与以往不同的管理问题？
2. 为什么“Taylor 制度”刚形成就引起劳资双方的不满？
3. 什么是“工作定额制度”？
4. 如何理解 Taylor 的“例外管理制度”？
5. Fayol 的 14 条管理原则是什么？
6. Gilbreth 在动作研究方面，提出了哪些独特见解？
7. Gantt 的横道图有何用处？
8. Urwick 在总结前人管理思想的基础上，提出了哪八项原则？
9. Hawthorne 实验的最初研究方向是什么？结果如何？
10. Hawthorne 实验后，Mayo 提出了哪些新观点？
11. 以 Drucker 为代表的经验主义学派有哪些区别于其他学派的观点？
12. 为什么说不存在一成不变、普遍适用的“最好的”管理理论和方法？
13. 什么是管理科学？
14. 21 世纪管理学理论有哪些新的进展？请对本章阐述的理论的不足给予补充。

本章拓展阅读

3 管理与组织环境

系统思想对管理理论与实践的重要贡献在于，它强调了任何组织都不是孤立存在的，而是必然与周围环境相互作用、相互影响。尤其在当前互联网环境下，这种环境的影响力被显著放大，以至于常常左右着组织的决策过程。因此，管理者在履行职责时，必须全面而深入地理解组织的内部运作与外部环境。管理工作的成功与否，很大程度上取决于管理者能否准确、及时且有效地应对环境变化。互联网与人工智能技术的发展为我们提供了强有力的工具，帮助我们更好地应对这一挑战，从而提升管理工作的成效。

3.1 组织与环境的影响过程

组织环境是指影响组织生存与发展的各种力量和条件因素的集合。系统思想视组织为开放系统，与环境紧密相连、相互作用。环境为组织提供输入，组织则向环境输出产品与服务，二者间联系紧密，不可分割。因此，组织管理需重视环境因素，追求与环境的和谐共生，成为管理者的必备考量。

3.1.1 输入

作为开放系统，组织从环境中汲取多元输入，不仅有资源的输入，也有随之而来的压力。资源输入常涉及人力资源、资金、物业与土地以及信息等。人力资源是实现组织目标的关键，管理者需重视其管理与激励机制，以吸引优秀人才，促进目标的达成。资金是组织运作的基础，来源于所有者与非所有者。管理者需明确，无论资金来源如何，均需追求高回报，并深刻理解资本市场与知识经济下的资金多样性。物业与土地为固定输入，其拥有与否影响组织资金流动性。管理者需权衡自有与租赁的利弊。信息是组织决策与运作的必需要素，若缺失将导致管理失效。管理者需确保信息来源的广泛性与准确性。

在关注输入时，人们往往聚焦于资源，但输入远不止于此。资源输入的同时也带来了压力，无论是资本还是人力资源，其输入均服务于组织和个人，为双重目的。管理者需洞悉这一因果逻辑，方能妥善处理输入问题。以“可持续性”为例，它既是目标导向的压力输入，也是对资源输入的具体要求，这一要求会进一步转化为资源供应方的管理压力，并成为评估其是否可持续的重要标准。

环境输入繁复多变，管理者需拓宽视野，全面剖析，并对环境变化保持敏锐洞察力，以确保组织的生存与稳健发展。

3.1.2 过程

过程是将输入转化为输出的活动。不同性质的组织，其过程呈现出显著的差异性。以企业为例，不仅服务业与制造业的过程截然不同，就连企业内部各职能部门的过程也各具特色，差异明显。同样，政府部门之间，除了共同强调公共性外，其业务过程在内容上也存在巨大差异。

鉴于过程直接决定了输出，为提高组织实现目标的绩效，人们对过程的关注与研究日益增加。在过程改进与再造领域，已涌现出众多新的理论成果，并在实践中取得了显著成效。总体而言，过程的思想已逐渐成为人们关注的焦点。

互联网与大数据背景下的过程新形态呈现出智能化、数据驱动、广泛连接、资源共享等特点，过程形态变得更为多样且复杂。组织间的界限日益模糊，相互渗透，形成了你中有我、我中有你的格局。这一变化促使对过程的研究呈现出百花齐放的态势，打破了传统的思维定式，为过程管理带来了新的挑战与机遇。

3.1.3 输出

输出，作为组织向环境提供的产品（含服务），不仅是组织对社会的直接贡献，更体现了组织存在的核心意义与责任。然而，组织输出的成效与接受度，最终需由顾客（即环境，涵盖所有利益相关者）来评判。组织的输出或许能赢得环境的青睐，但也可能遭遇不满。无论结果如何，顾客的反馈信息都应被视为组织不可或缺的输入要素。忽视这些反馈，组织可能会因此步入歧途，犯下难以挽回的错误。

组织的生存与发展，离不开与环境的和谐共生。因此，组织目标必须与环境要求相契合。同时，组织的输出也应紧密围绕组织目标，确保环境能够接受并认可。组织输出与组织目标的一致性程度，是衡量组织管理绩效的重要指标。管理的重要任务在于，不断努力使组织的输出与其目标保持高度一致，从而确保组织目标的有效实现。这要求管理者不仅要关注输出的质量，更要重视输出与目标之间的匹配度，通过有效管理手段，不断提升组织绩效。

3.2 外部环境对组织的影响

既然组织是开放的，它必然与环境产生相互影响。这种外部环境的作用力，对组织而言往往难以改变，甚至有时显得无能为力。因此，管理者对外部环境的了解、认识和掌握程度，极大影响着他们能否正确、及时且迅速地对环境变化作出反应，进而关乎组织管理的绩效。外部环境对组织的影响，主要可从政治、经济、社会、技术四个方面来分析。

3.2.1 政治环境的影响

政治制度、政治形势、国际关系、国家法令及政府政策等构成了政治环境的复杂网络，对组织的管理活动产生了制约和深远影响。法律作为政治环境中的重要元素，其严肃性和不可变通性要求组织必须严格遵守，以确保自身行为的合法性和合规性。管理者需对政治环境有深入的认识和预见性，以便快速适应新的形势、法令和政策，避免组织陷入被动境地。在全球化背景下，组织面临的政治环境更加复杂多变，多重政治因素的影响让管理者面临严峻挑战，但同时也为出类拔萃者提供了展现才华的舞台。如中兴和华为作为中国领先的通信技术企业，在国际市场上遭遇了多起重大事件，涉及政治、经济和技术等多个层面，这充分揭示了国际政治环境变化对企业产生的深远影响。

1. 法律法规

政府制定的法律法规直接影响组织行为。例如，环保法规要求企业减少污染物排放，劳动法规定了保护员工权益，税收政策影响企业的财务状况。

2. 政治稳定性

政治局势的稳定与否会影响组织战略规划和实施，如投资决策和市场信心。

政治不稳定可能导致经济波动，增加企业的经营风险。

3. 政府政策

政府的产业政策、区域发展政策等可以为组织发展带来机遇或挑战。例如，政府鼓励绿色产业发展，可能为企业提供补贴和支持；反之，限制某些行业的政策则可能增加企业的合规成本。

3.2.2 经济环境的影响

经济环境对组织影响深远，无论是公共组织还是企业组织，其运作的每一个环节都深受经济环境的制约。从组织的输入、输出到内部流程，无一不体现着经济环境的烙印。因此，组织若不能灵活适应经济环境的变化，其生存和发展将面临严峻挑战。在众多经济环境因素中，资源的影响尤为关键，主要体现在人、财、物三个方面。

1. 人力资源环境

组织由人构成，人的能力和素质直接关系到组织的效能。在招聘和选拔人才时，组织需综合考虑人的能力、适合性和工资水平等多个因素。而这些因素又受到社会整体教育水平、人才流动状况以及工资水平等外部环境的影响。随着全球化进程的加速，发展中国家的人才成本优势逐渐减弱，组织在人力资源策略上需不断创新，以应对新的挑战。

2. 资金环境

资金环境是组织运作的基石。组织对资金的需求不仅取决于自身的规模和实力，还受到外部经济形势、资金供给能力以及组织信誉等多重因素的影响。管理者必须深刻理解资金环境的复杂性，才能在不同的经济条件下，合理调配资金，确保组织的稳健运行。例如，英国脱欧等历史性事件带来的不确定性影响了贸易、投资和金融市场等方面，这直接影响了企业在国际贸易和供应链中的策略选择。

3. 物质环境

物质环境也是组织不可忽视的重要因素。物资短缺和可持续发展压力会对组织的生存和发展构成威胁。在经济和科技快速发展的今天，物资短缺不仅指数量上的不足，还包括因环保和可持续发展要求而被限制或限量使用的物资。组织在决策时，必须充分考虑这些物质资源的特性，通过创新和管理优化，确保组织的资源供应稳定且可持续。当组织能够深刻理解并把握物质资源的丰富与短缺特性时，组织的创新和发展将迎来新的机遇。

3.2.3 社会环境的影响

社会环境对组织的影响深远且复杂，它涵盖了人们的价值观、信念、心理状态、教育水平以及人口结构和伦理等多个维度。以下重点从觉悟和伦理两个维度展开陈述。

1. 觉悟环境

觉悟环境作为社会环境的重要组成部分，深刻影响着组织的运作。人们的价值观、信念、心理状况及受教育程度等构成了觉悟环境的内核，这些因素随着社会经济的发展而不断变化。组织管理者需紧密关注社会觉悟的变迁，确保组织目标与时代精神相契合，既不超前也不滞后。同时，社会秩序作为觉悟环境的体现，要求个人和组织必须遵循其规范，以维护社会的稳定与和谐。此外，觉悟环境与经济环境紧密相连，经济发展水平的变化往往引发价值观的演变，这对组织管理者提出了更高的要求，特别是公共组织需不断提升自身能力，以适应觉悟环境的快速变化。随着 Z 世代（出生于 1995—2010 年的一代人）的崛起，这一代人独特的价值观和工作方式将进一步重塑组织的觉悟环境。

2. 伦理环境

伦理环境作为社会环境的另一重要方面，对组织行为同样具有约束力。伦理环境包括社会普遍认可的行为准则和道德标准，虽然这些准则并未形成法律条文，但其对组织和个人行为的规范作用却不容小觑。由于伦理准则具有地域性和文化差异性，组织在不同国家、民族和社会中运营时，需充分考虑当地伦理环境的特殊性，以避免因文化差异而引发的冲突和误解。

3.2.4 技术环境的影响

技术环境对组织的管理会产生深远而强烈的影响。现代科技的飞速进步，不仅极大地提升了劳动生产率、减轻了人们的劳动强度，更为组织管理带来了全新的理念和方法。

1. 生产技术环境

生产技术环境的变革尤为显著。自动化程度的提升、工艺能力的增强以及生产效率的飞跃，使得生产操作更为简化、劳动强度大幅降低。深刻理解和把握这一技术环境，有助于组织充分应用技术进步的成果，推动组织结构的优化和管理方式的创新，从而实现组织的稳健发展。“黑灯工厂”的出现，正是互联网和人工智能等新技术融合应用的典范。

2. 辅助技术环境

辅助技术环境同样不容忽视。虽然辅助技术并不直接参与产品生产，但其对生产效率的提升和工作环境的改善起着至关重要的作用，与技术进步相伴而来，使工作质量和产品质量显著提升。例如，空调技术（包括温度调节、湿度调节、空气净化等）和消音技术（降低噪声）的进步，为组织创造了更加舒适、高效的工作环境，有力促进了管理活动的改善和提升。

3. 管理技术环境

管理技术环境的变革同样深刻。管理技术涵盖硬技术和软技术两大方面，硬技术为软技术提供支撑，二者相辅相成。如管理信息系统，其本质属于软技术，但结合计算机辅助工具后，便形成了软、硬技术的有机结合。此外，网络计划技术、线性规划、决策技术等数量技术及其程序软件，均属于管理技术的范畴。无论是硬技术还是软技术，其发展都会对管理思想、管理方式乃至管理组织形态产生深远影响。

值得注意的是，随着互联网和人工智能的蓬勃发展，生产技术、辅助技术和管理技术之间的界限日益模糊。管理者必须对此保持清醒认识，以适应技术环境的新变化。总体而言，技术环境从劳动力、劳动对象和劳动资料三个方面全面推动着生产力的提升。不同的技术条件和技术过程，对管理的要求也不尽相同。即便是同一组织，随着技术条件的变化，其管理观念和方法也需不断更新。3D 打印、互联网以及大数据等技术的迅猛发展，带来了技术环境的革命性变革，打破了原有的认知格局。因此，组织管理者必须与时俱进，不断学习新的管理理念和方法，才能紧跟时代发展的步伐，确保组织在激烈的市场竞争中立于不败之地。

综上所述，组织管理者必须深刻认识并预见经济环境、社会环境和技术环境的变化趋势，充分估计环境对组织的影响，才能使组织的各项工作与环境相适应，并有效借助环境的力量，推动组织发展战略的实施和价值的实现。

3.3 利益相关者视角下组织的环境因素

从利益相关者的角度来看，组织所处的环境充满了各种具体且影响深远的机构和个体。对于一个企业而言，经济、社会和技术环境的宏观影响往往通过直接的利益相关者得以体现，如竞争者、工会、政府机构、股东、顾客、公众、供应商以及金融机构等。这些因素不仅对企业的运营产生重大影响，而且深刻左右着企业管理者的决策与行动，进而影响着企业的整体管理绩效。因此，在全面分析和评估宏观环境因素的同时，企业必须高度重视并直接应对这些紧密相关的直接环境因素，以确保其战略与运营的有效性和适应性。

3.3.1 竞争者

每个组织都面临着一个或多个竞争者的挑战，管理者若忽视这些竞争者，将可能遭受重大损失。例如，铁路运输企业需密切关注航空、船舶及公路运输等竞争对手的动态；上海汽车工业集团不仅要留意中国一汽、二汽等国内对手的发展，还需应对加入世界贸易组织（World Trade Organization，WTO）后国际汽车工业集团的竞争冲击；可口可乐（Coca-Cola）公司始终紧盯百事可乐（Pepsi Cola）公司的市场动向；美国通用（General Motors）公司则关注着日本丰田汽车（Toyota Automobile）公司、德国大众汽车（Volkswagen Automotive）公司等国际车企的新策略；而公办学校也时刻维持着与民办学校的教学质量的竞争。任何企业的片刻疏忽，都可能导致市场份额向竞争与对手倾斜。

随着互联网的兴起与新技术的涌现，传统产业界限已被打破。企业不仅要关注传统意义上的业界竞争者，更要警惕来自行业外的跨界竞争者。从“跨界”到“破界”，“无界”竞争正逐渐成为新常态，这是 21 世纪以来发生的颠覆性变革。

3.3.2 政府

在市场经济体制下，政府虽需顺应市场规律，但出于社会整体健康发展的考量，它不能直接干预企业的具体运营与管理，却可通过制定法律、法规来规范市场竞争环境。例如，1890 年美国颁布的《谢尔曼反托拉斯法》，旨在遏制企业的垄断行径；美国于 1964 年通过的《公民权利法》则明确规定，雇主因种族、肤色、宗教、性别或国籍而解雇、拒绝雇佣或在雇佣中歧视员工的行为属违法行为；中国于 1993 年通过的《消费者权益保护法》，不仅明确了因商品或服务质量问题导致的财产、人身损害需承担民事责任，还规定了经营者违反该法的行政与刑事责任。此外，像美国微软这样的大型企业，因其业务范围广且规模庞大，一直受到政府的特别监管。

当经济环境遭遇剧烈波动，市场调控出现失灵时，政府的救济措施对企业同样具有深远影响。以 2007 年至 2009 年的次贷危机为例，包括美国在内的多国政府纷纷实施救济政策，以应对市场经济危机。

3.3.3 顾客

组织因顾客而生，其核心使命在于满足顾客需求，这一原则不仅适用于企业，也同样适用于公共组织。例如，政府的存在旨在为公众提供优质的公共行政服务，选举中选民的投票倾向往往直接反映了他们对政府服务满意度的评价；学校则致力于提供教育服务，考生的报名情况及考试成绩在很大程度上体现了社会对学校教育服务质量的认可程度。而对于企业来说，顾客的重要性更为直观，任何不满或抱怨都可能迅速导致市场份额的流失。

对于组织管理者而言，必须深刻洞察顾客需求的不确定性，并认识到顾客需求是在不断变化和发展的。特别是在市场风云变幻中搏击的企业，若不能紧跟顾客需求的变化，及时调整管理策略以适应这种变化，就将面临顾客流失的风险。近年来，在数字化浪潮的冲击下，诺基亚（Nokia）和宝丽来（Polaroid）的起伏历程便是对这一点的生动诠释。

3.3.4 供应商

在新的竞争环境下，组织与供应商之间的关系日益紧密，这已成为组织生存与发展的必要条件。传统观念中，供应商往往被视为依赖于需方的一方。然而，随着市场竞争的日益激烈以及全球经济组织方式的深刻变革，需方对供应商的依赖程度也在不断提升。供需双方正逐渐演变为利益共享、风险共担的共同体。特别是在可持续发展理念日益深入人心的背景下，拥有一个稳定且可持续的供应商对于组织的长远发展而言，其重要性愈发凸显。这种需求不仅体现在企业中，政府采购领域也同样对此给予了高度关注。

随着对效率和效果追求的不断升级，可持续供应链管理的理念已深深根植于企业之中，成为提升企业核心竞争力的关键因素。作为公共组织的政府，也在积极调整其采购策略，更加注重组织的长期绩效提升。无论是企业还是政府，组织管理者都在致力于以更低的成本确保所需资源的持续稳定供应，从而实现组织的可持续发展。

3.3.5 金融机构与资本市场

在企业的发展历程中，金融机构与资本市场的作用不容小觑。当企业步入快速发展轨道，金融机构的融资支持与资本市场的资金流动对企业的影响力显著增强。随之而来的是，金融风险的复杂性与不确定性也随之提升。然而，面对这些潜在风险，企业不能因噎废食，停滞不前。相反，应视其为挑战与机遇并存的双刃剑。经济全球化的浪潮与资本市场国际化的趋势，为企业打开了获取优质资本的更广阔空间，但同时也带来了更为复杂多变的金融风险。这是 21 世纪企业发展中必须面对的现实与挑战。

在此背景下，管理的重要性愈发凸显。企业管理者需具备敏锐的市场洞察力和风险管控能力，以充分利用资本市场的优势，确保企业发展所需的资金供应稳定且高效。同时，还需构建完善的风险管理体系，通过多元化投资策略、风险分散机制等手段，有效避免或降低金融风险，保障企业的稳健前行。只有这样，企业才能在激烈的市场竞争中立于不败之地，更好地实现其长远发展目标。因此，合理利用金融机构与资本市场资源，平衡风险与收益，已成为现代企业管理的核心任务之一。

3.4 环境对管理实践的影响

组织作为一个开放的系统，与环境之间存在着密切的相互作用。这种相互作用意味着组织的管理活动不可避免地会受到外部环境的影响。组织不仅依赖环境提供资源输入和接收产出，还必须适应和遵守国家法律、社会公德，并对外界的挑战作出及时反应。

政府机构和上市公司由于受公众关注度高，其管理活动受环境影响尤为显著。管理者在这些组织中感受的压力通常比一般组织更大。环境力量多为动态且不确定的，如顾客偏好变化、新法规出台、供应链中断、技术革新、全球性事件以及股市波动等，这些都难以预料且对管理决策构成限制。环境不确定性越大，管理者在管理决策中的自由度就越受限制。

在探讨环境对管理实践绩效的影响时，出现了两种对立的观点：管理万能论和管理象征论。管理万能论认为管理者对组织成败负有直接责任，是管理理论中的主流观点。而管理象征论则强调外部力量对组织成败的决定性作用，认为管理者实际作用有限。本书认为，管理者既非万能也非无能，而是上述两种观点的综合体现。管理者的关键在于能够预测、感知环境变化，并提前或在紧急状态下作出正确反应，以减轻负面影响并推动组织高效实现目标。组织制定的应急预案或备用计划就是这一观点的例证。从组织价值和社会责任角度进一步考虑，管理者应深入思考组织存在的目的和意义，明确组织价值和社会责任，从而在环境变化中争取更多主动权，避免随波逐流。

本章小结

(1) 组织作为一个开放系统，与环境之间存在着紧密的相互联系与相互作用。它从环境中汲取各类资源作为输入，经由内部转换后，向环境输出产品或服务。因此，环境对组织管理的影响是管理者必须直面且无法规避的关键要素。学习管理的过程中，必须深入理解、全面认识并充分准备环境对组织可能产生的各种影响，旨在积极利用环境的积极面，有效减轻或规避其带来的不利因素，进而推动组织创造卓越绩效。

(2) 环境的影响可以从政治、经济、社会、技术四方面对组织产生作用。政治环境的影响，重点有法律法规、政治稳定性和政府政策的影响；经济环境的影响，重点是资源的影响，包括人力资源、资金和物质等因素；社会环境的影响，重点是社会觉悟和伦理的影响；技术环境的影响，重点是对组织的运作和管理效率的影响，主要的因素可以概括为生产技术、辅助技术和管理技术。从利益相关者角度看环境因素，组织的直接环境因素有竞争者、政府、顾客、供应商、金融机构与资本市场等。

(3) 组织对环境的依赖是不可避免的，但同时也必须关注组织自身的战略以及体质，健康生态应该强调组织与环境的匹配度。随着经济全球化发展，环境因素对组织的影响将会越来越大，管理者必须正视环境的影响，努力将组织的目标与其社会责任紧密结合，主动地适应环境的变化，从而实现管理的高绩效。

管理与组织环境思维导图

本章思考题

1. 为什么要研究组织环境对管理活动的影响？
2. 经济环境的影响可从哪几个方面来研究？
3. 法律环境是如何对组织产生影响的？
4. 如何认识社会环境中的道德水平及其对组织的影响？
5. 技术环境从哪些方面对组织产生影响？
6. 组织的利益相关者会对组织有什么影响？
7. 为什么管理者要正视环境因素的影响，并且要努力将组织目标与其社会责任紧密结合？
8. 基于组织环境的视角，如何看待互联网和人工智能发展带来的改变？

本章拓展阅读

4 管理的目标和方法

组织因其特定目的而存在，并在此基础上于战略规划中设定了相应目标。为确保这些目标的实现，良好的管理至关重要。因此，管理者务必对管理目标有清晰明确的认识，否则管理活动可能迷失方向。

4.1 管理的目标

一个组织，若其既定目标模糊不清，就宛如一艘没有目的地的船在海上盲目航行，其运作将极具风险。鉴于此认识，在组织的管理活动启动之初，管理者就必须清楚管理活动要干什么和为什么干。

4.1.1 目标的原则和作用

1. 目标的定义

所谓目标，就是管理活动努力的方向。组织的目标明确了组织存在的理由、决定了组织发展的方向。确立组织的目标，是管理者的重要任务，而且贯穿于组织的管理活动过程。在组织运行的每个阶段开始时都必须明确目标，包括远期的和近期的目标。组织的许多调查研究工作，就是为了更好地明确管理的目标，并且在调查研究的互动中增强对目标的认识和理解，目标的共同语言是组织高效率和有效管理的重要基础。

2. 目标的原则

目标决定了组织的存在价值和发展方向，这被称为目标原则。

美国管理学家 J. F. Mee 曾在他的文章《职业经理的管理哲理》中对目标原

则作了精辟的叙述：在开始任何行动过程之前，必须清楚地确定追求的目标，使人人理解它，而且必须表达透彻。目标原则强调了目标的三个特点：

（1）目标的突出特性。这一特点就是要求目标必须预先确定，并同用以达到目标的过程分离开来。

（2）能公开说明。一般来说，目标大都是采用书面形式作出说明。如果一些组织不愿意或不能够以书面形式来说明它们的目标，这就反映了这些组织在对其目标的认识上比较模糊或尚不一致，害怕说明白了会引起众多的批评。

（3）目标具有两重性。确定的目标必须在这个组织力所能及的范围内，但目标的完成又要求有一定的难度。一方面，组织确定的目标如果不能够被完成，就会失去其吸引力，将会被抛弃；另一方面，如果一个目标没有一定的难度，则目标的潜在刺激作用就失去了，无激励向上的积极意义。

3. 目标的作用

对组织目标的明确说明具有四点好处：指明管理方向；能对组织的成员产生激励作用；有利于提升管理绩效；完善管理基础、提高管理水平。

（1）指明管理方向。目标的必要性是因为它是管理活动的方向，即方向的需要。一个组织不仅要有总的目标，其内部各个部门或个人都应有明确的分目标。所谓明确，即能够且有书面的说明。目标的说明不仅指明了组织及其成员的努力方向，还应指出组织资源的分配方向，从而使组织内各方面的努力能够相互协调，为追求一个共同的目标而奋斗。

（2）激发成员潜力。目标除了指明方向之外，还是激发组织内每一个成员潜力的激励因素。目标的实现反映了组织及其成员努力的成功，这不仅体现在收益上有所获得，而且在精神上或心理上能获得满足，从而激发完成下一个目标任务的信心和愿望，这就是目标的激励作用。

（3）提升管理绩效。目标有助于促进管理活动取得更好的绩效，因为目标一方面是衡量管理活动是否取得成效的尺度以及管理活动取得成效的程度，另一方面也体现出组织的管理活动取得成效的能力。管理计划职能是为了达到组织目标而进行的，组织与领导是为了落实计划，而控制则是对组织计划完成程度的测定，并纠正偏差，以保证组织计划的完成。因此，如果没有一个明确说明的目标，那么管理的这几个职能都将难以开展。

（4）完善管理基础。如果组织没有明确的目标，就难以区别于以“应急计划”或“特殊政策”而进行的管理，就会导致出现一系列短期计划或短期行为，使组织的管理活动具有随意性，不利于组织的长期发展以及提高管理水平。

4.1.2 目标的类型

对于一个组织来讲，目标往往不是单一的。有些日标是考虑本组织外部的组织或个人（如顾客）的利益，而有些目标则是与组织的成员或组织的所有者（如股东）休戚相关。现在讨论的焦点不是组织内部或外部的目标哪一方面较为重要，而是如何最大限度地来完成组织的这些目标。为便于阐述，本章暂以企业的目标为讨论对象。

1. 外部目标

管理者必须认识到，如果企业要继续发展和赢得利润，就必须为顾客服务，这些问题并不只是从事向顾客直接销售的企业或部门的问题。一个企业之所以能够存在，是因为有一部分组织或个人愿意成为它的服务对象，即顾客。为了争取顾客，企业必须使它的服务和产品在价格、质量等方面能与其他企业竞争，并获得足够的利润来支持企业继续发展。因此，企业的基本目标就是服务目标，即服务于顾客的需要。只要当人们接受了企业的服务，也就自然接受了这个企业组织。

另外，组织的目标还必须同社会的意愿相一致。从企业角度讲，也可以看作是企业的社会责任。如果企业不关注自己的社会责任，不符合社会的意愿，这个企业将不能被允许继续存在。比如，有些企业在一开始就是非法建立的，是法律所禁止的。

由法律和条例所表达的社会价值观，以及顾客对企业的产品或服务的接受程度，都是企业的外部目标。企业组织想继续存在，就必须承认并实现这些目标。

2. 内部目标

服务于顾客和社会是一个企业的外部目标。在达成这些目标的同时，企业还关注着满足内部相关利益的一些目标，即企业的内部目标。企业的内部目标与企业的定位、员工和投资者有着密切的联系。

（1）企业定位及其同竞争者的关系。企业总是希望能成为同行中最大的、利润最多的、发展最快的和新产品最多的龙头企业，但必须结合本身的实际情况。所以，企业必须有准确的定位，并认清同竞争者的关系。

（2）员工的利益。管理者为了企业的整体利益，一般都是录用对于岗位是适合的且表现较好的应聘者。当成为企业的员工后，无论是管理者还是普通员工，都是企业的组成部分，企业必须关注他们的利益。企业必须密切关注员工的利益，才能健康发展。

（3）投资者的利益。企业必须以利润满足投资者的投资欲望，坚定其投资信心，并吸引更多的投资者和资金来支持企业发展。虽然，随着社会的发展进步，人们对企业的认识越来越关注其对社会责任的履行，但投资者的利益始终是不能被忽略的，并且也必须是被放在最重要的位置上。

总之，一个组织的目标可以划分为外部的和内部的。企业的外部目标是服务目标，企业的生存和发展取决于它给顾客提供愿意接受的并为社会认可的产品和服务。企业的内部目标则决定它同竞争者抗衡的地位和满足其成员及投资者利益的程度，企业的内部目标在实践中往往起到关键的作用。显然，利润在此之间既具有目标作用，又具有激励的功能。但是，如果企业不能满足顾客的要求，企业的目标不能为社会所认可，那么利润的获得将是不可能持续的。这也是近年来一直要讨论企业社会责任的重要原因。

4.1.3 企业的目标范畴

由于一个企业存在着内部目标和外部目标的互相冲突，所以，企业需要对内外部目标进行平衡，换句话说，其目标不是单一的。美国管理学家 P. F. Drucker 认为，企业的目标设置应从下述八个方面考虑：

（1）市场地位：企业的目标应能反映其产品和服务在市场中所占的份额，以及与竞争对手相比所处的地位，这是可以定量分析的目标。

（2）技术革新：企业的目标应包含发展新产品、新工艺、新设备、新方法等技术革新的内容，这方面的目标也是可以量化的。

（3）生产率和生产能力：生产率和生产能力是企业竞争能力的主要内容之一，可以定量设置目标。

（4）资源：人力、物力、财力等资源是企业组织开展生产经营活动必须的条件，所以，企业必须对有限的资源如何获得、如何使用、如何维护等方面设置目标。

（5）获得利润：盈利是企业存在的主要目标之一。就一个企业而言，应伴随着社会、市场和企业自身的发展设置其适当的获利目标。

（6）管理者的成就和发展：企业应对管理者设置目标，指明管理水平、管理效率和行为成果方面的努力方向。

(7) 员工的成就和态度：企业应设置反映普通员工工作业绩和工作态度的目标，以便最大可能地发挥出企业整体的潜力。

(8) 社会责任：一个组织必须对社会承担其应尽的责任，只有承认这一点并使组织的目标得到社会的赞同和认可，组织才能生存和发展。因此，企业必须建立反映其对顾客和社会负责，以及负责的内容和程度的目标。

这八个方面都是企业建立其目标的领域。前五个方面必须得到后三个方面的支持，否则就会毫无意义。因为企业是由人组成的，而社会责任又是企业存在的基础。总之，从企业发展的观点来看，这些方面的目标都是不可缺少的。

4.2 目标管理

所谓目标管理（Management by Objective，MBO），就是管理“目标”，即依据目标进行管理。这就是 Drucker 对目标管理的简单解释。

4.2.1 目标管理理论的提出

在 1945 年出版的《管理实践》一书中，Drucker 首次提出了“目标管理与自我控制”的理念。他主张，组织的各级管理人员应通过“目标”来引领下属，并依据这些目标来衡量下属的贡献，从而推动组织总目标的实现。Drucker 强调，若无明确且一致的目标指导每个成员的工作，组织规模越大，人员越多，就越可能产生冲突和资源浪费。因此，管理者需清晰理解组织总目标对个人工作的要求，同时，上级也需明确下级对总目标的贡献能力、期望及其成就的评价标准。只有当组织各层级都能做到这一点时，组织的总目标才有望实现。

Drucker 的“目标管理”理论在管理学领域具有显著贡献。他认为，古典管理学派过于关注工作本身，忽视了人的因素；而行为科学则过于强调人，忽略了与工作的结合。目标管理巧妙地融合了这二者的优点，弥补了各自的不足。它强调以目标为核心，将人的发展与工作要求紧密结合，为管理实践提供了新的视角。

目标管理还有助于纠正管理实践中的三种“错误观点”。首先，它反对“过分强调个人技能第一”的观点，避免组织成员因过分关注个人技能而忽视组织目标，导致组织整体凝聚力下降。其次，它批判“过分强调集中”的倾向，防止组织成员盲目顺从上级，忽略工作本质，使组织成为领导者情绪的附属品。最后，它指出“不同层次的见仁见智”会导致上下沟通不畅、赏罚不明、标准混乱，使组织陷入争吵和抱怨之中。Drucker 强调，组织应以“目标”为纽带，统一各层级的努力方向、程度及奖惩标准，从最高管理者到基层管理人员，都应围绕组织目标集中力量。当每个成员都明确自己的目标时，他们就能进行自我控制，确保个人行为与组织整体目标保持一致。

4.2.2 目标管理的任务

组织开展目标管理的主要任务，是为了让组织各成员进一步明确组织的目标和各相关层面（部门和个人）的目标、分清各目标的次序、合理使用资源并有效地保持实现目标的过程和方向。

1. 明确目标，并能具体化

目标管理的首要任务是明确组织的目标，并能让相关人员认识目标、理解目标。其次是，目标必须是真实而具体的。如果组织的目标不够具体，那么就要提出组织“应以什么为目标”及“能以什么为目标”的问题来进行讨论，以便真正明确目标和理解目标。

2. 明确目标次序

许多情况下，组织的目标不是唯一的。多个目标的存在，使得组织必须安排好目标的次序，因为资源不允许组织同时完成所有的目标。组织在排列出目标的优先顺序后，将要整合相关资源去努力实现组织的目标。对于延缓什么目标或放弃什么目标，管理者必须作出系统检查，并认真、慎重地作出决断。一定要注意，在实施目标管理的过程中，目标次序的决定将影响管理者对资源的配置，从而决定组织的效率和效果。

3. 合理配置资源

管理者必须考虑怎样配置为达成管理目标所必需的资源，尤其是人力资源。目标管理计划的成功很大程度上依赖于资源分配的合理性，否则最多只是一个良好的构想而已，有时甚至连良好构想都称不上。

4. 有效的测评和控制

管理者应能够有效地对实现目标的过程进行测量和评估，以保证对过程的控制和目标的实现。如果管理者缺乏有效的测评方法，既不能对过程实施进行有效的测量，也不能对过程中各阶段的成果进行有效评估，那就无法进行反馈和实施控制，更不能有效地对今后的管理活动有所指导，从而使管理目标的实现得不到有效的保证。目标管理中很重要的任务是建立反馈系统，并使管理者都能认识这一反馈系统对管理活动的重要性，学会应用反馈系统。

4.2.3 目标管理的内容

目标管理的基本内容是动员组织的全体成员参与制定组织和个人的目标，并保证这些目标的实现。目标管理的具体内容包括三个方面：目标体系的制定、目标的实施和目标成果的评价。

1. 目标体系的制定

目标体系的制定是目标管理的第一个阶段。首先由组织的领导者根据其上级组织和服务对象的要求，结合组织的发展听取组织内各层人员的意见后，确定组织的总体目标。如果是企业，其上级组织和服务对象则代表投资者、社会和市场。其次是组织内各部门根据其职能，为完成组织的总体目标而提出部门目标。再次是部门内各小组为完成所在部门的目标而制定小组的目标。最后，由小组中各岗位人员根据小组的目标和岗位职能制定各岗位个人的目标。这样，自上而下把组织的总体目标层层展开，最后落实到组织的每个成员，形成一个完整的目标连锁体系，共同为保证实现组织的总体目标而奋斗。图 4-1 为目标体系示意图。

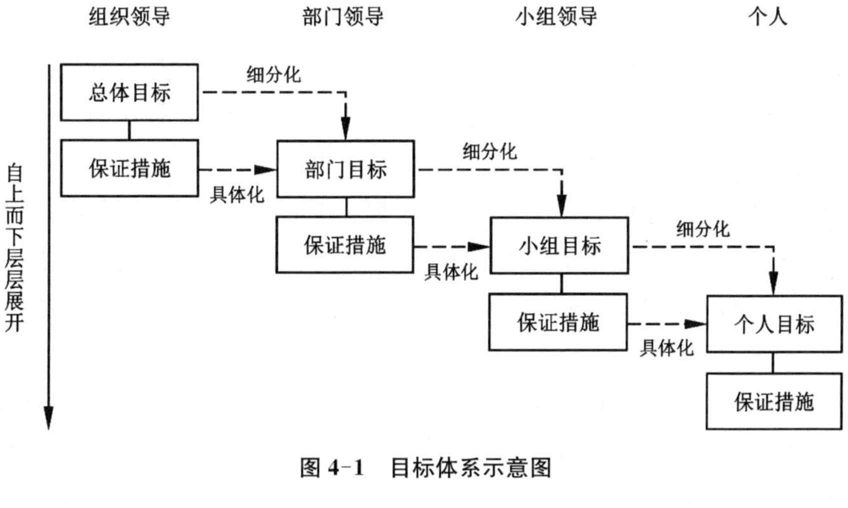

图 4-1 目标体系示意图

2. 目标的实施

目标的实施是目标管理的第二个阶段。目标的实施包括三个方面的工作：一是通过对下级人员委任权限，使每个组织成员都能明确在实现组织总目标中自身的责任，让他们在工作中能实行自我管理，独立自主地实现个人目标；二是加强与下级人员的意见交流并进行必要的指导，由下级人员自行选择实现目标的方法和手段，从而充分发挥各级人员的积极性、主动性、创造性和工作才能，提高工作效率，保证各级目标的全面实现；三是各级目标的实施者都必须严格按照“目标实施计划”的要求开展工作，使每个工作岗位都能有条不紊、忙而不乱地进行工作，从而保证实现预期的各项目标值。

3. 目标成果的评价

对目标成果的评价是目标管理的最后一个阶段，其目的是促进各级管理工作的改善，鼓舞组织全体成员的斗志，以便更好地为保证总目标的达成而奋斗。评价工作是在目标实施活动已按预定要求完成时开始的，根据预定的目标值对实际取得的工作成绩进行比较评价，并与奖惩制度挂钩。评价的结果应及时反馈给目标的实施人员，以便让每一个成员都能很好地总结自身工作的经验与教训。

目标成果的评价有以下几个步骤：

（1）目标实施者自我评定个人成果。各级目标的具体实施人员应根据预定的目标值和自己的实际工作情况进行自我评定，要求自我检查一下在目标的实施过程中原定的措施手段是否合适、自己的适变能力和努力程度如何，以及怎样改进等。

（2）上级对评定工作的指导。各级管理者应对下级的自我评定进行指导，使各级人员能恰当评价个人成果。各级管理者在进行指导时，应婉转地提出自己的看法，积极引导和鼓励下级为达成下一个目标而继续努力。

（3）考核评定小组的综合评议。各级考评小组应根据各部门、各岗位的目标实施计划和自我评定情况，对各项目标逐一进行考核评定。在评定过程中，应注重实际取得的成果，要与目标的实施者充分交换评定意见，以减少或避免评定工作中的片面性和局限性。

（4）奖励与总结。目标成果的评价应与组织的人事制度和奖惩制度相结合，目标的达成要有利于个人的发展，并与个人的经济利益挂钩，从而充分体现出目标管理的激励作用。

总之，目标管理是一个不间断的、反复出现的循环过程，每一循环都是在前一循环的基础上提出新的目标体系，使新一循环的目标管理活动有更新的内容，从而使组织的管理活动达到更高的水平。

4.3 目标管理有助于组织自我改善

目标管理活动的正确开展，除了能促进组织目标的实现，还为组织的运作带来许多其他益处，有助于组织体质的自我改善。

4.3.1 增强沟通和理解

增强沟通和理解是目标管理中至关重要的一个环节。目标管理的实施始于目标的确立，包括明确目标、定义目标的具体内容以及设定目标的优先级等步骤。这个过程中，需要在组织内部进行广泛而深入的沟通，涵盖从高层决策者到一线员工的所有层级，以及横向的跨部门交流。通过沟通，不仅可以收集到各种意见和建议，还能促进管理者与员工之间思想和认知的交流与统一。

1. 明确目标

首先，需要确保每一名参与者都清楚组织的整体目标是什么，以及这些目标与组织的使命、愿景是如何关联的。明确的目标是所有后续工作的基础，也是衡量工作成效的标准。

2. 定义目标

在明确了总体目标之后，需要进一步细化这些目标，使其具体化、可操作化。这一步骤通常涉及将大目标拆解成一系列的小目标或关键成果（Objectives and Key Results，OKRs），以便于追踪进度和评估绩效。

3. 设定优先级

不同的目标可能有着不同的紧急程度和重要性，因此需要根据实际情况对各个目标进行排序，确保资源和精力投入最关键的任务。

4. 广泛的沟通

这是整个过程中最为关键的部分之一。通过会议、邮件、内部社交媒体等多种渠道，确保信息的透明流通。定期举行的目标沟通会议可以让团队成员了解彼此的进展，同时也提供了讨论困难和寻找解决方案的机会。

5. 听取意见

在沟通过程中，重要的是要倾听来自各方的声音，尤其是基层员工的意见，因为他们往往最接近实际工作情况，能提供宝贵的反馈意见。

6. 形成共识

最终目的是要形成对目标的共同理解和支持，无论是高层决策者还是普通员工，都应该明白自己的工作如何与组织的目标相联系，这样才能激发团队的凝聚力，促进目标管理活动的有效开展。

通过上述步骤，组织不仅能更好地理解和执行目标，而且能够建立一种基于信任和共享责任的文化，这对于组织长期取得成功至关重要。

4.3.2 提高积极性和自律性

开展目标管理，旨在激发组织成员的内在动力，使他们更加积极主动地参与组织的各项活动，并在日常工作中展现出高度的自我管理和责任感。

1. 提高积极性

明确个人与组织目标的关联：通过目标管理，每个员工都能清晰地了解到自己的工作如何直接或间接地支持组织的整体目标。这种透明度可以帮助员工意识到他们的贡献对组织成功的重要性，从而提高他们的参与度和积极性。

个人成长与发展机会：当目标设定与个人的职业发展规划相结合时，员工会更加愿意接受挑战，因为这不仅有助于完成组织的任务，也会促进自身的成长和发展。

激励机制：合理的激励机制（如奖励制度、晋升机会）可以显著提升员工的积极性。当员工看到自己的努力得到了认可和奖励时，他们会更有动力去追求更高的目标。

参与式管理：让员工参与目标设定的过程，让他们感觉到自己不仅是执行者，更是决策的一部分。这样的参与感能够极大地提升员工对目标的承诺水平，进而提高他们的积极性。

2. 增强自律性

明确责任：目标管理通过将大目标细分为具体的、可衡量的小目标，并分配给具体的个人或团队，确保每个人都清楚自己的责任所在。这种明确性有助于员工建立对自己工作的责任感。

自我监控与反馈：目标管理鼓励员工对自己的工作进度进行自我监控，并定期向上级汇报进展情况。这种自我管理的过程增强了员工的自律性，因为他们学会了如何自我调节以保障其在正确的轨道上。

沟通中的支持氛围：在目标管理过程中，上级和下级之间的沟通应该是开放的和支持性的。当员工感到自己的意见被重视，并且在遇到困难时可以获得帮助时，他们更容易培养出积极主动的态度，并且在没有直接监督的情况下也能自觉地完成任务。

共识与认同：通过沟通，员工与管理层就目标达成共识，这不仅加深了员工对目标的理解，也增强了他们对目标实现的认同感。当员工认同组织的目标时，他们更有可能表现出高度的自律性，因为他们相信自己的努力是有价值的。

目标管理通过创造一个积极向上的工作环境，不仅能提高员工的积极性，还能增强他们在实现组织目标过程中的自律性。这种双管齐下的方法有助于构建高效、响应迅速的组织文化。

4.3.3 推进组织变革和人力资源重新整合

目标管理活动有助于推动组织以支持管理目标为导向变革组织的结构，并带动资源分配的改善。在这样的条件下，为有效地管理目标和实现目标，管理者必须结合组织结构中的岗位及岗位职能的变更、管理系统和管理环境的改变而积极推动人事制度的改革，对人力资源进行重新整合。

1. 组织结构变革

适应性调整：随着市场和技术的发展，组织需要不断地调整其结构以适应外部环境的变化。目标管理活动通过设定短期和长期目标，促使组织审视现有的架构是否依然有效，是否需要进行调整以更好地支持目标的实现。

灵活性增强：组织结构的调整不仅仅是形式上的变化，更重要的是要增强组织的灵活性，使其能够在快速变化的环境中保持竞争力。这意味着组织需要拥有一个能够快速响应市场变化的灵活架构。

2. 资源分配改善

优化资源配置：通过对目标的明确界定，组织可以更加科学合理地分配有限的资源。资源包括人力、物力、财力等，合理分配资源可以确保每一项资源都被用在刀刃上，最大化地发挥其效用。

战略导向的资源分配：目标管理强调战略导向的资源分配，即根据组织的战略目标来决定资源的投入方向。这样做可以避免资源浪费，保证组织的关键业务领域得到足够的支持。

3. 人事制度改革

岗位职能调整：在目标管理过程中，可能会发现某些岗位的功能不再适应新的目标需求，这时就需要对岗位职能进行调整。这可能意味着增加新的职位，或者重新定义现有职位的角色和职责。

人才匹配优化：通过目标管理活动，组织可以更好地了解哪些人才最适合当前及未来的需求。这有助于组织在招聘、培训和晋升等方面作出更明智的决策，确保合适的人才被安排在最合适的位置上。

4. 对人力资源的重新整合

人员重组：根据组织结构调整和岗位职能变化的需要，有时需要对人力资源进行重组。这可能涉及人员的重新分配、培训，甚至裁员，以确保组织拥有最适合当前战略目标的人才组合。

培训与发展：在进行人力资源重新整合的过程中，培训与发展成为不可或缺的部分。通过提供必要的培训，可以提高员工的能力，使其更好地适应新的岗位要求，同时也为未来的组织发展储备人才。

绩效管理体系更新：目标管理要求对现有的绩效管理体系进行更新，以确保绩效评估与组织目标紧密相连。新的绩效管理体系应该能够准确反映员工对目标实现的贡献，并作为激励机制的基础。

通过上述措施，目标管理不仅帮助组织实现了具体的目标，更重要的是推动了组织内部的变革，使组织能够更加灵活地应对市场的变化，并通过合理的人力资源配置，促进组织的可持续发展。

4.3.4 监督组织整体按计划付诸行动

监督组织整体按计划付诸行动是目标管理成功实施的关键环节。这一过程不仅要求对目标转化为具体的行动计划进行审核，还需要确保这些计划被有效地执行，并且在整个执行过程中进行监督与纠正偏差。

1. 监督并审核计划制定

监督并审核目标分解：监督并确认将目标细分为可操作的子目标或关键结果（Key Results）。每个子目标都应该具有明确的时间框架、责任人以及评估标准，以确保它们是具体的、可衡量的。

监督并审核资源分配：监督并确认为实现所有子目标所需要的人力、财务和其他资源已经得到明确。资源的分配应以目标的重要性为依据，确保关键目标获得足够的支持。

监督并审核行动计划：确认每个子目标都有一份详细的行动计划，这份计划应包含具体的工作步骤、责任人、时间表以及预期的结果。这些计划应当是现实可行的，并需考虑到可能的风险因素。

2. 监督计划执行

监督进度：目标管理要求定期检查目标实现的进度。这可以通过定期会议、报告等形式来进行，确保所有相关人员都了解项目的当前状态以及下一步的方向。

动态调整：在执行过程中，随着环境的变化，可能需要对原有的计划进行调整。这种调整应当是基于实时的数据和反馈，以确保计划仍然符合最新的情况。

反馈机制：建立有效的反馈机制，让所有参与人员都能够提出意见和建议。这种开放式的沟通环境有助于及时发现问题，并采取措施纠正偏差。

3. 纠正行动偏差

识别偏差：通过定期进度检查和反馈机制，可以及时识别出计划执行过程中出现的偏差。这些偏差可能是由于资源不足、外部条件变化或其他未预见的因素造成的。

分析原因：一旦识别了偏差，接下来就需要分析导致偏差的原因。这可能需要与相关人员进行深入讨论，了解偏差背后的根本原因。

采取纠正措施：根据偏差的原因，制定相应的纠正措施。这些措施可能包括调整资源分配、修改行动计划或者是改变策略方向等。重要的是确保采取的措施是有效的，能够帮助组织回到既定的轨道。

持续改进：目标管理不是一次性的活动，而是一个持续改进的过程。通过不断地监督、评估和调整，组织可以不断提高其执行效率和效果，从而更好地实现既定的目标。

总之，目标管理的监督机制确保了组织不仅仅停留在规划阶段，而是将计划转化为实际行动，并通过持续监督与调整，确保组织朝着既定目标前进。这种动态的管理方式有助于组织应对不确定性，并在变化中寻求最佳的发展路径。

本章小结

(1) 组织的目标是组织存在和发展的理由，是管理活动努力的方向。对于企业而言，其外部目标是服务于顾客和社会，其内部目标是满足自身的利益，前者是后者能实现的基础，但管理实践证明，后者也是前者能实现的保证。

(2) 虽然赢利是企业存在的主要目的，但其管理活动的目标不应该是单一的，Drucker 提出了可供企业组织设置目标时考虑的八大领域。组织开展目标管理的主要任务是明确目标及其轻重缓急、合理分配资源和实施有效的测评。

(3) 1945 年，Drucker 提出了目标管理的理论和方法，有效地纠正了当时在管理实践中的三种“错误观点”。目标体系的制定、目标的实施和目标成果的评价是目标管理活动不可分割的三个阶段。目标的激励作用和促进完善的功能，在目标管理活动中得到了充分体现。

(4) 目标管理有助于组织内部增强沟通和理解、提高积极性和自律性、推进组织变革和人力资源重新整合，以及监督组织整体按计划付诸行动。

管理的目标和方法思维导图

本章思考题

1. 什么是目标的原则?
2. 目标的作用是什么?
3. 组织的外部目标是什么？内部目标是什么？它们相互间有什么关系?
4. 组织设置目标要考虑哪几个领域?
5. 什么是目标管理？Drucker 提出目标管理，在理论和实践上有哪些突出贡献?
6. 目标管理的具体内容包括哪些方面?
7. 目标管理可以为组织带来哪些益处？目前各类组织中有哪些管理工具与目标管理有着类似的思维模式?

本章拓展阅读

5 社会责任

随着时代的不断进步，人们对组织所承担的社会责任有了更清晰的认识，并且对此的要求也在持续提高。社会责任的有效实践，其核心在于管理者的作为，并且与管理工作的成效息息相关。在 21 世纪的管理议题中，社会责任已然成为一个不可或缺的部分，这是时代发展的必然趋势。具体来说，管理者在决策过程中频繁面临需要兼顾社会责任的情境，这些决策涵盖了慈善捐赠、产品或服务的定价策略、员工关系的妥善处理、就业问题的积极解决、环境及资源的有效保护、产品质量的严格把控、消费者权益的切实维护，以及安全与卫生条件的全面保障等多个方面。与此同时，管理道德的重要性也日益凸显。本章内容将围绕组织的社会责任与管理道德展开深入探讨。

5.1 什么是社会责任

组织的社会责任因其类型不同而有所差异。公共组织，以服务公众为核心，其社会责任明确，即高效利用资源以最大化公共利益。而营利性组织，如企业，其社会责任观念则相对复杂。虽然追求经济效益是企业的首要目标，但现代理念强调，企业还需承担对社会的贡献，并坚守道德准则，以获得社会的广泛认可，确保长期发展的可持续性。本书主张，无论是公共组织还是非公共组织，都应将社会责任置于首位，因为组织的根基在于满足社会需求。鉴于公共组织的社会责任较为明确，而企业的社会责任观点多元，本章的重点聚焦于后者的探讨。

企业社会责任（Corporate Social Responsibility，CSR）是指企业在追求经济利益的同时，对社会、环境和相关利益群体所承担的责任。它不仅涵盖了法律规定的义务，还包括了道德、伦理和社会期望。它不是仅局限于企业作为社会成员应尽的基本责任，而是涵盖了更为广泛和深入的道德担当。

企业社会责任是企业实现长期成功的关键。具备社会责任感的企业不仅能达成经济目标，还能提升竞争力，赢得社会信任与支持。CSR不仅是企业的立足之本，更是其战略规划和日常运营不可或缺的一部分，体现了有效管理的最高境界。通过积极履行社会责任，企业可以在激烈的市场竞争中建立可持续发展的优势。

5.2 关于社会责任的观点

对于企业社会责任的认识，长期以来有着两种相反的观点。一方面，按古典的（或纯经济的）观点，认为企业管理的唯一社会责任就是使利润最大化；另一方面，站在社会经济的立场上，认为利润最大化仅是企业管理的责任之一，企业的责任还有保护和增加社会财富。

5.2.1 古典观

古典观的代表人物是经济学家、诺贝尔奖获得者米尔顿·弗里德曼（M. Friedman）。他认为，当今企业中大多数管理者是职业经理人，这意味着他们并不拥有所管理的公司，他们也是雇员，要向股东负责。因此，他们的主要责任就是最大限度地满足股东的利益。那么，股东的利益是什么呢？Friedman认为，股东们只关心一件事——财务收益。

按照Friedman的观点，当管理者将企业的资源用于社会目的时，即用于尽社会责任时，会导致利润和股息下降，从而损害股东的利益；或使工资和福利下降，则会损害企业员工的利益；或使价格上涨，会损害顾客的利益。无论哪种结果，最终都会导致企业受损。以微观经济学的角度更容易印证Friedman的观点，在竞争市场中，企业履行社会责任而增加的成本要么转嫁给消费者而损失市场，要么转嫁给股东而损失资金，还有第三个威胁，就是来自外国的竞争者。

5.2.2 社会经济观

社会经济观认为，随着时代的变迁，企业的社会期望也发生了变化。企业的成立和经营需经代表社会利益的政府批准，因而政府也有权（在理由充分的前提下）命令企业停止经营甚至关闭。要争取政府的支持，企业在对股东负责的同时，必须对产生和支持它的社会负责。

社会经济观的支持者认为，利润最大化是当今企业的第二位目标，而不是第一位目标，企业的第一位目标是保证自身的生存。为此，管理者必须关注社会对企业的接纳程度，必须考虑企业承担必要的社会责任以及相应的成本，必须关注维护社会利益和积极增进社会利益。比如，企业应承担环境保护的责任、多为慈善事业尽一点力、解决劳动力就业问题、保障职业安全和卫生，等等。

对于古典观，社会经济观的支持者认为那已经是过时了。现代的企业已不再是几十年前的那种纯粹的经济组织了，它们已越来越多地被卷入社会、政治和法律的旋涡之中。一方面，企业为了自身的利益而影响政府的公共政策；而另一方面，也同样为了企业自身的利益而必须尽其社会义务和社会责任。因此，承担社会责任，对于当今的企业而言已经成为必然。

5.3 社会责任的体现

企业的社会责任可以由不同的归类方法来体现。为有助于讨论，本章将其分为对社会公众的责任、对政府的责任、对投资者的责任、对员工的责任、对顾客和供应商的责任、对竞争者的责任等六个方面。

1. 对社会公众的责任

企业的社会责任体现在资源与环境保护、促进社会繁荣、提供就业机会和推动科技进步上。

资源与环境保护：企业应通过绿色设计、材料、工艺和产品来减少环境影响，并遵循 ISO 14000 等国际环境管理标准。

社会富裕与繁荣：企业作为社会的一部分，应当致力于创造社会价值，为社会财富的增长和共同富裕作出贡献。

就业机会：企业的发展能带动就业，缓解就业压力，从而获得良好的社会反响和市场回报。

科技进步：企业应支持科技创新，这不仅有助于自身的经济效益，也为社会带来了新的技术和知识，促进了文明进步。

2. 对政府的责任

企业应视政府为合作伙伴而非对手，积极参与公共事业，遵守法律法规，完成政府布置的任务，并为社会输送人才，以支持政府活动和政策实施。

3. 对投资者的责任

企业有责任确保投资者得到合理的投资回报，同时保持财务透明度，准确及时地报告财务状况，避免误导投资者或造成社会资源的错误配置。

4. 对员工的责任

企业必须重视员工的投资回报，包括提供合理报酬、安全健康的工作环境、职业发展机会和个人成长空间。要尊重员工的权利，反对任何形式的歧视，建立公平的激励制度。确保员工满意，是实现顾客满意的前提。

5. 对顾客和供应商的责任

“顾客是上帝”的理念要求企业提供优质的产品和服务，确保产品信息真实可靠，提供全方位的售前、售中和售后服务，并持续改进质量管理体系，以满足顾客需求并赢得他们的忠诚。

随着时代的变迁，顾客与供应商之间已成为共生共赢的合作伙伴，供需重塑已经成为供应链管理发展之必然。因此，众多研究顾客的管理理论与方法同样适用于研究供应商，反之亦然。

6. 对竞争者的责任

在市场经济中，企业应在公平、有序的竞争环境中运作，不得采取不正当手段打压竞争对手。健康的市场竞争生态不仅有利于企业发展，也对社会整体有益。

总之，企业履行社会责任不仅是对外部压力的响应，也是企业内部文化和价值观的重要体现，有助于构建一个更加和谐、可持续发展的社会环境。

5.4 管理者受到的社会责任压力

对于组织而言，社会责任往往是由管理者来担当的，因此，管理者在考虑和实施组织的管理决策时会感受到来自社会责任方面的压力。

（1）法律法规压力。政府为了满足国际社会的要求和国内公众利益，制定了严格的法律法规。尽管这可能给企业带来初期的负担，但从长远来看，遵守并超越这些法规可以转化为商机。主动适应法规的企业不仅能避免未来的合规成本，还能树立良好的社会形象，赢得市场先机。

(2) 成本压力。社会责任措施，如环保、资源循环利用等，会增加短期成本，但从长期来看，它们能带来显著的成本优势。管理者意识到，提前投资于可持续发展不仅符合道德要求，还能降低未来因法规变化而产生的高额改造费用，同时提升企业的运营效率。

(3) 竞争压力。随着消费者对绿色产品和服务的需求增加，企业面临着提高产品质量和履行社会责任的压力。那些能够有效管理社会责任的企业，往往能吸引更多的风险投资、政府基金和其他优惠政策，从而增强竞争优势。相反，忽视社会责任可能导致成本上升、市场份额流失，甚至被外来竞争者取代。

(4) 公众压力。公众对企业社会责任的关注度不断提高，负面舆情可能损害企业形象。因此，企业必须积极回应公众期望，通过履行社会责任来塑造正面的品牌形象，吸引更多顾客和优秀员工，并获得政府的支持或资助。在网络时代，妥善管理和利用舆情对维护企业声誉至关重要。

(5) 长远目标与可持续发展压力。管理者不仅要关注眼前的利益，还需考虑企业的长远发展。社会责任的影响往往是滞后的，这对管理者提出了更高的要求：既要确保当前的业绩增长，又要为企业的未来发展创造有利条件。这需要管理者具备前瞻性的战略眼光、坚定的决心和卓越的管理能力，以实现企业的可持续发展目标。

显然，管理者面临的社会责任压力既是挑战也是机遇。正确应对这些压力，不仅可以帮助企业规避风险、降低成本，还能提升品牌形象，赢得市场竞争的优势，最终实现企业的长期成功和可持续发展。

5.5 管理者应该怎么做

社会责任对于一个企业而言，是一个大概念。有社会责任的企业，无论是在战略上还是在战术上，都会比其他企业赢得更多机会，这是目前已经形成的一个共识。但具体的问题是：管理者该怎么做？这个问题很不好回答。

5.5.1 系统思想

以环境责任为例，管理者必须将环境管理贯穿于企业的输入、过程和输出各个环节。管理者需从源头抓起，确保资源的“绿色”选择（如绿色设计、绿色材料等），而不仅仅是依赖于末端处理。近年来，构建绿色供应链成为焦点，强调对可持续供应商的评价与选择，以系统性思维统筹考虑环境影响与经济效益。

1. 战略规划

环境责任是企业长期竞争优势的重要组成部分。企业在战略规划中应纳入以下内容。

环境教育：提升员工和管理层的环保意识；

环境管理体系：遵循 ISO 14000 等标准，建立完善的管理体系；

绿色产品与工艺：推广绿色设计和清洁生产方式；

社会公众和后代责任：关注环境带来的机遇，坚持可持续发展原则；

放弃有害行为：拒绝任何有损环境的利益企图。

2. 合规行动

企业应主动遵守并超越法律法规，避免与政府发生冲突。积极走在法律前面，提前采取措施，不仅能降低合规成本，还能赢得市场份额和竞争优势。选择具有社会责任感的商业伙伴，有助于改善企业的公众形象。

3. 清洁生产

提倡清洁生产，减少污染和废弃物排放，推动技术创新和新材料的应用。设定零污染和零排放的长远目标，带动供应商共同提升环境绩效。清洁生产不仅减轻了末端处理的压力，还提高了资源利用效率。

4. 绿色营销

企业在市场推广中应积极展示其环境友好形象，通过实际行动和有力证据赢得公众和政府的信任。环境友好的营销策略应实事求是，避免虚假宣传，否则可能带来负面影响。

5. 财会护航

环境责任涉及成本和绩效，企业应建立专门的环境会计系统，准确记录和评估环境投资的成本与收益。这有助于管理者作出更明智的决策，确保环境责任与经济效益相协调。

6. 融资亲善

具有环境责任的企业往往能降低风险，改善公众形象，从而在资本市场获得更好的回报。社会责任投资机构更倾向于支持这类企业，认为它们具有良好的发展前景。因此，积极履行环境责任有助于企业在融资方面取得优势。

环境责任不仅是企业的道德义务，更是实现长期成功的关键。通过系统性思考、战略规划、法律遵从、清洁生产、负责任的营销、精准的财务管理和创新的融资策略，企业可以有效应对环境挑战，实现可持续发展，并在竞争中脱颖而出。

5.5.2 管理道德

道德（Ethics）是指规定行为是非的规则和原则。管理者在管理工作中同样会遇到许多道德方面的问题，例如：买方企业去贿赂购买方的一名采购人员以诱使其购买，这是否符合道德规范？有人将公车私用，这道德吗？企业该拥有怎样的道德观呢？

对管理道德的认识有四种不同的观点：功利观、权利观、公正理论观和社会契约整合理论。

1. 道德功利观（Utilitarian View of Ethics）

道德功利观是指完全按照结果或后果制定道德决策。在这一理论下，管理者是通过考察如何为绝大多数人提供最大的利益这种量化的方法来制定道德决策。按照功利观点，一个管理者或许认为，解雇20%的工人是合理的，因为这将增加工厂的利润，提高留下的80%雇员的工作保障，并使股东获得最佳收益。功利主义鼓励效率和生产力，符合利润最大化目标。但是，它可能导致资源的不合理配置，尤其当那些受影响的人们缺少代表或没有发言权时更是如此。此外，功利主义还会造成一些利益相关者的权利被忽视。

2. 道德的权利观（Rights View of Ethics）

这是关注于尊重和保护个人自由和特权的观点，包括隐私权、思想自由、言论自由、生命与安全以及法律规定的各种权利。道德权利观的积极一面是它积极保护个人的基本权利，其消极的一面是它能够制造一种关注保护个人权利胜过把工作做好的工作气氛。

3. 道德的公正理论观（Theory of Justice View of Ethics）

这要求管理者公平、公正地贯彻和加强规则，并在此过程中遵守所有的法律法规。管理者可能会应用公正观理论来决定给那些在技能、绩效或职责处于相似水平的员工支付同等级别的薪水，其决策的基础并不是性别、个性、种族或个人爱好等似是而非的差异。实行公正标准也会有得有失。它保护了那些可能缺少代表或无权的利益相关者的利益，但也会助长一种使雇员降低风险承诺、创新和生产率的权利意识。

4. 社会契约整合理论（Integrative Social Contracts Theory）

这种观点认为应当根据实证因素（是什么）和规范因素（应当是什么）来制定道德决策，其基础是两种“契约”的整合：允许企业处理并确定可接受的基本规则的社会一般契约，以及处理社区成员之间可接受的行为方式的一种更为具体的契约。例如，企业在决定一家新设立的外地子公司的员工工资水平时，遵循社会契约整合理论的管理者可能根据该地区当前的工资水平来决策。这种契约整合的道德观提倡管理者观察当前各行各业以及各个公司的道德准则，并依此决策行动的正确或错误，这与前面的三种道德观有着不同的出发点。

当前多数的企业经营管理人员会采用功利的道德观，因为这一观点与效率、生产力和利润等目标是一致的。然而，由于管理者所在的环境正在发生变化，这一观点也需要改变。强调个人权利、社会公正和社区标准的趋势意味着管理者需要以非功利标准为基础的道德准则。

国家之间的社会和文化差异是决定道德与非道德行为的重要因素，在全球化经营中，组织会遇到一些伦理道德方面的挑战。比如，组织中不同国家和民族的伦理道德发生冲突时怎么办？一般认为，跨国公司应该有自己的管理道德原则，既不能随波逐流，也不能一意孤行，其管理者必须具备宽广的跨文化知识，以及丰富的管理经验和沟通技巧。

5.6 可持续发展目标与 ESG 规制

联合国可持续发展目标（Sustainable Development Goals，SDGs）与环境、社会和公司治理（Environmental，Social and Governance，ESG）规制对企业社会责任提出了新的要求。这促使企业在制定战略和日常运营中更加注重可持续发展与社会责任，对近年来全球经济与社会的发展发挥着积极影响。

5.6.1 可持续发展目标

联合国可持续发展目标，是联合国制定的 17 个全球发展目标，在 2000—2015 年千年发展目标（Millennium Development Goals，MDGs）到期之后，继续指导 2015—2030 年的全球发展工作，旨在以综合方式解决社会、经济和环境三个维度的发展问题，转向可持续发展道路。17 个全球发展目标如图 5-1 所示，各类组织都应该为此作出积极贡献。

图 5-1　联合国可持续发展目标

(1) 消除贫困。在世界各地消除一切形式的贫困。贫困不仅是缺乏收入和资源导致难以维持生计，还表现为饥饿和营养不良、无法充分获得教育和其他基本公共服务、受社会歧视和排斥以及无法参与决策。经济增长必须具有包容性，才能提供可持续就业并促进公平。

(2) 消除饥饿。消除饥饿，实现粮食安全、改善营养和促进可持续农业。2024 年，国际能源署发布的报告显示，全球还有约 7.5 亿人没有用上电，他们大部分生活在发展中国家的农村地区。能源贫困在许多地区是对减少饥饿和确保世界可以生产足够的粮食来满足未来需求的根本性障碍。

(3) 健康福祉。确保健康的生活方式，促进各年龄段人群的福祉。

(4) 优质教育。确保包容、公平的优质教育，促进全民享有终身学习机会。

(5) 性别平等。实现性别平等，为所有妇女、女童赋权。性别平等不仅是一项基本人权，也是世界和平、繁荣和可持续发展的必要基础。让妇女和女童获得教育、保健、体面工作并参与政治经济决策，将促进经济可持续发展，造福整个社会和人类。

(6) 清洁饮水。人人享有清洁饮水及用水是其所希望生活的世界的一个重要组成部分。水资源缺乏、水质差和卫生设施不足对粮食安全、生计选择和世界各地贫困家庭的教育机会造成负面影响。

(7) 清洁能源。确保人人获得可负担、可靠和可持续的现代能源。能源是当今全世界共同关心的问题，处于几乎每一个主要挑战和机遇的核心。可持续能源为人们改变生活方式、改善经济运行和保护地球提供了发展空间。

(8) 体面工作。促进持久、包容、可持续的经济增长，实现充分和生产性就业，确保人人有体面工作。

(9) 产业创新。建设有风险抵御能力的基础设施、促进包容的可持续产业，并推动创新。需要继续投资建设可持续的基础设施，来加强城市应对气候变化的能力，同时促进经济增长和社会稳定。除政府拨款和官方发展援助外，应鼓励私营部门支援有资金、技术和技能需求的国家。

(10) 社会平等。减少国家内部和国家之间的不平等。

(11) 永续社区。建设包容、安全、有风险抵御能力和可持续的城市及人类居住区。城市在各种观念、商业、文化、科学、生产力、社会发展进程中起着枢纽的作用。未来的城市应该能为所有人提供机会，并使大家都能获得基本服务、能源、住房、运输和更多服务。

(12) 永续供求。确保可持续消费和生产模式。可持续的消费和生产是指促进资源与能源的高效利用，建设可持续的基础设施，以及让所有人有机会获得基本公共服务，从事绿色和体面的工作，提高生活质量。

(13) 气候行动。采取紧急行动应对气候变化及其影响。目前，由人类活动产生的温室气体排放量是有史以来最高的。要拿出负担得起、可升级的气候变化解决方案，确保过去几十年取得的进展不会因气候变化而停滞，同时确保各国经济健康发展和复原力。

(14) 海洋环境。保护和可持续利用海洋及海洋资源以促进可持续发展。世界上的海洋，其温度、化学成分、洋流和生物驱动着全人类居住的地球系统。

(15) 陆地生态。保护、恢复和促进可持续利用陆地生态系统、可持续森林管理、防治荒漠化、制止和扭转土地退化现象、遏制生物多样性的丧失。森林覆盖了地球表面约31%的陆地面积，其作用除了保障粮食安全和提供防护外，还对抗击气候变化、保护生物多样性至关重要，同时它也是原住民的家园。

(16) 机构正义。促进有利于可持续发展的和平与包容社会，为所有人提供诉诸司法的机会，在各层级建立有效、负责和包容的机构。

(17) 全球伙伴。加强执行手段、重振可持续发展全球伙伴关系。一项成功的可持续发展议程要求政府、私营部门与民间社会建立伙伴关系。这些包容性伙伴关系基于原则和价值观、共同的愿景和共同的目标：把人类和地球放在中心位置。

2015 年 9 月 26 日，中华人民共和国主席习近平在联合国发展峰会上发表了《谋共同永续发展，做合作共赢伙伴》的讲话，指出：2015 年后发展议程是一份高标准的任务单，也是一份沉甸甸的承诺书。“一分部署，九分落实”，倡议国际社会加强合作，共同落实 2015 年后发展议程，努力实现合作共赢。

第一，增强各国发展能力。发展归根到底要靠本国自身努力。中国人讲：“量腹而受，量身而衣。”各国要根据自身禀赋特点，制定适合本国国情的发展战略。国际社会要帮助发展中国家加强能力建设，根据他们的实际需求，有针对性地提供支持和帮助。

第二，改善国际发展环境。和平与发展相辅相成。各国要共同维护国际和平，以和平促进发展，以发展巩固和平。发展还需要良好外部制度环境，国际金融机构要加快治理改革，多边开发机构要增加发展资源。

第三，优化发展伙伴关系。发达国家应该及时兑现承诺、履行义务，国际社会应该坚持南北合作主渠道地位，深化南南合作和三方合作，支持私营部门等利益攸关方在伙伴关系中发挥更大作用。

第四，健全发展协调机制。各国要加强宏观经济政策协调，避免负面溢出效应。区域组织要加快一体化进程，通过域内优势互补提升整体竞争力。联合国要继续发挥领导作用。

5.6.2　环境、社会和公司治理（ESG）

ESG 起源于企业社会责任，是可持续发展理念在企业界的具象投影。其核心观点是企业活动和经济行为不应仅追求经济指标，必须同时考虑环境保护、社会责任和治理成效等多方面因素，从而实现人类社会的可持续发展。ESG 在概念内涵上包含环境、社会和公司治理三个维度，在实践环节上分为 ESG 披露、ESG 评级和 ESG 投资，另外，ESG 治理也是关注的重点。

1. ESG 的概念内涵

ESG 中的环境维度包括公司所需的资源、使用的能源、排放的废物，以及由此产生的环境影响，特别包括温室气体排放和气候变化；社会维度既包含公司与雇员的内部关系，也包含公司与其他机构、当地社区的外部关系；公司治理维度是公司为了实现自我管理、有效决策、法律合规和满足外部利益相关者需求而建立的内部机制。虽然各机构在 ESG 分类和具体指标设置上存在不同意见，但对 ESG 内涵的表述具有比较高的一致性，均关注企业在环境、社会和治理等非财务领域的绩效。

2. ESG 的实践环节

ESG 的实践环节包括 ESG 披露、ESG 评级和 ESG 投资。ESG 披露包括强制披露和自愿披露。强制披露指政府强制要求企业披露信息，主要集中在环境信息披露方面。虽然目前大部分 ESG 信息披露属于企业自愿规范，但强制披露要求和企业范围扩大已有明显趋势。ESG 评级是指衡量企业对行业内长期和重大的环境、社会、治理风险的应变能力。ESG 投资指在投资决策过程中考虑环境、社会和治理因素以及财务因素。2018 年起，中国证券投资基金业协会将 ESG 投资作为改善资本市场质量、提升基金行业长期价值的着力点，采取积极措施推进 ESG 实践。由此看来，ESG 的实践环节包括：企业根据评价体系包含的内容对相应信息进行披露，评级机构对企业披露的 ESG 信息进行评价，ESG 投资者再根据评级情况进行决策以控制风险、减少投资波动、提高长期收益。

3. ESG 治理

政府是最直接的制度压力来源，企业的 ESG 实践大多会受到设立的规则和奖惩等形式的监督企业行为规章压力的影响。目前，不同政策对企业环保信息披露、社会责任承担和公司治理等行为决策的影响主要分为强制执行和经济激励两种。在具体发展规划和政策方面，《2021 中国 ESG 发展创新白皮书》基于可持续发展角度，强调了 ESG 融入中国上市公司管理过程的重要性。2024 年 4 月，《上市公司可持续发展报告指引（试行）》，明确鼓励 A 股上市公司发布可持续发展报告或 ESG 报告，其中上证 180 指数、科创 50 指数等样本公司要求进行强制性披露。

本章小结

(1) 社会责任是构建组织需求的基石，对企业而言同样至关重要。企业首先应当被视为一个社会组织，其次才是一个追求经济效益的经济组织。步入 21 世纪，管理者必须深刻认识到社会责任的紧迫性，并以积极主动的态度引领企业肩负其应承担的社会责任。仅仅追求经济绩效已无法满足现代企业的要求，企业还需积极为社会福祉贡献力量。

(2) 关于社会责任，存在两种观点：古典观主张管理的核心责任在于实现利润最大化；而社会经济观则强调，管理的责任不仅限于追求利润，更需致力于保护和增值社会财富。

(3) 企业的社会责任主要体现在对社会公众的责任、对政府的责任、对投资者的责任、对员工的责任、对顾客和供应商的责任、对竞争者的责任六个方面。管理者在考虑和实施组织的管理决策时，会感受到来自法律法规、成本、竞争、公众、长远目标与可持续发展等方面的压力。

(4) 具备社会责任意识的管理行为，应当秉持系统的指导思想，将社会利益目标融入战略制定、法律遵循、生产运营、市场营销、财务管理及融资等各个管理环节，以期实现企业长远的成功与发展。在企业管理道德层面，存在着四种不同的观点，即功利观、权利观、公正理论观以及社会契约整合理论。

(5) 联合国提出的可持续发展目标，旨在以综合方式应对社会、经济和环境三个层面的发展挑战，推动全球走向可持续发展之路；ESG 从环境、社会和公司治理三个方面对企业践行可持续发展提出了新要求。

社会责任思维导图

本章思考题

1. 为什么“企业首先是一个社会组织，其次才是一个经济组织”？作为一个社会组织和作为一个经济组织的责任有区别吗？

2. 你是否同意企业社会责任的古典观？

3. 企业责任的社会经济学观点主要有哪些内容？

4. 企业的社会责任体现在哪几个方面？

5. 简述评价企业管理道德的四种观点。

6. 请进一步阅读《联合国可持续发展目标》的相关文献，结合本章内容的学习，对政府、企业、学校在尽社会责任方面的表现进行评述。

本章拓展阅读　　本篇案例研读

本篇进一步阅读的参考文献

[1] 尤建新，邵鲁宁，卢超，等. 企业管理概论[M]. 6 版. 北京：高等教育出版社，2018.

[2] 尤筱玥，雷星晖，杨迷影. 可持续供应商的概念界定及评价准则研究[J]. 上海管理科学，2019，41(2)：1-7.

[3] 尤建新. 管理理论发展应不忘初衷并超越当下[J]. 管理科学学报，2019，22(5)：15-17.

[4] 尤建新，王莉，赵红丹，等. 管理与组织行为学[M]. 2 版. 北京：清华大学出版社，2023.

[5] 尤建新. 可持续理念赋能健康发展[J]. 上海管理科学，2023，45(6)：7-8.

[6] 蒋璐，孙栩锐，卢超，等. 企业责任式创新：研究综述与未来展望[J]. 管理学季刊，2024，9(2)：137-157.

第二篇

计　划

6 计划工作

在管理的四大职能中，计划职能占据首要地位，标志着管理职能循环的起始。通常，“计划”一词蕴含了两个既相互关联又有所区别的含义：作为名词时，它指预先设定的行动方案；而作为动词时，则指制定用以达成组织目标的行动方案的过程。为明确区分，本章采用“计划工作”一词来专指后者，即制定行动方案的过程。

6.1 计划工作的意义

计划工作的目的在于提供有关的行动方案，降低组织目标实现过程的风险，并为组织的决策者较为精确地估计方案实施中的相对得失提供依据。

6.1.1 计划工作的地位

计划职能在管理的四大核心职能中占据举足轻重的位置，其重要性主要体现在两大方面：首先，从管理职能的序列——计划、组织、领导、控制来看，计划职能处于起始和引领地位；其次，就计划职能对整个管理活动的影响深度而言，它深刻渗透并影响着组织、领导、控制等其他三大职能，成为驱动组织运作全链条的关键力量。

1. 计划职能的首位性

计划职能之所以在管理职能中占据首要地位，根本原因在于其独特的先导作用。在某些特定情境下，计划工作可能成为某一管理阶段唯一的活动，因为计划过程中可能发现原方案不可行，从而需要回归起点，重新规划。这种不断迭代、优化的过程，凸显了计划职能在管理循环中的首要性和动态性。

2. 计划职能的渗透性

当计划工作成功跨越可行性评估，进入后续管理环节时，其渗透性便得以充分展现。这种渗透性体现在两个层面：一是计划工作的过程和成果对组织、领导、控制等职能的深远影响；二是这些职能在执行过程中，也需要依据整体计划进行细化分解，并制订各自的工作计划。

计划职能对组织职能的影响。计划工作的结果直接决定了组织的结构设计和职能配置。例如，产品规模和品种的调整计划，将深刻影响企业的组织架构、人员配置和技术装备布局，这些都是组织职能的核心内容。同时，在组织工作的推进中，每项具体任务都需要制订详细的工作计划。

计划职能对领导职能的影响。计划工作明确了组织的目标、规模、成员职责和能力要求，以及组织目标与个人目标的契合度等关键要素，这些都在计划方案中得以体现，并直接指导领导政策的选择和领导模式的构建。

计划职能对控制职能的影响。计划工作的结果，即计划方案，为其提供了明确的依据和基础。一个完善的计划方案不仅包含达成目标的时间表，还明确了各项活动的顺序、所需资源以及完成时间，同时规定了组织的职责分配，使控制职能的校正活动更加精准有效。而控制职能的反馈又往往促使计划的调整或优化，形成“计划—控制—计划”的良性循环，推动组织不断向前发展。

6.1.2 计划工作的作用

为何各级管理者均高度重视计划工作？原因在于，良好的计划工作不仅为组织目标的实现绘制了行动蓝图，而且深度支撑了组织的管理活动，对于提升管理效率与效果具有不可估量的价值。

1. 指明方向

无论对管理者还是组织中的普通员工，计划工作都将在组织战略目标的指引下，为他们指明行动的方向。良好的计划工作能够将组织中各级管理者的行动方向与员工的行动方向聚合在一起，形成合力，并使这一合力方向与组织总体战略目标一致。

2. 减少风险

良好的计划工作建立在详尽的预测与明确的目标之上。它前瞻未来，预见变化，能够揭示管理活动中可能遭遇的不确定性，并评估这些不确定性对组织的潜在影响。因此，良好的计划工作为组织提供了有力支撑，帮助组织规避和减轻不确定因素可能带来的负面影响，从而降低风险，提升组织实现目标的概率。

3. 提高效率

计划工作的本质也是协调的过程。在组织追求目标的过程中，各类工作活动纷繁复杂，可能出现重复、遗漏或冲突。良好的计划工作从组织整体利益出发，完善活动流程，协调各方利益，化解矛盾冲突，优化资源配置，从而显著提升组织的运作效率。

4. 提高工作有效性

计划工作以组织整体目标为指引，将各项活动的目标与组织目标紧密相连，并具体落实到每一项工作细节中。它注重将各级管理者和员工的具体工作与组织目标相统一，这是计划工作追求高效性的显著特征。通过层层分解目标，紧密结合行动方案，确保组织各层面的行动与目标保持一致，同时加强横向协调，减少冲突与不平衡，使计划方案的实施能够最大限度地为组织整体目标贡献力量。此外，计划工作还充分考虑了行动方案的连锁反应与可能的变化，增强了方案的灵活性与适应性，并结合经验与创新，使计划既具有可操作性，又具有先进性。

5. 支持控制职能

组织在追求目标的过程中，控制职能不可或缺，而计划工作则是其有效实施的基础。控制活动所依据的标准几乎全部源自计划方案。没有计划方案，组织将难以有效运作，更无法准确测量、分析与判断组织的运行状况，控制职能也就无从发挥。因此，良好的计划工作为组织的有效控制提供了坚实基础。

6.2 计划工作的条件

6.2.1 计划工作的外部条件

为确保计划方案的有效实施，对外部环境的准确预测构成了组织计划工作的关键外部条件。计划工作要降低风险、提升效率并实现全面统筹，就必须对组织所处的环境发展进行前瞻性判断。这种预见不仅涉及对环境变化的评估，更需在计划方案中融入适应环境发展的策略。通过深入预测，组织管理者能够清晰地洞察未来，为应对挑战做好充分准备，并有效预见及控制组织的潜在弱点。将环境发展与组织目标紧密结合于计划方案中，有助于实现实施过程的和谐统一与高效协同。对于多数组织而言，预测的对象和内容广泛涵盖社会预测、经济预测和技术预测；而对于企业组织，这些预测则综合体现为市场预测。

1. 社会预测

社会预测聚焦于社会各类问题的发展趋势，对组织而言，它主要探究环境社会的结构变迁、人口构成演变、教育文化生活的进步、福利与公益事业的拓展、价值观的转变，以及国家法律与政府政策的调整等，分析这些变化如何影响组织目标的实现。组织应充分利用社会发展趋势，以促进自身目标的达成，并防范社会环境变化可能带来的不利影响。尽管这些社会问题的复杂性使准确预测其变化极具挑战，但它们对组织的生存与发展影响深远，因此必须给予高度重视。

2. 经济预测

经济预测关注经济领域的未来发展态势，对组织而言，其目的在于把握经济发展的趋势与模式、经济体制与结构的变革、经济发展的目标设定与策略选择等，分析这些因素对组织产生的影响。对于企业组织，还需深入研究行业的发展前景、资源供应的变化以及市场竞争的态势等。经济预测为企业探索更优发展模式、提升经济效益提供了有力支持。

3. 技术预测

技术预测基于现有的科技成果与科研方向，对科技发展的未来趋势、新发明及其经济效应进行推测与评估。其目的在于洞察新技术的发展与应用前景、实现的可能性与条件，以及这些技术对组织发展的影响。对于企业组织，技术预测涵盖生产技术、辅助技术和管理技术等多个层面，为企业的技术创新与升级提供了重要参考。

6.2.2 计划工作的内部条件

计划工作的内部条件涵盖了组织自身的综合实力、运营状态以及内部管理制度与政策等多个方面，具体包括组织的资金筹措能力、战略规划目标、设备配置能力、生产或服务范围及规模、品牌形象、内部规章制度与政策、运营流程的顺畅性、稳固的组织架构与人员配置，以及灵活应对变化的能力等，这些都是在制订计划时必须审慎考虑的关键因素。与对待外部条件一样，对内部条件审视的视角也应动态变化，计划工作需前瞻性地预测这些因素的发展趋势及其可能对组织产生的深远影响。

6.3 计划的类型

计划工作的主要目的之一是降低达到组织目标过程中的风险，对这方面作用的认识已经很深入，应该是毫无疑问的。现在来考察一下计划工作的结果——计划方案，对此有不同的分类方法：

（1）按时间或期限分类有长期计划和短期计划；

（2）按组织的职能分类有人、财、物、运作等计划，比如按企业的职能分类有关于销售职能的计划、关于生产职能的计划、关于人事职能的计划以及关于财务职能的计划等；

（3）按广度或范围分类有政策、程序和方法。

值得注意的是，任何一项计划可能包括上述两个以上特征。比如，一个财务领域内的政策，既可以是长期计划，又可以是一个具体的财务职能计划。

6.3.1 按时间分类的计划

1. 长期计划或战略计划

长期计划是为实现组织的长期目标而制订的具有广泛意义的计划，通常表现为三年或五年以上的发展规划，也称战略计划。

2. 短期计划或战术计划

短期计划一般指组织内各部门或个人的现行活动的计划，又称战术计划，通常其期限在一年或一年以内。

长期计划是对全局性问题的研究结果，在管理活动中体现了组织的长远利益和整体利益。短期计划是局部性的，是长期计划在某一时期或某一部门的局部体现，因而是服务于长期计划的。组织中不同层次的管理者，对计划的关注重点应有所不同。高层管理者应侧重于长期计划的制订和贯彻，而基层管理者则偏重于短期计划工作。但无论是中层或基层管理者，都应对组织的长期目标、长期计划有所了解和认识。“因为懂得了全局性的东西，就更会使用局部性的东西，因为局部性的东西是隶属于全局性的东西的。”（引自《毛泽东选集》，第一卷，1966）

6.3.2 按业务职能分类的计划

根据与计划的职能或用途有关的分类，从企业的角度讲，就是计划工作在销售职能、生产职能、财务职能和人事职能等领域的体现。将计划按职能进行分类，能使人们更加清楚地确定存在于主要职能领域之间的相互作用和相互依赖，而且这种分类强调了在计划批准和付诸实施之前把这些相互关系确定下来的必要性。比如，销售部门在考虑建立发货程序时，应意识到这一程序可能对生产和财务工作的程序有明显的影响。

6.3.3 按广度分类的计划

按广度进行分类，一般认为是政策、程序和方法，并且这种分类方法可以使人们了解到制订计划的层次和计划实施的范围。

1. 政策

组织的政策是带有指导性、方向性的计划，一般由组织的最高管理层决定，其他各层次的管理者可以对政策提出建议。政策的特征是它的持续稳定性，不会发生突变。但这一特征并不是说政策永远不变，而是说改变得比较缓慢，并且有一定的延续性。

2. 程序

程序是组织内各职能部门的业务活动所需要遵守的规则。程序与业务的关系比较密切，因而程序种类比政策种类多许多，但其广度不及政策。比如，以组织内部物流为目的的生产控制程序，或各职能部门的作业程序，像销售工作程序、计划工作程序、财务工作程序、质量管理程序，等等。由于组织中各职能部门的工作在各工作程序之间存在相互影响，并且随着一些因素的发展变化会出现新的问题和冲突，所以，程序会有所修改和变化。当然，程序的修改和变化需要按照规定的程序进行，并不是随意的。

3. 方法

比程序更具体的计划称为方法。方法是详细叙述完成一定任务所必须执行的各个作业的做法及次序的一种计划，它是用来指导个人行动的。比如，某个企业的某个产品在某个车间某道工序上的加工作业计划。

总之，按广度将计划分类，其范围从所有计划中最广阔、起源于组织最高层的政策，通过涉及主要职能部门工作并在部门之间发生影响的程序，一直延续到具体的、作为指导个人操作的方法。

6.4 计划工作程序

良好的计划工作通常遵循以下九个关键步骤，确保组织能够有效应对环境变化并实现其目标。

1. 明确组织定位

每次计划工作都应从重新审视组织的定位开始，明确组织的使命和需求。通过不断反思和适应新的环境形势，确保计划方向与组织的愿景相一致。

2. 认识发展机会

在制订计划前，需评估组织的优势和核心竞争力，并识别外部环境中的潜在机会。通过扬长避短、把握机遇，为组织设定切实可行的目标提供支持。

3. 定义计划目标

明确组织在一定时期内的具体目标，确保这些目标与整体战略相契合。目标应清晰、可衡量，并具有优先级。同时，分析目标的价值和衡量标准，确保后续工作有的放矢。

4. 明确前提条件

预测并假设计划实施时的环境条件，识别可控和不可控因素。明确的前提条件有助于提高计划的适应性和灵活性，确保方案在实际执行中更具可行性。

5. 拟定备选方案

识别并评估多种可行路径，确保对每个方案有深入理解。通过广泛征求意见、创新思维并进行初步筛选，保留最具潜力的方案，以便进行详细的评估和比较。

6. 评价备选方案

以科学、客观的态度评估每个备选方案，依据组织目标和前提条件设定评价标准和权重。前期准备的质量直接影响最终的评估结果，确保选择最优方案。

7. 选择方案

基于评估结果，选择最合适的实施方案。为了增强计划的灵活性，可能需要选定多个备选方案，并对其进行敏感性分析。确保首选方案被详细规划，其他备选方案也应被充分细化，以便在需要时能快速调整。

8. 拟定派生计划

将整体计划分解为多个支持性的子计划，如融资、投资、生产、采购和人力资源计划等。这些派生计划是实施整体战略的基础，确保各部门协同工作，共同推动组织目标的实现。

9. 编制预算

将行动计划量化为具体的数字和货币形式，编制详细的预算。预算不仅是资源分配的指南，也是管理者执行和控制组织职能的重要工具。

计划工作是一个系统化的过程，涵盖了从明确组织定位到编制预算的各个环节。通过科学的程序和严谨的步骤，企业可以更好地应对不确定性，优化资源配置，确保战略目标的实现。每个步骤环环相扣，相互支持，共同构成了一个完整的计划体系，帮助企业在复杂多变的环境中保持竞争力和可持续发展。

6.5 计划的评价标准

计划的评价标准有两类。一类是判别计划的编制过程和计划方案本身质量的标准，称为程序性评价标准。另一类是判别计划的经济性程度，即资源是否得到有效利用的标准，通常称为经济性评价标准。

6.5.1 程序性评价

对计划进行程序性评价的标准特征是计划的客观性、结构化程度和适变性。

1. 客观性

计划应是客观的研究成果或结论。计划是要经过众人检验的，客观性越大，众人得出同样评价结论的可能性就越大。客观的对立面是主观，它是以个人的感情或价值观为基础的。计划工作的过程可以是主观的，也可以是客观的。但是，受主观因素影响的计划，在今天民主化程度较高的环境下是难以通过众人的检验的。要提高计划的客观性程度，主要应抓好计划工作的流程管理、群众参与和计划草案的验证等工作。

2. 结构化程度

测定一个计划方案的客观性程度，主要是分析和评价产生计划方案的计划工作过程。结构化程度则是评价计划方案的自身质量和可操作性。测定计划方案的结构化程度要考虑全面性、时间幅度、职责分派和可控制性等因素。

(1) 全面性。评价一个计划方案的结构，首先要考虑的一个因素是它的全面性。计划方案的全面性是指它对提出的问题的解决程度，而不是计划方案的复杂程度或范围广度。因此，一个简要的计划也可能是很全面的。

(2) 时间幅度。结构好的计划方案应对它的各项活动的时限有明确的说明，并能清楚地阐明各项活动的顺序及其相互关系。否则，计划是毫无意义的。

(3) 职责分派。计划方案的全面性和时间要求能否体现，还要有负责实施计划的组织或个人。为了有效地贯彻执行计划方案，必须按计划要求，分派给具体人员的具体任务。

(4) 可控制性。计划方案的实施必须是可控制的，可以有偏离计划方案目标的容许量，但必须有明确的说明。计划方案的可控制性还体现在计划中的例外管理制度。

3. 适变性

最能保证计划的稳定性和成功是计划的适变性。这一说法从表面上看似乎自相矛盾，但是很实际。因为一个不容任何改变的计划是不能适应条件变化需要的，所以也无稳定性可言。所以，适变性不是不明确或不稳定，而是源于可供选择的替换方案。

计划的适变性具有三方面优点。第一，适变性可以使管理迅速有效地适应环境的变化，没有替换方案的计划方案具有很大的风险。第二，如果计划中包括一系列替换方案，就可以应变而变，避免因拟定新方案而导致延迟。第三，在递交计划方案时，如果有替换方案，就比较容易得到批准。

6.5.2 经济性评价

评价一个计划是否良好可以从计划方案的客观性、结构化程度和适应性三个方面进行考评。而评价一个计划是否对组织目标作出最大贡献，则可以对计划方案进行经济性评价。经济性评价的标准突出了对资源的有效利用。

1. 回报递减规律

一个组织在制订资源投入的计划时，必须懂得回报递减规律。一般来讲，资源的投入与组织目标的实现是一致的。考虑资源的有效利用，就要思考和观察投入的回报问题。通常在一开始，回报的增幅随着资源投入的增加而增大，过了某一点以后，回报的增幅开始随着资源投入的增加逐渐减少，到最后，资源投入的增加不再能导致其回报的增加。这一现象就是回报递减规律。从这一认识出发，对计划的评价不仅要考虑其是否能保障实现目标，还要考察其能否最有效地使用资源来实现组织的目标。

2. “边际”的概念

由回报递减规律产生一个问题：怎样才能确定现有资源何时可得到最有效的使用呢？这就有必要准确地确定每增加一个单位的投入所引起回报的增加数（增幅），“边际回报”示例如表 6-1 所示。

表 6-1　　边际回报的示例

投入单位量	出产总量	平均产量	边际产量
1	10	10	—
2	24	12	14
3	39	13	15
4	48	12	9
5	55	11	7
6	60	10	5
7	63	9	3
8	64	8	1
9	63	7	－1

3. 成本-效果分析

在对计划方案的评价中，常遇到许多难以定量、不能简单地极大化求优以及不适合用货币单位来计量的问题，这时应用成本-效果分析（Cost-effectiveness Analysis）的方法比较合适。所谓成本-效果分析，就是将计划方案对目标的贡献大小与方案所需成本进行比较，从而评判计划方案的优劣。特别是对于公共组织而言，所涉及的公共项目的计划工作很需要开展成本-效果分析。

本章小结

（1）计划职能的首位性和渗透性决定了其在四大职能中的首要位置。计划职能的作用体现在指明组织前进的方向、减少风险、提高效率和工作的有效性、支持控制职能等方面。

（2）计划工作的展开受到组织外部（社会、经济、技术等）和内部自身条件的影响。

(3) 计划工作的程序包括：明确组织定位、认识发展机会、定义计划目标、明确前提条件、拟定备选方案、评价备选方案、选择方案、拟定派生计划和编制预算九个步骤。

(4) 对计划工作的结果——计划方案的评价要从计划工作过程和计划方案的完美性特征进行考察，但也要评价计划方案的实施对组织整体目标的贡献程度。后者在定量发生困难时可进一步研究应用成本-效果分析方法。

计划工作思维导图

本章思考题

1. 计划职能的首位性和渗透性是什么意思？
2. 计划职能能否消除组织可能面临的风险？
3. 计划职能的主要作用是什么？
4. 为什么要进行预测？
5. 计划工作中社会预测、经济预测和技术预测主要研究哪些内容？
6. 长期计划和短期计划有何区别和联系？
7. 计划工作的程序包括哪几个阶段？
8. 对计划方案进行评价时，客观性、结构化程度和适变性分别指什么？
9. 什么是回报递减规律？对评价计划方案有何启示？
10. 评价计划方案时，为何引入“边际”的概念？

本章拓展阅读

7 计划工作的方法和工具

在开展计划工作时，离不开相应的方法和工具的支持。计划工作涉及的方法和工具多种多样，大体上可划分为三类：评估环境的技术、资源分配的技术以及现代计划技术。本章将概述几种常用的计划方法与工具，其中部分工具适用于计划工作的各个阶段，而有的则适用于计划工作的某个特定环节。

7.1 滚动计划法

滚动计划法是一种将短期计划、中期计划和长期计划有机结合起来，依据近期计划的执行情况和环境变化，定期修订并逐步向前推移未来计划的动态编制方法。

7.1.1 实施步骤

1. 分阶段制订计划

在实施滚动计划法时，首先需将整体计划划分为若干阶段。采用“远粗近细”的原则编制计划内容，即近期计划需详细具体，而远期计划则相对粗略。

2. 定期滚动修订

当计划的第一个阶段结束后，需根据该阶段的执行情况和内外环境的变化，对原计划进行修订。随后，将整个计划向前滚动一个阶段，并依据同样原则逐期进行滚动调整。五年计划滚动程序示意如图 7-1 所示。

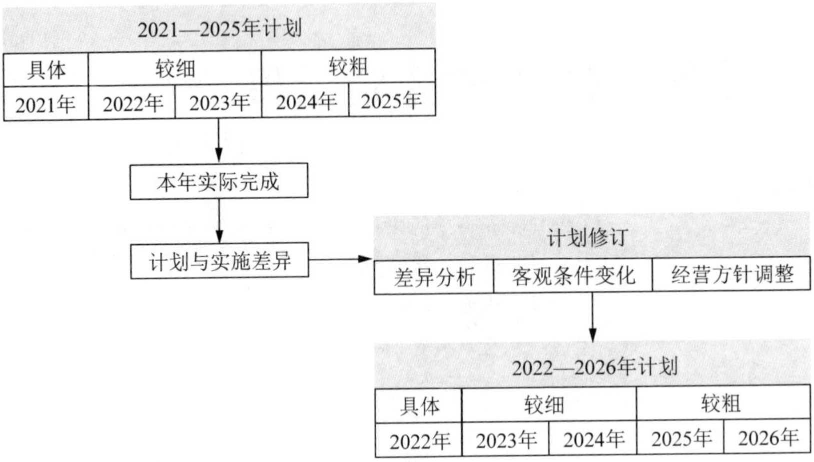

图 7-1　五年计划滚动程序示意图

7.1.2　适用场景与优缺点

滚动计划法特别适用于计划期较长且不确定性因素较多的场合，其主要优点有：

（1）提高准确性：由于滚动计划相对缩短了计划期，使得对未来情况的估计更为准确，从而提升了计划的质量，使其更加切合实际并便于实施。

（2）灵活调整：该方法能够依据环境变化及时调整计划，确保各期计划之间的一致性，实现了长期、中期和短期计划的紧密衔接。

（3）增强应变能力：滚动计划法赋予了计划更大的弹性，提高了组织面对变化时的应变能力。

该方法也存在编制工作量较大等的不足，需要投入较多的人力和时间资源。

7.1.3　应用前景

尽管滚动计划法存在编制工作量大的挑战，但其独特的动态性和灵活性使得它在当前快速变化的市场环境中具有较高的价值。随着信息技术的不断进步，特别是对大数据、云计算和人工智能等技术的应用，滚动计划法的实施将变得更加高效和便捷。

1. 信息技术助力数据支持

信息技术的发展为滚动计划法提供了强大的数据支持和分析工具。通过实时收集和分析市场数据、内部运营数据以及竞争对手信息，组织可以更加准确地预测未来趋势，从而制订出更加科学合理的滚动计划。

2. 云计算提升协同效率

云计算和协作平台的应用使得滚动计划的编制和修订过程更加协同和高效。团队成员可以随时随地访问和更新计划内容，实现跨地域、跨部门的实时协作，大大提高工作效率。

3. 人工智能优化实施过程

人工智能技术的引入将进一步优化滚动计划法的实施过程。通过机器学习和智能预测算法，组织可以自动分析历史数据，预测未来变化，并自动调整滚动计划，从而实现对市场变化的快速响应和精准决策。

7.2 网络计划法

网络计划法是 20 世纪 50 年代后期发展起来的一种计划与控制方法，随着管理理念的进步和科技的飞跃，它已成为现代组织管理活动的关键工具。在工作进度安排中，虽然 Gantt 图在处理少量且相对独立的活动时表现出色，但对于大型项目，如部门重组、成本削减计划实施、大型新产品研发等，因其涉及多部门协作和成千上万项活动的组织与协调，以及活动间的并行、顺序执行和其他不确定因素的影响，网络计划法显得尤为重要。它以网络图为基础，能清晰描绘项目活动的顺序、时间和成本数据，要求管理者明确所有任务、确定事件依赖关系、识别问题点，并综合考虑成本和事件可能性。

7.2.1 绘制网络图

1. 网络图的构成要素

为了编制网络计划，首先需要绘制网络图。网络图由实箭线、结点、虚箭线和路线构成。

实箭线代表一项工序、活动或作业，表示一项需要消耗时间、资源和人力才能完成的工作。实箭线可以分为箭尾和箭头，箭尾表示工序的开始，箭头表示工序的结束。此外，在实箭线上方标明工序的名称，下方标明工序所需时间。

结点代表一个事项（或事件），它既不占用时间，也不消耗资源，只是一个或多个工序的开始或结束，用“圆圈”表示。

路线是指从网络始点事项顺着实箭线方向连续到终点事项的各条通道。其中，作业时间最长的那条路线称为关键路线。

虚工序是指不需要时间、资源和人力的一种虚拟作业。它只表示前后工序之间的逻辑关系，用虚箭线表示。

2. 网络图的绘制规则

绘制网络图必须遵循如下规则：

(1) 各项工序之间的衔接必须按照顺序进行。为了便于明确工序之间的衔接关系，用紧前工序或紧后工序来表示工序之间的顺序关系。如果工序 B 必须在工序 A 完成后才能开始，那么称工序 A 为工序 B 的紧前工序，或者称工序 B 为工序 A 的紧后工序。相对于某一工序而言，它可以有多个紧前或紧后工序。网络图中，各项工序之间的排列，必须是紧前工序在左边，紧后工序在右边，也就是说网络图中箭头方向必须从左到右。

(2) 网络图中不能出现回路。在网络图中，不能从一个事项出发，又回到原来的事项上，即不能出现循环路线。

(3) 两个事项之间只能有一个工序。在绘制网络图中，两个事项之间只能有一条箭线，当出现平行工序或交叉工序时，应引入虚工序来表示前后的逻辑关系。

(4) 一张网络图只允许一个终点事项和一个起点事项。在网络图中，起点事项和终点事项只能各有一个。如果有多项起始工序，可从一个起点事项引出，最后也要汇集到一个终点事项上。

(5) 事项编号只能从小到大，从左到右，不能重复编号。网络图中，所有事项的编号按从小到大的原则统一编号，以便于识别、检查和计算。编号的顺序是从起点事项到终点事项，不允许重复使用编号，并且箭头事项的编号必须大于箭尾事项的编号。

例 7-1　某建筑安装工程共有 A，B，C，D，E，F，G，H 等八项工序，其中，各项工序的紧前工序和所需时间如表 7-1 所示，图 7-2 表示了该工程的各项工序网络图。

表 7-1 各项工序的紧前工序和所需时间（单位：月）

工序	A	B	C	D	E	F	G	H
时间	1	5	2	3	6	5	5	3
紧前工序	—	—	A	A	B，D	B，D	C，E	C，E，F

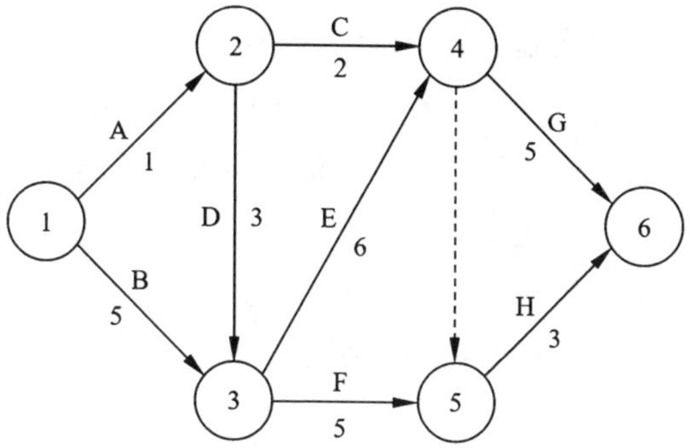

图 7-2 某工程的各项工序网络图（单位：月）

7.2.2 计算网络参数与网络计划的优化

绝大多数项目都是复杂且包含大量活动的，对这种复杂网络图的计算可以利用专门的软件来进行。从上面这个简单的例子展开，首要的问题是找出关键路线。工程进度控制是项目管理的重点，所以必须首先弄清楚完成这项工程需要多长时间。当已经确定了具体的活动和事件，并且画出了相应的网络图后，如果每项活动都能按照计划进行，则整个项目的完成时间将为 16 个月，这是通过沿着项目的关键路线（最长的一系列活动）B→E→G，把关键路线上各项活动所需要的时间加起来得到的。思考一下就会发现，关键路线上任何事件完成时间的延迟都会推迟整个项目的完成时间（也就是说，关键路线上事件决定了项目完成时间，没有可松弛时间）。对于 C 项活动，如果花费 4 个月而不是正常的 2 个月，也不会影响正常的完工日期。为什么呢？理由很简单，因为这个事件不处在关键路线上。如果管理者希望缩短项目完成时间，他就需要关注关键线路上的活动时间，看看它们能不能完成得更快一些，不在关键路线上的活动，即使其进度被加快了，也不能缩短整个项目的完成时间。管理者必须分析一下，能否从其他的具有松弛时间的非关键路线活动中，抽调资源来支持关键路线上的活动。

网络计划优化，一方面要缩短工期，另一方面还要考虑资源的合理配置和成本费用的降低。一般来说，进行网络计划优化时应该遵循如下原则：

(1) 最佳项目工期：综合考虑缩短工期，合理利用资源、成本费用等要素，适当抽调非关键路线的资源（人、财、物和管理资源）来支持关键路线，进而获得最佳的工程项目工期。

(2) 可调整的网络计划：当因资源和成本有限（或出现意外），导致某些工序无法进行时，需要在网络实施过程中调整网络计划。

(3) 资源配置和工期的最优方案：网络计划优化调整要求，不断利用时差改善网络计划的最初方案，逐次消除时差，最终实现在考虑资源优化配置的前提下获得最佳工期，进而求出最优方案。

网络计划法不只适用于企业或工程项目，其他组织也都会用到。只要是一项系统的活动，需要对时间安排和控制，那就有网络计划法的用武之地。

7.3 盈亏平衡分析

企业的管理者经常会希望知道：需要销售多少单位的产品才能够使之达到盈亏平衡，即在哪一点上全部收入正好弥补全部成本。盈亏平衡分析（Break-even Analysis）是一种广泛应用的资源分配技术，它可以帮助管理者确定盈亏平衡点。

虽然盈亏平衡分析的计算很简单，但是它对管理者很有价值，因为它指出了收入、成本和利润之间的关系。为了计算盈亏平衡点（BE），管理者需要知道，产品的单位价格（P）、单位可变成本（VC）以及全部固定成本（TFC）。当一个组织的全部收入恰好等于全部成本时，就达到了盈亏平衡。

全部成本包含两个部分：固定成本和可变成本。固定成本是指不随销售量变化而变化的成本，如保险费、租金和财产税等；可变成本是与产出成比例的成本，包括原材料成本、劳动力成本和能源成本等。

盈亏平衡点可以借助图形方法来计算，或者采用下述公式来计算：

$$BE=\frac{TFC}{P-VC} \tag{7-1}$$

这个公式显示：①当以超过全部单位可变成本的价格销售产品时，在盈亏平衡点上全部收入等于全部成本。②销售价格与可变成本的差异乘以销售的单位数等于固定成本。

图形法能够更为形象地表示盈亏平衡的内涵，见图 7-3。

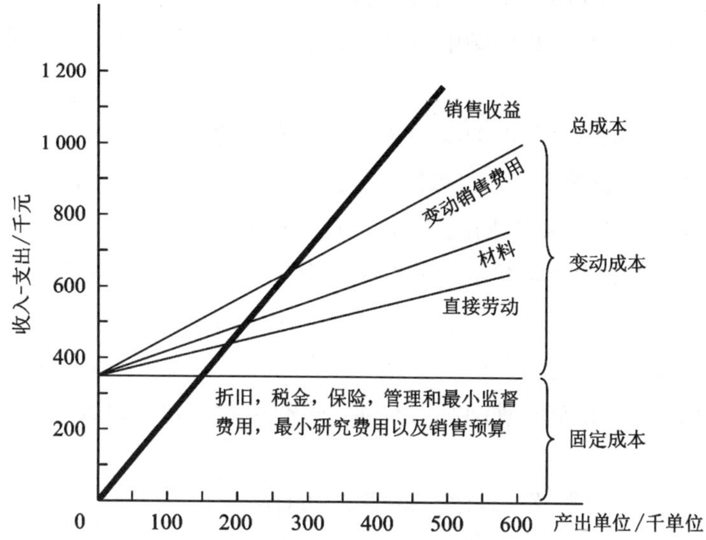

图 7-3 盈亏平衡分析图示

盈亏平衡分析作为一种计算工具，能够协助企业合理设定销售目标。例如，企业可先确定期望的利润水平，随后通过盈亏平衡分析计算出实现该利润所需的销售规模。此外，这一分析还能向企业揭示：在当前经营亏损的情况下，需增加多少销售量才能达到盈亏平衡；或者，在盈利状态下，企业能够承受多大的销售额下降而不跌破盈亏平衡点。

7.4 运筹学方法

运筹学方法是一种通过将管理问题抽象为模型，求解该模型以获取最优解，并结合组织实际情况来制订计划的方法。这一方法已被广泛应用于市场销售、生产计划、库存管理、运输问题、财政会计、人事管理、设备维修与更新、可靠性分析、项目选择与评价、工程优化设计、计算机与信息系统以及城市管理等多个领域。鉴于篇幅所限，本节将重点阐述运筹学方法的基本步骤与模型构建。

7.4.1 运筹学方法的基本步骤

一般来说，采用运筹学方法编制组织计划，大致需要经过如下几个步骤：

（1）提出和形成问题：明确管理问题的目标，找出管理问题的约束条件，设定管理问题的可控变量和参数，收集管理问题的相关资料。

（2）建立模型：把管理问题中的可控变量、参数和目标与约束条件的关系用模型表示出来。

（3）求解：依据管理问题的实际情况和决策者的要求，明确求解精度，采用各种手段（主要是数学方法，也可用其他方法）求解模型，解可以是最优解、次优解、满意解。复杂模型的求解需要借助计算机的支持。

（4）解的检验：检查求解步骤和程序是否有误，检查解是否反映现实的管理问题。

（5）解的控制：通过控制解的变化过程决定解是否要作一定的变化。

（6）解的运用：依据管理问题的实际，进行合理修改，进而为制订组织计划提供依据。

（7）编制组织计划：结合组织的实际，如有必要，可以反复步骤（1）—步骤（6），利用上述求出的有关数据，编制组织计划。

7.4.2 运筹学方法的模型

在采用运筹学方法来编制组织计划的过程中，依据组织计划的实际，能否建立适合组织计划问题特点的模型将直接关系到组织计划的有效性。一般来说，运筹学方法的模型主要有三类：形象模型、模拟模型、符号或数学模型。其中，目前应用得最多的是符号或数学模型。构造模型是一种创造性劳动，建模的思路和方法大致可以分为以下五种：

（1）直接分析法：按对管理问题机理的认识直接构造出模型。运用运筹学中已有的现存模型，如：线性规划模型、投入产出模型、排队模型、存储模型、决策和对策模型等。这些模型都有很好的求解方法，也有一些求解的辅助软件，但用这些现存模型研究问题时，必须适应管理问题的实际情况，切忌生搬硬套。

（2）类比法：有些管理问题可以用不同的方法来构造出模型，而这些模型的结构和性质是类同的，这就可以相互类比。如：物理学中的机械系统、热力学系统、电路系统等。有些管理问题可以用这些物理系统或其他类比现象来进行类比分析。

（3）数据分析法：对于有些管理问题的机理不清楚时，若可以收集到大量与此管理问题有关的数据，则可采用数据分析法来建模。

（4）实验分析法：对于有些管理问题的机理不清楚，又不能收集到大量与此管理问题有关的数据时，可以对局部实验的数据加以分析来建模。

(5) 想定（构想）法：对于有些管理问题的机理不清楚，又不能收集到大量与此管理问题有关的数据（如：社会、经济、军事问题），也不能采用实验来获得数据时，只能在已有的知识、经验和某些研究的基础上，对将来可能发生的情况给出逻辑上合理的设想和描述，然后用已有的方法来建模，并在建模过程中不断完善，直至比较满意为止。

通常，运筹学模型的一般数学表达式如下所示：

目标评价准则采用的表达式为

$$U=f(x_i,\ y_j,\ \xi_k) \tag{7-2}$$

约束条件采用的表达式为

$$g(x_i,\ y_j,\ \xi_k)\geqslant 0 \tag{7-3}$$

其中，x_i 为可控变量；y_j 为已知参数；ξ_k 为随机因素。

目标评价准则一般要求达到最佳、适中、满意等，准则可以是一个，也可以是多个。约束条件可有可无，应视管理的实际问题而定。当约束条件为等式时，称其为平衡条件；当模型中没有随机因素时，称其为确定性模型，否则称其为不确定性模型。

7.4.3 运筹学方法的常用工具

运筹学方法的工具很多，目前比较成熟的常用工具主要包括线性规划、非线性规划、目标规划、整数规划、动态规划、网络计划、排队论、决策论、存储论、模拟技术、博弈论、应用马尔可夫过程等。本节只对线性规划、模拟技术、排队论、存储论等常用工具作简要介绍。

1. 线性规划

线性规划是通过研究一组变量，满足一定的线性条件，使某一线性目标函数达到最大值或最小值。该方法可用于在给定可能用途或资源限制下确定资源的最佳分配方式，也可用于与时间或货币成本相联系的最佳方案的选择。对于复杂的线性规划问题，可以借助计算机软件来求解。

2. 模拟技术

模拟技术是利用计算机对系统活动进行大量仿真，获得描述系统性的数量指标，为决策过程提供定量依据。运用该方法的关键在于建立适合真实的活动或过程特点的模型（实物模型或抽象模型）。管理人员要建立和使用这种模型，必须对他们需要模拟的活动或过程，以及变量的相互关系理解透彻。模拟技术的最大优点在于能够鉴别各种设计方案，并能将正在进行的各种作业的影响减少到最低程度，为减少时间和开支等方面的损失提供有效支持。

3. 排队论

排队论主要研究系统内服务机构的合理规模问题。该方法用于帮助管理人员决定哪种等候队伍或排队长度最为适合。排队问题在日常生活中很常见，如：在银行、超市、桥梁等相关管理部门或管理人员需要设置几个收费口，开出多少个服务窗口等。一般来说，管理部门总是希望在顾客能够容忍排队等待时间的前提下，尽可能提高服务机构的使用效率。

4. 存储论

存储论是专门研究组织内经济资源最佳存储策略的理论和方法。它通过定量描述存储物品的存储状态和动态供求关系，研究不同状态和不同供需关系下的存储费用结构，进而确定经济上最为合理的存储策略。存储问题的分类很多，例如，依据存储变量的性质，存储问题可以分为确定型存储问题和随机型存储问题，各种类型的存储问题都有相应的模型和方法可以进行求解。

7.5 脚本计划

在当今动态且复杂的管理环境中，脚本计划（Scenario Planning）成为一项尤为适用的计划技术。管理者在评估环境时，往往会发现一系列可能影响组织当前与未来运营的问题和因素。鉴于这些问题和因素的重要性各不相同，管理者通常会聚焦于最为关键的一组，并在此基础上构建基于脚本的方案。

脚本，作为对未来可能情境的一种连贯性描述，其开发过程可视为制订一种权变计划。即，一旦某些特定事件发生，便采取相应的行动策略。不同的假设条件会导向不同的结果，而脚本计划的核心目的并非预测未来，而是通过在不同特定情境下展示潜在的未来状况，从而降低不确定性。企业可以针对某一问题，从最乐观到最悲观的情境出发，开发一系列脚本，并据此准备实施相应的战略，以确保在竞争中保持优势。

尽管脚本计划在应对可预见事件时展现出显著效用，但在预测随机或失常事件时却极具挑战。事实上，真正的随机或失常事件往往是不可预测的。

本章小结

（1）选择适合计划问题特点的计划方法和工具是编制可行且有效的组织计划的核心环节之一。计划的方法和工具很多，其中比较常用的方法有滚动计划法、网络计划法、运筹学法、盈亏平衡法等。

（2）滚动计划法适用于计划期较长、不确定性因素多的计划问题；在为一次性的大规模工程项目以及生产周期较长的单件小批量生产类型企业编制计划中，运用网络计划法能够取得良好效果；采用运筹学方法编制组织计划时，关键在于能否建立适合计划问题特点的有效模型；针对动态和复杂多变的经营环境，脚本计划等一些新的计划技术得到了发展。

计划工作的方法和工具思维导图

本章思考题

1. 滚动计划法有什么特点？并结合实际问题来制订一个五年计划。
2. 绘制网络图过程中应注意哪些问题？
3. 网络计划法应用过程中，其关键路线的确定有何重要意义？
4. 网络计划的优化和调整应遵循哪些基本原则？
5. 盈亏平衡分析在计划工作中的作用有哪些？
6. 运用运筹学法编制组织计划时，可以分为哪些基本步骤？
7. 建立运筹学模型过程中，建模的方法和思路有哪些？
8. 脚本计划的优势体现在哪些方面？

本章拓展阅读

8 计划职能中的战略问题

战略指明了组织的发展方向，是对组织长期的、全局性的、根本性的谋划，是管理计划职能的核心内容。计划工作通常在战略方针的指引下进行，并围绕战略目标的实现展开。战略管理涉及几乎所有的基本管理职能，意味着组织战略贯穿于计划、组织、执行和控制等各项职能之中。本章将聚焦于计划职能中的战略议题，而非全面探讨战略管理的所有内容。

8.1 战略概述

战略主要关乎组织长期的发展方向与界定的发展领域，在理想情境下，它应确保组织资源与环境变化之间达成动态平衡，以促成组织目标的达成。鉴于其涵盖众多关键管理决策，战略管理日益成为组织管理者关注的焦点。当下，战略管理的应用已不再局限于营利性企业，而是广泛渗透至政府机构、医疗机构及其他非营利组织。为更精确地阐述战略的核心意义，本节将着重探讨企业层面的战略，并在开篇即对战略计划与战术计划进行对比分析。

8.1.1 战略计划与战术计划

战略计划与战术计划是依据对企业经营范围的影响程度及时间跨度不同而进行区分的两种计划类型。

1. 战略计划

战略计划是企业对未来活动的总体指导原则、目标和战略方案的规划。它基于对未来内外环境变化的预见，预先安排企业各项活动。战略计划的特点包括：①时间跨度长：涉及企业长期的发展历程；②范围广：尤其是核心经营理念，对企业有深远影响；③内容抽象：主要确定企业应做什么（Do What）及为何做（Why Do That），不具有直接可操作性；④不确定性大：由于前提条件的不确定，执行过程与结果也往往充满变数。

2. 战术计划

战术计划是在战略计划指导下，关于企业如何具体运作的计划。它详细规定了实现经营目标的具体方案和细节，特点包括：①时间跨度短：覆盖较短的时间段；②范围窄：专注于特定领域或项目；③内容具体：明确何时（When）、何地（Where）、由何人（Who）通过何种方法（How）使用多少资源（How Much）来执行（Do That），具有可操作性；④不确定性低：相对容易把握和实施。

对二者比较可以看到，战略计划是指向性的，虽然抽象且受不可预见性制约，但它是制订战术计划的重要基础。若没有正确的战略指导，战术计划可能看似明确，实则可能不切实际或导致企业长期失败。二者相辅相成，共同构成企业完整的计划体系。

决定不同类型计划有效性的因素，主要有组织的规模和管理层次、所经营业务的产品寿命周期和环境的不确定性等。首先，现在的企业规模越来越大，而管理层次则趋向于扁平，体现出柔性；其次，由于技术飞速发展，竞争日益激烈，产品的寿命周期日趋缩短，很多企业为了保持技术优势，避免潜在竞争者的进入，更是采用了产品成长期自我淘汰的做法，以设置进入障碍；再次，进入21世纪后，以互联网、生命工程、新材料工程等为代表的新技术确立，加之国际政治、经济格局的演变，乃至中国经济的持续高速发展等，都使得企业的经营环境处于前所未有的不确定之中。在这样的形势下，企业的战略计划就显得尤为重要。

8.1.2 战略管理过程

简单的战略管理过程见图8-1。战略管理主要包括战略制定、战略实施和战略评价三个过程。其中，战略的制定主要体现计划的职能，本节将重点介绍。

1. 确定组织愿景和使命

在当今商业环境中，众多组织已认识到制定愿景陈述（Vision Statement）的

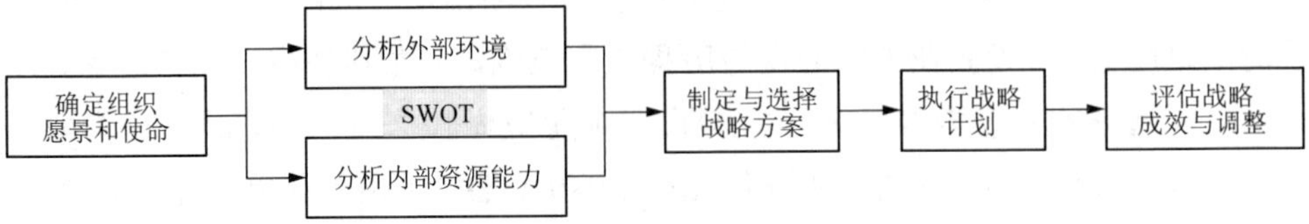

图 8-1　战略管理过程

重要性。愿景陈述简洁而有力地回答了“我们要成为什么样的组织”这一核心问题，常被视为战略计划制订的首要步骤。它通常以一句精炼的话语，勾勒出组织对未来的宏伟蓝图。

与愿景陈述相辅相成的是使命陈述（Mission Statement），它界定了组织与其他同类机构之间的根本差异，明确了组织的服务范围和服务对象，回答了“我们的业务是什么”的关键问题。使命陈述可以从多个维度进行阐述，为组织提供了清晰的方向和定位。

对于战略制定者而言，明确组织的愿景和使命是至关重要的，它们为组织的未来发展奠定了坚实的基础。

2. 分析外部环境和内部资源能力

管理者必须学会对环境进行分析的方法。就战略制定而言，管理者分析环境的目的是评估环境的机会和组织面临的威胁。机会（Opportunities）是外部环境中的有利因素，威胁（Threats）是负面的趋势。必须认识到，并不是所有的机会都能让组织抓住，组织经常会在某种程度上受到它所拥有的资源和能力的限制。组织的机会见图 8-2。内部分析提供了关于组织特定资源和能力的重要信息。组织擅长的活动或专有的资源构成组织的优势（Strengths），组织不擅长的活动或非专有的资源构成组织的劣势（Weaknesses）。

将外部环境的机会和威胁与组织内部的优势、劣势结合起来分析的方法通常称为 SWOT 分析。利用 SWOT 分析组织可以更好地找准自身的定位。

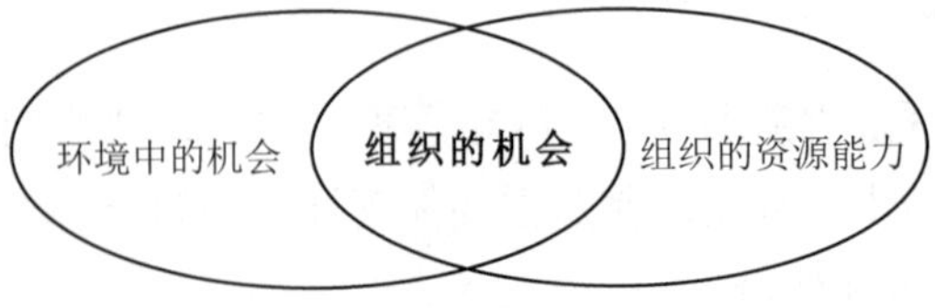

图 8-2　组织的机会

3. 制定与选择战略方案

战略构造阶段涉及备选战略方案的制定与甄选。战略体系通常涵盖三个层面：公司层战略、业务层战略以及职能层战略。公司层战略关注组织整体的发展方向和资源配置；业务层战略聚焦于特定业务单元的竞争策略；职能层战略则细化至各部门如何支持整体战略目标的实现。通过综合考量，组织需拟定多个备选方案，并依据内外部环境分析，选择最符合组织长远发展的战略路径。

4. 执行战略计划

战略计划被制订之后的关键在于实施。没有有效地被执行，再完美的战略计划也只是空中楼阁。战略计划的成功实施要求组织上下一心，将战略计划转化为具体行动，确保每一项决策、每一项工作都与战略目标紧密相连。通过有效执行，组织能够将战略蓝图变为现实成果，实现组织的长期发展目标。

5. 评估战略成效与调整

战略管理的最后一个环节是对战略成效的评估与调整。这一步骤旨在通过客观的数据分析和反馈机制，衡量战略实施的效果，判断战略是否达到了预期目标。若评估结果显示战略存在偏差或未能达到预期效果，组织需及时作出调整，修正战略方向或优化实施策略。战略管理是一个动态循环的过程，通过不断评估与反馈，组织能够持续优化战略，确保其在复杂多变的市场环境中保持竞争力。

8.1.3 战略的层次

在企业战略管理的框架内，特别是针对大企业或多业务经营的企业，战略往往呈现出多层次的特点，以适应企业内部的权力结构和业务布局。一般而言，战略可划分为三个核心层次：公司总体战略、经营业务单位竞争战略以及职能或运营战略（表 8-1）。

表 8-1　　战略层次及研究对象、研究内容

战略层次	研究对象	研究内容
公司战略	组织，由相对独立的战略业务单位组成	组织存在的基本逻辑关系或基本原因（从结构和财务角度来考虑总体资源的配置） 回答问题：我们应该做什么业务？我们怎样管理这些业务？

（续表）

战略层次	研究对象	研究内容
竞争战略	业务层次或产品/市场战略单位	产品或服务在市场上的竞争问题 回答问题：我们的目标市场是什么？我们要与哪些产品竞争？在这些市场上，我们如何实现可持续的竞争优势？
职能或运营战略	职能部门或业务流程	竞争战略在职能层次上的分解 回答问题：在实施竞争战略的过程中，公司各个部门或各种职能应该发挥什么作用？（如：市场营销战略、财务战略、人力资源战略）

1. 公司总体战略

公司总体战略，作为最高管理层的行动指南，奠定了组织存在的基本逻辑和资源配置的总体框架。它着眼于组织的整体发展方向，明确企业应当涉足哪些业务、如何管理这些业务，并从结构和财务角度规划资源的配置。此战略层次主要解答以下问题：公司的核心理念是什么？应进入或退出哪些行业？如何在各业务单元间分配资源？是否进行业务扩张或多元化？是否推进国际化？是否通过并购实现增长？等等，这些都是关乎公司总体经营方针、目标、成长路径与愿景的关键决策。

2. 经营业务单位竞争战略

经营业务单位竞争战略聚焦于特定产品或服务在市场上的竞争态势，旨在某一行业或细分市场中确立企业的市场地位和发展策略。该层次战略需明确：在目标市场中，企业应重点发展哪些业务？与哪些竞争对手抗衡？如何分配资源以维持竞争优势？如何确保战略目标的持续实现？等等，从而为企业在激烈的市场竞争中指明方向。

3. 职能或运营战略

职能或运营战略是为了支撑和推动公司总体战略及经营业务单位竞争战略的有效实施，而在企业各职能部门或业务流程层面制定的具体战略。它旨在明确各部门或流程在实现公司短期目标或阶段性目标中的具体职责和要求，确保战略落地。此层次战略需回答：在实施竞争战略的过程中，各职能部门或流程应如何协同作战？各自应承担哪些任务？如何确保战略目标的顺利达成？等等。从而增强企业的执行力和战略实施的精准度。

8.2　公司层战略

公司层战略确定公司应该从事什么事业，以及希望从事什么事业。描述公司层战略最常用的方法是大战略框架。SWOT 分析与大战略之间的关系示意如图 8-3 所示。

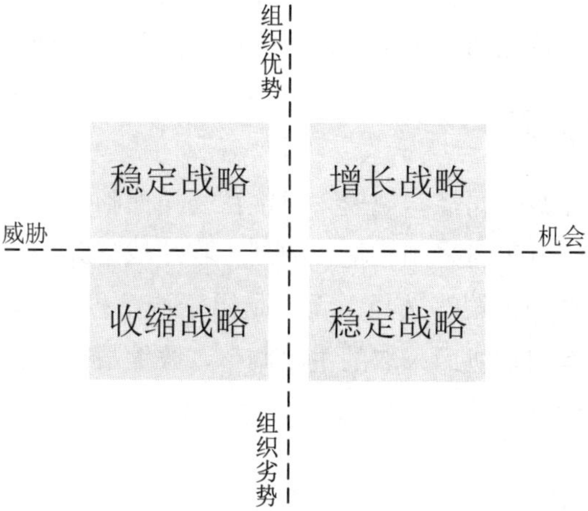

图 8-3　SWOT 分析与大战略之间的关系示意

8.2.1　公司稳定战略

稳定战略的特征是公司基本不进行重大的变革。这种战略的做法是通过提供同样的产品和服务持续不断地服务于同样的客户，保持市场份额，维持公司的投资回报率。当投资者对组织的绩效满意，并且所处环境相对稳定时，才可以用此战略。

8.2.2　公司增长战略

增长战略旨在扩大公司规模，其实现路径多样，包括以下几种：

（1）集中增长方式。集中增长方式，又称直接扩张方式，侧重于通过提升内部销售额、增加产能及扩大员工队伍来推动增长，而非依赖外部并购。此战略聚焦于原有业务的深化与拓展。

(2) 纵向一体化方式。纵向一体化方式涉及对供应链上下游的控制，包括后向一体化（控制供应商）和前向一体化（控制客户），以实现公司业务的垂直整合与扩展。

(3) 横向一体化方式。横向一体化方式是指通过并购同一行业内的其他企业，即整合竞争对手的业务来实现公司规模的横向扩张。

(4) 非相关多元化方式。与上述主要基于相关业务的并购不同，非相关多元化方式通过收购或兼并不同行业、不同业务领域的公司来实现增长。其理论基础源自资产组合理论，旨在通过多元化投资降低风险并寻求新的增长点。

8.2.3 公司收缩战略

收缩战略旨在缩减公司经营规模，通常在公司面临危机、预测环境将发生重大变化或投资者战略调整时采用。重要的是，收缩战略并非消极应对，而是公司在面对挑战时的一种积极策略选择。无论是出于调整投资方向、应对环境变化，还是因公司自身劣势或危机而采取的主动调整，收缩战略都体现了公司对未来发展的深思熟虑与灵活应对。

8.3 业务层战略

在战略管理的学术领域中，业务层战略通常被视为与竞争战略同义。这一观念源自迈克尔·尤金·波特（M. E. Porter，1947—　）的竞争战略理论，他为此领域构建了坚实的框架。

8.3.1 M. E. Porter 的竞争战略框架

Porter 的竞争战略框架为管理者提供了三种基本战略选择，这些战略选择对于企业的成功至关重要。企业成功的关键在于所选战略与自身竞争优势及产业特性的精准匹配。其核心理念在于，正确的战略选择能够引领企业超越行业平均水平，实现更高的盈利性。Porter 的另一大贡献在于，他深入阐述了管理者如何构建并维持竞争优势。这种优势是企业获取超额利润的关键。而建立竞争优势的关键步骤之一，便是进行深入的产业分析。

Porter 指出，任何产业中都存在五种基本的竞争力量，它们共同塑造了产业的竞争环境，并决定了产业的吸引力和盈利潜力。管理者应运用以下五个关键因素来全面评估产业的吸引力，参见图 8-4。

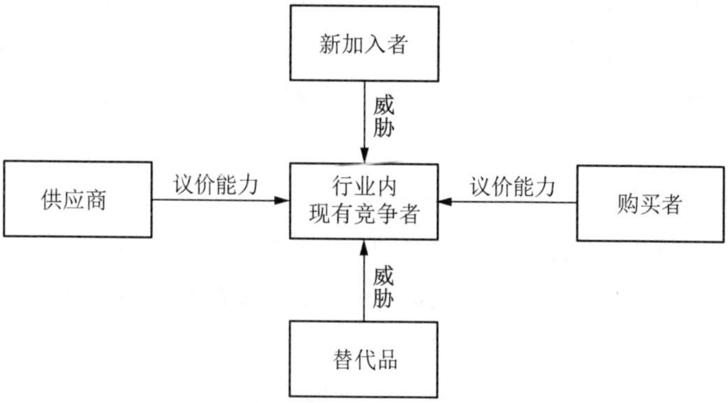

图 8-4 Porter 产业内的五种竞争力量

(1) 新加入者的威胁：新加入者的威胁程度由多种因素决定，包括规模经济性、品牌忠诚度和资本规模等。这些因素共同构成了新竞争者进入产业的壁垒，影响着产业的竞争格局和潜在竞争者的加入意愿。

(2) 替代威胁：替代威胁的大小取决于转换成本和购买者的忠诚度。当顾客能够轻易找到替代品，且转换成本较低时，替代威胁增大。反之，若顾客对原产品忠诚度较高，转换成本高昂，则替代威胁相对较小。

(3) 购买者的议价能力：购买者的议价能力受顾客数量、信息掌握程度及替代产品可获得性等因素影响。当购买者数量众多、信息透明度高且替代产品丰富时，其议价能力增强，对产业内企业构成压力。

(4) 供应商的议价能力：供应商的议价能力取决于其集中度、替代输入的可获得性等因素。高度集中的供应商或缺乏替代输入的供应商通常具有较强的议价能力，能够对企业施加更大影响。

(5) 现有竞争者：产业内现有企业之间的竞争强度受产业增长率、需求变化及产品差异等因素影响。快速增长的产业、需求稳定或增长以及产品差异化程度高的市场，通常竞争更为激烈。

8.3.2 竞争战略的选择与实施

管理者在评估了五种竞争力量后，需选择适当的竞争战略。根据 Porter 的观点，企业应选择能够带来竞争优势的战略，即成本领先战略、差异化战略或聚焦战略。战略选择应基于组织的优势和核心能力，以及竞争对手的劣势。

（1）成本领先战略（Cost Leadership Strategy）。成本领先战略旨在成为产业的低成本生产者。企业通过提高生产效率、降低营销成本等方式，力求在各个环节保持低成本优势。此战略要求企业具备高效的生产和运营能力，以及严格的成本控制。

（2）差异化战略（Differentiation Strategy）。差异化战略强调提供与众不同的产品，以满足顾客独特需求。企业需通过创新设计、优质服务、卓越品牌形象等方式，形成与竞争对手的显著差异。此战略要求企业具备强大的研发能力和品牌塑造能力。

（3）聚焦战略（Focus Strategy）。前两种竞争战略寻求在广阔市场上的竞争优势，但是聚焦战略的目的是在狭窄的市场区隔上寻求成本优势（成本聚焦），或者差异化优势（差异化聚焦）。换言之，聚焦战略旨在狭窄的市场区隔或特定顾客群上寻求竞争优势。企业选择特定市场进行深耕，通过满足特定需求实现成本领先或差异化。此战略适用于小型企业，因其资源有限，需集中力量于特定领域。

如果组织不能够开发出成本优势或差异化优势，将会是一种什么状况？Porter 用“徘徊其间”（Stuck in the Middle）的术语来描述这类组织，这些组织发现，要获得长期成功是很困难的。成功的组织经常会陷入困境，原因是它们脱离了原来的竞争优势，徘徊在两种典型的战略之间。但是相关研究也表明，兼具低成本和差异化优势并非不可能。企业可通过持续创新、优化流程等方式，实现成本与差异化的双重优势，从而获得更高绩效。这要求企业具备强大的综合能力和灵活的战略调整能力。

8.4 职能层战略

职能层战略的核心目标在于确定如何有效地支持业务层战略的实施。

8.4.1 职能层战略与业务层战略的协同

在传统的组织结构中，各部门通常按职能进行划分，如制造、营销、人力资源、研究与开发以及财务等。这些职能部门在制定自身战略时，必须确保与业务层战略保持高度一致，以形成协同效应。

8.4.2 各职能部门战略的支持作用

（1）制造部门：需制订高效的生产计划，确保产品质量和成本控制，以满足事业层战略对产能和成本的要求。

（2）营销部门：需制定精准的市场推广策略，提升品牌知名度和市场份额，以支持事业层战略的市场拓展目标。

（3）人力资源部门：需招聘、培养和激励符合事业层战略需求的人才，构建高效团队，为战略实施提供坚实的人力资源保障。

（4）研究与开发部门：需持续创新，研发符合事业层战略方向的新产品和服务，为企业的长期发展注入动力。

（5）财务部门：需合理规划资金，确保事业层战略所需的资金投入，并监控财务状况，确保战略实施的财务稳健性。

综上所述，职能层战略在支持业务层战略方面发挥着至关重要的作用。各职能部门需紧密协作，确保自身战略与业务层战略的高度契合，共同推动企业战略目标的实现。

本章小结

（1）本章探讨计划职能中的战略问题，并非涵盖战略管理的全部内容。战略主要涉及组织的长期发展方向和发展范围，在理想状态下，它应该使组织的资源和变化中的环境相匹配来实现组织的目标。

（2）战略计划是关于企业活动的总体指导原则、总体目标和战略方案的计划，是企业基于对未来内外条件发生变化的预见，对企业各项活动做出的预先安排。战术计划是在战略计划的指导下，关于组织如何具体运作计划，主要是用来规定企业如何实现其经营目标的具体实施方案和细节。

（3）在大企业或多业务经营的企业中，通常包括三个层次的战略，即公司总体战略、经营业务单位竞争战略和职能或运营战略。公司的大战略包括稳定战略、增长战略和收缩战略。

（4）Porter 认为产业内存在五种竞争力量：新加入者的威胁、替代威胁、购买者的议价能力、供应商的议价能力以及现有竞争者。成本领先战略、差异化战略和聚焦战略是三种基本的竞争战略。

(5) 职能部门在制定自身战略时，要确保职能层战略与业务层战略的协同。

计划职能中的战略问题思维导图

本章思考题

1. 什么叫战略?
2. 什么叫愿景陈述和使命陈述，请举例说明。
3. 战略计划和战术计划有哪些区别?
4. 企业的战略包括哪三个层次?
5. Porter 的三种竞争战略内容是什么?
6. 互联网和人工智能的发展导致了“跨界”“破界”和“无界”的竞争，如何认识这方面的变化对组织战略的影响?

本章拓展阅读

9 决策

决策过程是计划工作的核心组成部分，它不仅贯穿于计划职能之中，还深度融入组织、领导与控制等各项管理职能之内。这是由于决策问题在各管理职能领域中均普遍存在。通常而言，决策过程由四个基本步骤构成：首先是确定问题，接着进行分析，然后制定备选的解决方案，并最终作出决策选择。然而，若要确保管理决策能够有效助力组织目标的达成，还应当增添第五步“执行决策”，以及第六步“反馈控制”。

9.1 决策问题概述

9.1.1 决策问题的三种类型

组织面临的决策问题可归纳为以下三类：战略决策、管理决策与业务决策。

(1) 战略决策。战略决策是组织为与外界不断变化的环境保持动态平衡而作出的决策，主要聚焦于组织的长期发展和全局性议题。

(2) 管理决策。管理决策旨在贯彻执行组织的战略决策，涉及对组织内部人力、财力、物力等资源的调配或结构调整。

(3) 业务决策。业务决策旨在提升组织的业务效率，通常涉及库存控制、销售管理、生产进度等日常运营中的具体决策。

战略决策、管理决策与业务决策三者之间紧密相连，并无严格界限。在实践中，这三类决策往往对应组织的三个管理层级：最高管理层、中层管理层和基层管理层。最高管理层主要关注战略决策；中层管理层兼顾战略与管理决策，且更侧重于管理决策；而基层管理层则主要聚焦于业务决策。图 9-1 直观展示了决策问题类型、组织层级之间的关系。显然，应根据问题的性质、发生频率及确定性程度，合理确定由哪一管理层级来制定相应决策。

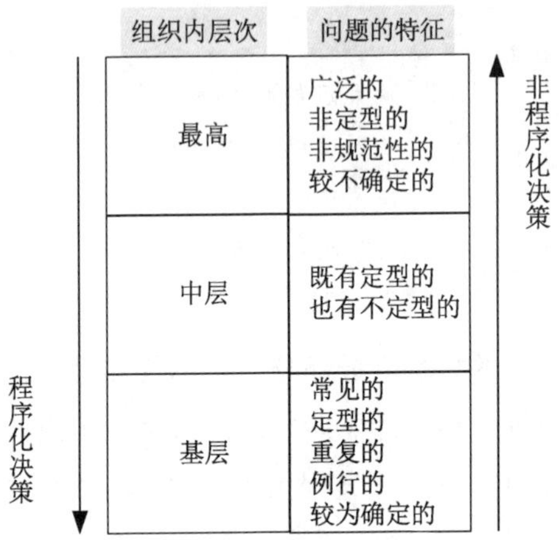

图 9-1　决策问题的类型

9.1.2　决策问题的四个要素

1. 决策者

决策者既可以是单独的个人，也可以是多人组成的群体，分别对应个人决策与群体决策。个人决策的优势在于责任明确且决策迅速，但可能因个人偏见导致优柔寡断或专横独断。优柔寡断者往往顾虑重重，缺乏主见；而专横独断者则可能过度自信，忽视他人意见，行事冲动。因此，优秀的决策者需具备广博的知识、丰富的经验及敏锐的判断力。

群体决策则能汇聚集体智慧，减少个人主观性和片面性，但其缺点也不容忽视：决策过程可能冗长、易受权威影响、意见分散或倾向折中。为确保群体决策的有效性，应营造开放、平等、自由的讨论氛围，并由组织者巧妙引导，确保群体智慧得以充分发挥。

2. 决策目标

决策目标是组织期望达成的具体成果，是决策方案的终点，也是评估决策效果的标准。决策过程即围绕如何达成这一目标展开，因此明确、正确的决策目标至关重要。若目标设定有误或模糊不清，将直接导致决策方向偏离正轨。

3. 自然状态

自然状态指的是决策实施所处的外部环境与内部条件，这些因素独立于决策者意志之外，如市场需求、原材料价格、气候条件、利率水平等。自然状态可分为外部环境和内部环境两大类。外部环境包括顾客需求、供应链状况、市场竞争、社会环境及技术进步等，内部环境涵盖财务状况、管理效能、人力资源、组织结构等方面。决策者需全面评估这些内外因素，以确保决策方案的周全与可行性。

4. 决策方案

决策问题至少应包含两个或多个可行的行动方案，这些方案相互独立、可替代，旨在实现决策目标。决策方案又称备选方案，是决策者根据目标要求精心设计的多种可能路径。通过比较和分析这些方案，决策者能够选出最优解，以达成组织目标。

9.2 决策过程

决策过程是一个系统而有序的流程，包含以下六个关键步骤：明确目标与问题、分析信息资料、制定备选方案、选择决策、执行决策和反馈控制。

9.2.1 明确目标与问题

决策的首要任务是确立清晰的目标，并识别出阻碍目标实现的具体问题。目标为决策提供了方向，而问题的准确识别则是制定有效决策的前提。决策者需深入剖析问题本质，避免被表面现象所迷惑。多问“为什么”是一个揭示问题根源的有效方法，它能帮助决策者透过现象看本质，从而确保后续决策的正确性。

9.2.2 分析信息资料

在明确问题后，决策者需全面分析相关信息资料。这一过程可能涉及两种情况：一是问题属于已知范畴，可直接利用现有政策或经验进行分析；二是问题新颖复杂，需搜集新信息以支持决策。为确保决策信息的准确性和完整性，建立高效的信息系统和数据库至关重要。

9.2.3 制定备选方案

针对识别出的问题，决策者需制定多个备选方案。在制定方案过程中，需充分考虑技术、人力、财力、法律、社会习惯等多重限制因素，确保所制定的方案均具备可行性。

9.2.4 选择决策

在多个备选方案中选出最优解是决策过程的核心环节。决策者需综合考虑方案对目标实现的贡献度、经济效益以及实施难度等因素，通过对比分析作出选择。在选择决策时，可依据以下三个标准进行评估：

（1）目标一致性：所选方案是否有助于实现既定目标。

（2）经济效益最大化：在可行方案中，是否能最大限度地利用资源并取得最佳经济效果。

（3）实施可行性：方案是否易于实施，并具备明确的执行计划。

9.2.5 执行决策

决策的最终价值在于其能否有效实施并达成目标。在执行过程中，决策者需确保计划内容能被严格执行，并密切关注实施效果。

在实施决策的过程中，还会出现一些新问题。决策者必须不断地搜集实施决策的有关信息，检查方案的效果。如果在实施决策的过程中没有达到预期的效果或目标，则必须及时加以修正；反之，决策的实施过程就是目标逐步实现的过程。

9.2.6 反馈控制

在实施决策的过程中，管理者要持续收集反馈信息，及时发现并纠正偏差，确保决策目标的顺利实现。同时，反馈控制也为后续决策提供了宝贵经验和数据支持。

9.3 决策方法

决策的执行结果往往在未来显现，因此决策者在选择决策时难以确切预知各方案未来的具体效果。根据决策者对方案未来结果预测的确定性程度，决策的类型可被划分为确定型决策与非确定型决策两大类，具体内容如下所述。

9.3.1 决策的类型

1. 确定型决策

确定型决策指的是在决策问题中仅存在一种已知且确定的自然状态，从而能够明确预测方案未来的结果。此类决策的约束条件清晰明确，可用数学模型进行描述，问题中的各变量及其相互关系均可量化，进而构建出可求解最佳解的目标函数。通过运用运筹学等数学方法，即可求得该问题的最优解。例如，企业组织中的生产计划、资源分配、库存管理等，在确定性条件下进行的决策均属于确定型决策。由于确定型决策的方法相对成熟且选择过程较为直观，因此在实际应用中颇为广泛。

2. 非确定型决策

非确定型决策指决策问题中存在两种或两种以上的自然状态，且这些自然状态的发生具有不确定性，难以准确预测。由于这种不确定性，决策者难以找到绝对的最佳方案，而只能寻求相对满意或可行的决策方案，因此非确定型决策也被称为满意决策。在企业组织中，新产品的研发、预算的制定、综合生产计划与市场计划的制定等，均带有非确定型决策的特点。

非确定型决策可进一步细分为以下三类：

竞争型决策（博弈）：当决策问题的自然状态表现为具有理智和策略性的竞争对手时，此类决策被称为竞争型决策或博弈。

风险型决策：若决策问题的一方为自然状态，且该自然状态发生的概率能够确定或估算，则此类决策被称为风险型决策。

完全不确定型决策：当决策问题的一方为自然状态，但该自然状态发生的概率完全无法确定或预测时，此类决策被称为完全不确定型决策。

9.3.2 竞争型决策

竞争型决策又称博弈，是根据竞争对手的策略来确定对策的决策过程。博弈模型可以根据参加对抗局中人的数目分为两人博弈和多人博弈；可按参加对抗局中人的策略集合元素是有限的还是无限的，将博弈分为有限博弈和无限博弈；可根据一局博弈结束后，各方赢得的总和分为常数和博弈、零和博弈与非零和博弈；还可根据数学模型类型将博弈划分为矩阵博弈、微分博弈等。由于在选择博弈时受到多种因素的影响，博弈模型往往是相关联的。

1. 博弈现象的基本要素

各种博弈现象都有三个最基本的要素，即局中人、策略和赢得。

(1) 局中人。有权决定自己行动的竞争参加者，称为局中人。在研究博弈问题时，一般把那些利益一致的参加者们看成一个局中人。博弈现象可以按局中人的数目分为两人博弈和多人博弈。并且，可根据局中人之间是否结盟、合作而分为结盟博弈（局中人的行动目的是得到最大的结盟团体赢得）和不结盟博弈（局中人的行动目的是得到尽可能大的个人赢得）、合作博弈（容许局中人互通信息、协调对策）和非合作博弈（局中人不得互通信息和协调对策）等。

(2) 策略。局中人能够采取的对付竞争对手的一个行动方案，称为一方策略。一个局中人能够采取的策略的总和称为策略集合。决策问题至少存在两个可以达成目标的行动方案，自然每个局中人就有不少于两个不同的策略。如果局中人任意地从全部策略集合中选取一个策略进行博弈，称为纯策略；而局中人根据一定的概率值从全部策略中选取的策略，称为混合策略。如果在一个博弈中各局中人都只有有限个策略，称为有限博弈，否则称为无限博弈。

(3) 赢得。赢得就是一局博弈的得失，也称支付。赢得可以是物质、金钱的收入和支出，或者是为了对某种博弈结果作出记录而规定的一种记法。如一场足球赛规定赢者得三分，平局各得一分，输者得零分。这样规定的记分就是赢得。每一局中人在一局博弈结束时的赢得，与全体局中人所选择的策略组成的策略组有关。这样的策略组称为局势，赢得是局势的函数，所以称为赢得函数、支付函数或得失函数。在博弈中，如果在任一局势中全体局中人的赢得的代数总和等于零，那么称此博弈为零和博弈。如赢得的代数和为某个常数，则称为常数和博弈或非零和博弈。

2. 部分博弈模型简介

(1) 两人博弈。博弈中，局中人只有两人，即为两人博弈。两人博弈中，如果一方所得即为另一方所失，则称为两人零和博弈；如果两个局中人在任何局势下的赢得值的代数和不等于零，也不等于某个常数，则称为两人非零和博弈。在两人零和博弈中，双方利益直接冲突，没有合作的可能。而在非零和博弈中，通过对赢得矩阵的分析，如果博弈双方都感到商谈合作对双方都是有利的，就有可能找到一个合作解。如果博弈双方中一方占有优势，就有可能威胁对方接受某种安排，得到一个博弈解，叫作威胁解。由于受到威胁的一方得益较少，不安于现状，所以威胁解往往是一种不稳定解。

(2) 多人博弈。当博弈中，局中人是两个人以上时，称为多人博弈。多人零和博弈与两人零和博弈之间的不同点在于，两人博弈利害是对立的，而多人博弈单纯利益对立已不是问题的核心。在一个多人零和博弈里，一个局中人的行动方案可能只对他自己有利，也可能对一些局中人有利，从而对另一部分局中人不利。在这种情况下，多人博弈不可避免地会出现结盟的情况。因此，讨论多人博弈时，对局中人之间可能有怎样的结盟，必须进行讨论。首先要研究是否存在选择建立共同利害关系行动的可能性；其次是选择结盟者，虽然结盟能增加共同赢得，但如果制定的分配共同赢得的方案不合适，也会引起结盟的破裂；最后是讨论分配问题，也就是旁支付问题。所谓旁支付，是指一些局中人由于某种合作关系（如结盟）而相互给以报酬性的支付。比如，局中人甲拿出一部分赢得交给局中人乙作为对他支持自己方案的报酬。

9.3.3 风险型决策

当决策问题存在着两种以上的自然状态，而各自然状态发生的概率均能被准确知道时，则称为风险型决策，亦称统计性决策或随机性决策。

风险型决策是常见决策问题之一，因而决策方法有很多。根据决策标准与所使用方法的不同，可分为以期望值为标准的决策方法、以最大可能性为标准的决策方法、以优势原则为标准的决策方法、以意愿水准原则为标准的决策方法以及决策树方法。此外，还有马尔可夫决策法、模拟决策法、动态规划决策法等。

1. 以期望值为标准的决策方法

这一决策方法是以决策损益矩阵为基础，分别算出各个方案在不同自然状态下的损益期望值，从中选出收益期望值最大或损失期望值最小的方案作为最优方案。

决策损益矩阵如表 9-1 所示。表中（A_1， A_2， …， A_m）表示决策方案（即可行的备选方案）；（S_1， S_2， …， S_n）表示自然状态，即各备选方案在执行中可能遇到的种种状况，这些自然状态常常是随机的，不受人们主观愿望控制；（P_1， P_2， …， P_n）表示自然状态发生的概率，根据对未来事态发展的预测和历史记录资料的研究来确定，它是主观概率；（O_{11}， O_{22}， …， O_{mn}）表示损益值，是根据各方案在不同自然状态下的资料，通过计算求得的。

表 9-1　　决策损益矩阵

自然状态		S_1	S_2	S_j	S_n
概率		P_1	P_2	P_j	P_n
决策方案	A_1	O_{11}	O_{12}	O_{1j}	O_{1n}
	A_2	O_{21}	O_{22}	O_{2j}	O_{2n}
	⋮	⋮	⋮	⋮	⋮
	A_i	O_{i1}	O_{i2}	O_{ij}	O_{in}
	⋮	⋮	⋮	⋮	⋮
	A_m	O_{m1}	O_{m2}	O_{mj}	O_{mn}

2. 以最大可能性为标准的决策方法

这一决策方法是以出现可能性最大（即概率值最大）的自然状态为决策根据，然后选择一个在此种自然状态下收益值最大（或损失值最小）的方案为最优方案。这样就变为只有一种自然状态的确定性问题。由于该种自然状态出现的可能性大，所以该最优方案实现的机会也大。显然，当某种自然状态发生的概率显著高于其他状态，且各自然状态下的收益值相差不太大时，应用这一方法比较合适。而在自然状态数目较多，其概率值相差较小，且各方案在不同自然状态下的收益值又相差悬殊时，则不宜采用这种决策方法。因为在这种情况下，应用这一决策方法可能出现较大的误差。

3. 以优势原则为标准的决策方法

当决策问题有非常多的备选方案时，为简化决策过程的有关工作，可预先采用优势原则的决策方法对方案进行初选。初选时依次将两方案进行比较，如果在每种自然状态下，甲方案的收益值均大于乙方案，则称甲方案具有优势而舍弃乙方案（劣案）；如果甲、乙两方案比较，彼此只是有局部优势，则需要拿丙方案与甲方案进行比较。这样两两比较、舍弃劣案，就可以减少方案的数目，从而达到简化决策过程的目的。

4. 以意愿水准原则为标准的决策方法

这种决策方法是根据决策者所拥有的资源条件或组织目标，对方案损益值定出一个最高（如投资水平）或最低（如利润或产出水平）的限制。凡超过这一限额水平的方案，都作为劣案而舍弃。这样就可以根据决策者客观的实际情况，有效地压缩备选方案的数目，从而达到简化决策过程、提高决策工作效率的目的。

5. 决策树方法

上述四种风险型决策方法中，第一种以期望值为标准的决策方法最常用，在遇到多阶段决策问题时常以树枝图形辅助，称之为决策树。决策树示意如图 9-2所示，其由决策点、方案枝、概率点、概率枝顺序延伸而成，最右端是损益值。进行决策计算时，从右至左，先算出各个概率点的损益期望值，并分别标注在各概率点上，然后比较各损益期望值的大小，选出最佳方案。将所选最佳方案的损益期望值移注在该决策点上，舍弃的方案枝上注修枝号“＋”，表示该方案被舍弃，至此这一阶段的决策过程就算完成。如果是多阶段决策问题，再依此步骤顺序进行决策。

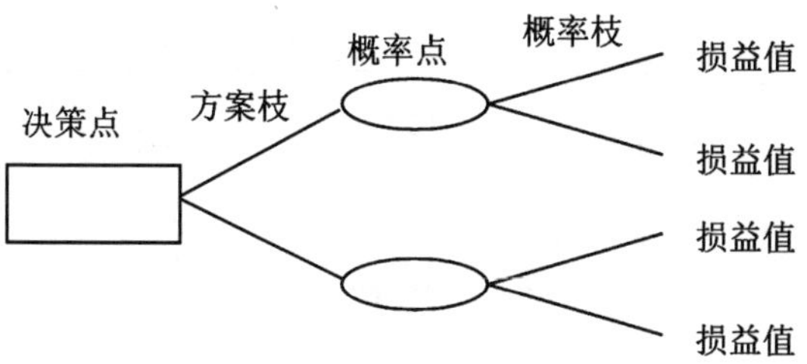

图 9-2　决策树示意图

假定某企业为生产一种新产品，需对设备进行改造。方案一是对设备进行全面改造，需投资 3 万元，使用期限为 10 年。经预测今后 10 年内该新产品销路好的概率为 0.7，差的概率为 0.3，其损益值见表 9-2。方案二是前 3 年对设备进行部分改造，需投资 1.4 万元，如销路好则后 7 年再投资 2 万元进行全面改造，全面改造后每年可盈利 9 500 元。如何进行方案选择呢？可按给出的已知条件作树枝图，见图 9-3。经运算，方案二比方案一有益。可以看出，决策树不仅反映出整个决策运算过程，而且比较形象，思路清晰，便于集体讨论与研究，并作出正确决策。所以，决策树方法在进行决策分析中应用甚广。

表 9-2　　决策方案的损益值

自然状态下的概率		销路好	销路差
		0.7	0.3
方案	全面改造	10 000 元	－2 000 元
	部分改造	4 000 元	3 000 元

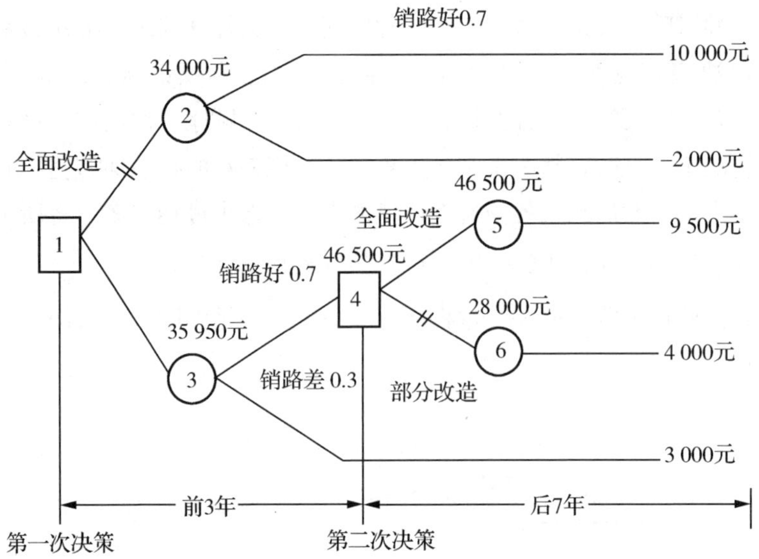

图 9-3　决策树运算

9.3.4　完全不确定型决策

当决策问题存在两种以上的自然状态，且各自然状态发生的概率不能确定时，称为完全不确定型决策。这种决策方法的判别准则有："小中取大"准则（最大的最小收益值准则）、"大中取小"准则（最小的最大后悔值准则）、"大中取大"准则（最大的最大收益值准则）、折中准则（乐观系数准则）、拉普拉斯准则（Laplace）（等可能准则或等概率准则）。

1. "小中取大"准则

"小中取大"准则亦称"最大的最小收益值准则"。其方法是首先找出各方案的最小收益值，然后取这些最小收益值中最大的方案作为最满意方案。如表 9-3所示一决策问题，按"小中取大"准则进行判断，A_1 方案的最小收益值最大，可选为最优方案。

表 9-3　“小中取大”决策准则

方案	自然状态				最小收益值
	S_1	S_2	S_3	S_4	
A_1	4	5	6	7	4
A_2	2	4	6	9	2
A_3	5	7	3	5	3
A_4	3	5	6	8	3

2. “大中取小”准则

“大中取小”准则亦称“最小的最大后悔值准则”。所谓后悔值，是指在某一自然状态下由于未采用相对的最优方案而造成的损失值。其方法是首先算出各方案在各种自然状态下的后悔值，并从中找出每一个方案的最大后悔值，然后取这些最大后悔值中最小的方案作为最优方案。将表 9-3 的决策问题按“大中取小”准则进行计算和判别，可得表 9-4，并可选择最大后悔值最小的方案 A_1 和 A_4 为最优方案。

“小中取大”准则与“大中取小”准则都是比较保守的或悲观的决策准则，只是二者的评价准则不同而已。

表 9-4　“大中取小”决策准则

方案	自然状态				最大后悔值
	S_1	S_2	S_3	S_4	
A_1	1	2	0	2	2
A_2	3	3	0	0	3
A_3	0	0	3	4	4
A_4	2	2	0	1	2

3. “大中取大”准则

“大中取大”准则亦称“最大的最大收益值准则”。其方法是首先找出各方案的最大收益值，然后选择这些最大收益值中最大的方案作为最优方案。如表 9-5 所示，方案 A_2 为最佳方案。这是一种乐观主义的决策准则。

表 9-5　　“大中取大”决策准则

方案	自然状态				最大收益值
	S_1	S_2	S_3	S_4	
A_1	4	5	6	7	7
A_2	2	4	6	9	9
A_3	5	7	3	5	7
A_4	3	5	6	8	8

4. 折中准则

折中准则亦称“乐观系数准则”。其方法是首先根据历史资料和经验判断，确定一个乐观系数 α，且 $0<\alpha<1$。若 $\alpha=0$，则是“小中取大”准则（悲观）；若 $\alpha=1$，则是“大中取小”准则（乐观）。

设 $C_{\mathrm{OV}i}$ 代表第 i 个方案的折中收益值，$Q_{i\max}$ 表示第 i 个方案的最大收益值，$Q_{i\min}$ 表示第 i 个方案的最小收益值，则方案折中收益值为

$$C_{\mathrm{OV}i}=\alpha Q_{i\max}+(1-\alpha)Q_{i\min} \tag{9-1}$$

算出各方案的折中收益值，取折中收益值最大的方案为最优方案。若取 $\alpha=0.7$，则表 9-3 的决策问题经计算可得表 9-6，故选方案 A_2 为最优方案。

表 9-6　　折中准则

方案	自然状态				最小收益值
	S_1	S_2	S_3	S_4	
A_1	4	5	6	7	6.1
A_2	2	4	6	9	6.9
A_3	5	7	3	5	5.8
A_4	3	5	6	8	6.5

5. 拉普拉斯准则

拉普拉斯准则亦称“等可能准则”或“等概率准则”。其方法是由于缺乏资料或其他原因，难以对各自然状态发生的概率进行预测，则假定各自然状态的发生概率是均等的，于是可得表 9-7。经运算，方案 A_1 和 A_4 的期望收益值最大，

且方案 A_1 的离散程度小，可选方案 A_1 为最优方案。

表 9-7　　拉普拉斯决策准则

方案	自然状态及概率				期望收益值
	S_1	S_2	S_3	S_4	
	0.25	0.25	0.25	0.25	
A_1	4	5	6	7	5.50
A_2	2	4	6	9	5.25
A_3	5	7	3	5	5.00
A_4	3	5	6	8	5.50

对于完全不确定型决策问题，当前在理论层面尚无法确切证实哪一种决策准则最为合理，同样，也尚未形成被广泛认可且统一的决策方法。因此，在实际操作中，选择何种准则往往带有较大的主观性和随意性，这一选择主要受到决策者个人倾向的影响。鉴于完全不确定型决策问题充斥着诸多难以预见的不确定因素，寻求一种确定无疑的解决之道或许并不切合实际。而恰恰是在这种充满不确定性的环境中，方能充分施展决策者的决策禀赋。在此背景下，前文提及的那些决策准则，作为辅助决策者进行判断和选择的工具，无疑具有十分重要的价值。

9.4 决策的人为因素

决策制定的过程颇为繁复，先前章节所阐述的决策步骤与方法均遵循逻辑顺序展开，带有显著的知识性特征。然而，在真实决策实践中，还存在诸多其他关键的人为因素不容忽视。例如，决策者的个人特质便是其中一组重要因素。同时，多数组织内的决策并非由单一个体独立完成。因此，我们可以将影响决策过程的人为因素合理划分为决策者个体特质因素与群体行为因素两大类。

9.4.1 个体因素

心理学的一个基本观点指出，人类的每一种可测量特性中均存在个体差异，决策过程亦不例外。这些差异在个体确定问题的方式、收集与分析相关数据的广度、制定备选方案的数量与多样性等方面均有体现。此外，个体差异还会决定最终选择方案的特点，并影响决策实施时的决断力与果断性。在众多影响决策过程的个人行为特征中，以下三个特征尤为关键：

1. 对问题的感知

将相同的客观信息呈现给不同经历的人，他们往往会从中感知到不同的问题，这是决策过程受影响的第一步。随后，个体可能会认为问题的某个方面比其他方面更重要，进而在评估备选方案时产生偏好。若在制定备选方案阶段过早地形成某方案优于其他方案的观念，其他方案可能无法得到充分发展。因此，个体对问题的感知会显著影响最终解决方案的质量。

2. 信息处理与资料分析能力

这包括个体处理与储存信息的能力、接受新信息的意愿、探索备选方案的积极性以及擅长分析或综合信息的能力等。这些个体行为特征对决策的最终选择产生深远影响。

3. 个体价值系统

个体价值观是指个体对周围事物是非、善恶及重要性的评价。它不仅在多个备选方案中作出最终选择时起到决定性作用，还在问题阐述阶段就发挥着关键作用。考察一个简单的决策过程：问题通常源于"为实现既定目标应采取何种行动?"的提问，而这一目标往往以个体在组织中的目标形式呈现。本质上，个体目标反映了个人认为何事最重要。个体对成就、成长或创新性追求，仅对持有这些价值观的人具有意义。组织的高层领导、部门主管等更有机会通过组织实现个人目标，而基层员工则较少有此类机会。因此，组织面临的问题及所作出的决策，均体现了领导者的个人价值观与目标。

9.4.2 群体因素

在组织架构中，决策的制定与执行往往非个人之力所能及，而是群体智慧的结晶。即便在特定情况下，决策责任被委托给某个个体，其执行过程也离不开团队的协作与支持，这凸显了团队合作的不可或缺性。群体参与决策，不仅影响着个人在决策过程中的角色与影响力，更带来了诸多优势与挑战，值得我们深入探讨。

1. 群体参与制定决策的优点

首先，群体决策汇聚了多元知识与经验。每位成员独特的专业背景与人生阅历，共同构成了团队丰富的知识库，为问题的精准识别与备选方案的全面构思提供了坚实基础。此外，这种知识互补性还有助于对决策方案进行更为严格的审视与评估。其次，群体参与增强了决策的执行力。当群体成员共同参与决策过程，他们对决策的理解与认同度显著提升，从而更愿意投身于决策的实施，提高了执行的效率与效果。

2. 群体参与制定决策应避免的问题

群体决策并非完美无缺。等级压力可能导致下级成员在决策中“随大流”，而非基于真实判断；多数人的意见往往压制了少数人的创新思路，限制了决策的多样性与深度；一致赞成的表象可能掩盖了对决策方案的深入剖析与比较；群体中还可能出现个人操控的现象，削弱团队的公正性与效率；成员间争论的焦点可能偏离决策本质，转而追求辩论的胜利；此外，群体决策往往耗时较长，可能影响决策的时效性。

3. 对群体参与制定决策的评价

群体决策具有两大特性：一是意见趋同现象，即极端意见倾向向中间立场靠拢；二是风险偏好提升，即群体可能更倾向选择风险较高的决策。这两大特性既可能促进决策的优化，也可能导致决策质量的下降。因此，如何平衡极端意见与中间立场，如何合理评估风险与收益，成为群体决策中的关键考量。

要充分发挥群体决策的潜力，群体领导者的作用至关重要。他们需具备营造开放、包容氛围的能力，鼓励每个成员贡献智慧；需帮助成员认清并协调个人与群体目标的潜在冲突；需引导决策讨论的深入进行，确保决策既高质量又符合组织目标。在实践中，群体领导者应如神经中枢般协调各方，激发团队潜能，共同为组织目标贡献力量。

本章小结

(1) 决策问题渗透于计划、组织、领导和控制等各项管理职能之中，依据组织的管理层次，由高至低可划分为战略决策、管理决策与业务决策。

(2) 决策问题的四个要素是决策者、决策目标、自然状态和决策方案。

(3) 管理的决策过程包括六个步骤，其中首要的任务是明确目标与问题，这一步骤关系到决策过程后续步骤的有效性和效率。

(4) 鉴于决策的实际后果往往在未来显现，决策者在作出选择时难以准确预见未来的自然状态，因此，决策方法被区分为确定型与非确定型两大类。非确定型决策方法进一步细分为三种：竞争型决策（依据竞争对手策略进行的决策）、风险型决策（能对未来自然状态出现概率进行一定估计的决策）和完全不确定型决策（无法预估未来自然状态出现可能性的决策）。

（5）在实际决策实践中，人为因素的影响不容忽视，这一问题需从个体与群体两个维度进行探讨。

决策思维导图

本章思考题

1. 什么是战略决策、管理决策和业务决策？如何理解管理层次与决策问题类型的关系？

2. 决策者是个人或是群体，各有什么优缺点？

3. 为什么说决策目标极为重要？

4. 什么是决策问题的自然状态？对决策过程有何影响？

5. 什么是决策方案？

6. 决策过程中，明确问题时最容易犯什么错误？如何避免或减少犯这类错误？

7. 为什么决策问题的备选方案不止一个？

8. 如何判断决策方案的好坏？

9. 什么是博弈现象的基本要素？它们的含义是什么？

10. 两人零和博弈与两人非零和博弈有何区别？

11. 什么是多人博弈？多人零和博弈与两人零和博弈有何不同？

12. 某决策矩阵如表 9-8 所示，试采用以期望值为标准的决策方法选出最优方案。表中括号内的数字为各市场销售状况出现的概率。

表 9-8 **期望值为标准的决策问题**

自然状态		市场销售状况/元			
		100 箱 (0.2)	110 箱 (0.4)	120 箱 (0.3)	130 箱 (0.1)
计划方案	100 箱	500	500	500	500
	110 箱	470	550	550	550
	120 箱	440	520	600	600
	130 箱	410	490	570	650

13. 为生产某种产品而设计了两个基本建设方案，一个是建大工厂，一个是建小工厂。大工厂需要投资 300 万元，小工厂需要投资 160 万元，二者的使用期都是 10 年。预测这 10 年内产品销路好的可能性是 0.7，销路差的可能性是 0.3，两个方案投产后的年度损益值如表 9-9 所示。试用决策树方法选出最优方案。

表 9-9 **期望值为标准的决策问题**

基本建设方案	建设方案投产后的年损益/万元	
	销路好（$P_1=0.7$）	销路差（$P_2=0.3$）
建设大工厂	100	-20
建设小工厂	40	10

14. 某商场销售一时令商品，每销出一件可得 10 元，如当月不能售出，每积压一件损失 4 元。预测每个月该商品的销售量及其概率如表 9-10 所示。如果该商场对该商品的最大进货量为 40 000 件，试分析并确定该商品的最佳进货量是多少件，才能使商场在该商品销售中盈利最大。

表 9-10 **确定最佳进货量的问题**

月销售量/件	10 000	20 000	30 000	40 000
销售概率/%	15	30	35	20

15. 某企业准备投产一种市场上从未出现过的新产品，由于缺乏资料只得依据表 9-11 给出的决策收益矩阵进行分析和决策。试分别采用拉普拉斯准则、“小中取大”准则、“大中取小”准则和“大中取大”准则进行判别。

表 9-11　　决策收益矩阵

生产方案	建设方案投产后的年损益/万元		
	较高	一般	较低
第一方案	70	30	50
第二方案	20	80	90
第三方案	50	20	40
第四方案	40	100	20

16. 如果乐观系数 $\alpha=0.7$，则依据折中准则对上题进行判别，结果将会如何呢？

17. 个人之间的差分是如何影响决策过程的呢？请举例展开讨论。

18. 阅读本章所有算例中的数字，如果发现这些数字与当今社会现状很不协调，这就对了。这些算例都是来自 20 年前的教材版本，数字不影响对理论与方法的学习和理解。但是，请思考一下，现实中如果发生的数字与算例相同，是否会影响你的决策呢？

本章拓展阅读　　**本篇案例研读**

本篇进一步阅读的参考文献

[1] 沈荣芳.运筹学[M].2 版.北京：机械工业出版社，2009.

[2] (挪威)Geir Lundestad.大国博弈[M].6 版.张云雷，译.北京：中国人民大学出版社，2015.

[3] 尤建新，邵鲁宁，卢超，等.企业管理概论[M].6 版.北京：高等教育出版社，2018.

[4] 尤建新，王莉，赵红丹，等.管理与组织行为学[M].2 版.北京：清华大学出版社，2023.

第三篇

组 织

10 组织理论

任何一种管理活动都不可避免地涉及“组织”这个词，并在“组织”“组织设计”和“组织结构”等问题方面进行决策。管理学上的组织具有如下三层含义：第一，指组织机构，即把组织看作机构或单位，作为组织工作对象的“组织”（Organization）。这一意义上的组织是资源的集合体，如政府、企业、事业单位等。第二，组织就是组织活动（Organizing），这一意义上的组织是一个动态性的规划过程，是作为管理活动的一项职能来理解的，是实现管理目标和执行管理其他职能必不可少的活动。如弗雷蒙特·厄尔·卡斯特（F. E. Kast）认为：“组织是结构性和整体性的活动，即在相互依赖的关系中人们共同工作或协作。”第三，把组织理解为静态的组织结构（Organizational Structure），强调从静态视角来看组织机构的内部构件，即一个单位的人、财、物、信息等资源按什么结构搭建而成的一个可见的实体。

本章主要从第二、第三层意义上理解组织，即主要探讨组织作为管理的职能之一，对组织发展（本章中以企业为主要研讨对象）的规划性作用以及其作为静态的组织结构，其科学合理的设计和形式对加强组织的有效领导，发挥各级组织和全体员工的积极性以提高管理效率、促进组织发展的重要意义。

10.1 组织概述

10.1.1 组织含义

在管理学领域，诸多学派均致力于提炼出组织这一概念的简明且精确界定。然而，现有的组织定义多聚焦于其某一特定维度的特征。在众多观点中，结构论、行为论与系统论三大学派所提出的定义获得了较为广泛的认可。

(1) 结构论的组织定义。结构论者主张，组织是为实现特定目标，通过分工协作及建立层级化的权责体系而形成的人群集合。此定义核心要素有三：一是组织具有明确的目标导向；二是内部存在精细的分工与合作机制；三是构建层次分明的权力与责任框架。

(2) 行为论的组织定义。行为论者则认为，组织是由两人或更多人基于共同意识协调行动所构成的动态系统。该理论着重强调人的主观能动性，以及个体在组织环境中发挥的主导作用和协调机制的重要性。

(3) 系统论的组织定义。系统论者视组织为一个由众多相互关联、协同工作的子系统构成的开放社会系统。在此框架下，任何子系统的变动都会波及整个系统及其他子系统，凸显了组织的系统性特征。

尽管管理学上所说的组织有多种定义，本书作者偏向于如下概念：组织是一个由某种共同特征，按照特定结构将人们联系起来的系统。这一定义共有三层含义：

首先，组织是由人构成的。组织首先是组织成员的集合体，对组织所进行的资源的调配管理既包括对物质资源的调控管理，同时更包括了对人力资源的管理。如果组织中没有人，则无法构成管理学意义上的组织。

其次，组织有明确的目标。组织的存在有明确的目标，并以其明确的目标形成了组织的共同特征。

最后，组织有着特定的结构。组织不是一个散乱无序的集合体，而是建立在一定结构之上系统有序的有机整体。

10.1.2 组织的重要性

统观当前世界的强势组织（包括政府或企业），无一不对组织进行了精心的设计和管理，特别是那些世界一流企业，在实现其驾驭市场的战略目标和巩固其竞争优势的过程中，组织的结构性支持是必不可少的关键要素。因此，对组织管理进行不断探索有着重要的意义：①整合所有的资源以达到目标和结果；②有效地生产商品和服务；③为创新提供条件；④运用现代制造技术；⑤适应并影响环境；⑥为所有者、顾客和员工创造价值；⑦适应多样化、伦理、职业形态以及员工的激励与协调等进一步挑战。

10.1.3 组织的功能和类型

1. 组织的功能

组织的核心使命在于支撑并实现其既定目标。以企业为实例，企业通过整合人力、财力、物力等多维度资源，并依托研发、设计、采购、生产、加工、外包、协同等一系列精心策划的运营活动，系统性地推进并达成特定目标。值得注意的是，组织作为一个高度系统化的有机体，其整体功能远非各部分功能的简单相加所能概括。借助一个简单的关系式来分析就是：

$$组织功能 = 构成组织的各部分功能 + \Delta（其他因素的影响） \quad (10-1)$$

也就是说，组织功能的展现不仅受限于其内部构成要素的独立功能，还深受多种外部及内部复杂因素交织的影响。其中，组织所处的环境就是一个至关重要的影响因素，它深刻地塑造着组织的功能表现。

此外，企业的功能范畴已远远超越了单纯满足顾客需求的层面。在当前社会背景下，企业还需积极应对人力资源的多元化挑战，以及社会转型所带来的种种不确定性，特别是在互联网技术的广泛渗透下，企业更应高度重视心理关怀、伦理道德、信誉建设、环境保护以及社会责任等多维度议题。另外，构建学习型组织，为员工打造一个促进全面发展、持续成长的良好环境，已成为企业不可或缺的功能之一。

2. 组织的类型

组织依据其结构特征，可被划分为机械式组织与有机式组织两大类型。机械式组织，亦常被称为官僚行政组织，是传统设计原则深度融合的产物。此类组织结构严谨复杂，遵循正规流程，且倾向采用集权式管理模式进行运作。相比之下，有机式组织，亦称适应性组织，与机械式组织形成了鲜明对比。它以高度的灵活性、强大的适应力以及简洁的组织结构著称，展现出低复杂性、低正规化以及分权化的显著特点。

另外，组织按照不同的标准可划分为不同的类型，例如，按照组织是否盈利为目的可以分为营利性组织和非营利性组织；按照组织的不同行业性质可以分为生产型组织和服务型组织；按照组织的所有制性质的不同可以分为公共组织和私人组织；按照组织正式与否可以分成正式组织和非正式组织；等等。随着互联网技术的迅猛发展，虚拟组织应运而生，并与实体组织相互融合，打破了传统组织划分的清晰界限。这一新兴的组织形态，使组织的分类与界定变得更加复杂多元，不再局限于非此即彼的二元框架。

10.2 组织理论发展

组织理论的建设基于一系列对组织核心要素的不同设想。这些设想随着时代的发展而演变，从以工作为中心，到以人为中心，再到以系统及环境为中心，分别奠定了古典组织理论、新古典组织理论和权变组织理论的基础。

10.2.1 古典组织理论

古典组织理论，亦被称为 X 理论，其核心在于以工作为中心，这一理念建立在关于工作特性及工作环境中人性假设的基础之上。该理论的杰出代表包括 H. Fayol 和 M. Weber。

1. H. Fayol 的组织理论

Fayol 明确区分了经营与管理的概念，强调管理是经营的一个子集。他的管理理论聚焦于管理的功能，并致力于构建一套核心的行政管理原则，以指导组织活动的理性化。与 F. W. Taylor 的“自下而上”管理策略形成鲜明对比，Fayol 几乎是首位提出“自上而下”理性化组织管理框架的理论家。他特别强调了协作与专门化的重要性，并提出了以下管理准则：

(1) 等级原则：主张采用金字塔式的等级组织结构，确保每个成员都置身于明确的控制关系之中；

(2) 指令单一原则：确保每个成员只从一位上司那里接受指令，以避免指令冲突；

(3) 控制范围原则：强调每个上司的有效监督范围应有限度，以确保管理的有效性；

(4) 特例原则：建议将常规事务交由下属处理，使上司能够专注于处理特殊或非常规情况。

2. M. Weber 的科层制理论

被誉为“组织理论之父”的 Weber，与 Taylor、Fayol 共同构成了西方古典管理理论的三大支柱。他提出的官僚组织模式（即行政组织理论）对后世产生了深远影响。

Weber 认为，只有传统和法理两种权威关系能为管理结构的长期稳定提供坚实基石。他视科层制为一种特殊的行政管理结构，其发展与法理权威模式紧密相连。科层制与传统行政形式相比，具有以下显著特征：

（1）管辖权明确划分：个人常规行为被纳入职务责任范围，劳动分工灵活多变，依据领导布置的任务而定；

（2）等级制原则：低级职员受高级职员控制监督，但高级职员的权威有限，低级职员享有申诉权；

（3）规则体系完善：建立稳定的规则体系指导和控制职员行为，规则记录在案，易于记忆和遵守；

（4）财产与权力归属清晰：生产和管理手段归公司所有，与投资者私人财产明确区分；

（5）技术资格为选拔标准：职员选拔基于技术资格，职位通过指派而非选举产生；

（6）职业保障健全：雇员制度为职员提供职业保障，确保全职、长期、稳定的工作，免受任意解雇之虞。

10.2.2 新古典组织理论

新古典组织理论，又称 Y 理论，其核心理念是强调以人为中心，这一观念根植于对人性行为本质的深刻假设。此理论的杰出代表包括 G. E. Mayo 和 C. Barnard。

1. G. E. Mayo 的非正式组织研究

Mayo 的 Hawthorne 实验，真正揭开了作为组织中人的行为研究之序幕。Hawthorne 实验的研究结果否定了传统管理理论对人的假设，发现了影响生产效率的最重要因素不是待遇和工作条件，而是工作中的人际关系。本书“2.3.1 G. E. Mayo 与 Hawthorne 实验”详述了此内容，这里不再赘述。

2. C. Barnard 的系统组织理论

Barnard 将社会学概念应用于分析经理人员的职能和工作过程，并把研究重点放在组织结构的逻辑分析上，提出了一套协作和组织的理论。Barnard 指出，协作行为是物质、生理、心理及社会因素的综合体现。协作系统由众多相互协作的个体组成，个人可根据自身动机选择是否参与。组织则通过影响与控制职能，有意识地协调并引导个人行为与动机。针对个人与组织目标的不一致，Barnard

提出了“有效性”与“能率”两大原则。当组织系统协作顺畅，成功实现目标时，即被视为“有效”，这是系统存续的基石。而“能率”则关乎系统成员个人目标的满足程度，是协作能率的综合反映。这一理论将正式组织要求与个人需求紧密结合，标志着管理思想的重大突破。本书“2.4.1 社会系统学派”详述了此内容，本章不再赘述。

10.2.3 权变组织理论

古典组织理论强调的是权威性，往往忽视了组织成员的心理需求，其外部控制手段明显，但也可能因此引发成员对控制的抵制，进而影响组织目标的实现。相对而言，新古典组织理论则更加注重参与性，它强调给予组织成员展现潜在能力的自由和机会，这不仅有利于组织目标的实现，还能满足成员的个人心理需求。然而，过分追求个人意愿和多元化，也可能导致组织整体的松散，甚至危及组织目标。

鉴于古典和新古典组织理论的局限性，人们开始探索新的组织理论，于是权变组织理论应运而生。权变组织理论以美国当代著名心理学和管理专家 F. E. Fiedler 为主要代表，其核心理念是将组织视为一个有机的系统。在这个系统中，各个子系统相互关联，共同影响着整个系统的能力。系统的输入和输出既可能来源于外部，也可能来源于内部子系统，因此，组织的结构和职能必须根据其所处的内外部环境因素进行灵活调整。

权变组织理论在考虑组织设计时，主要关注以下几个因素：

(1) 组织规模：随着组织规模的扩大，组织结构、组织控制和组织协调变得更正规和更复杂，从而使组织结构更为规范、组织关系更具有指导性。

(2) 组织战略：组织结构需与组织战略相匹配，当战略发生变化时，组织结构也应相应调整。

(3) 组织成员的个性：有效的组织结构应考虑成员的个性和愿望，以满足不同成员的需求。

(4) 组织目标与成员目标的一致性：当二者一致时，强调参与性更为合适；若存在分歧，则需依靠外部控制和正规结构来确保控制。

(5) 系统状态：组织状态不佳时，需强调正规结构和严格指导；状态稳定时，则可更多采用参与性模式。

(6) 决策层次：不同性质的决策应采取不同的处理方法。有些决策可以放在基层制定，并强调参与性；而有些决策必须在上层制定，有时还必须强调与下层的脱离性，摆脱下层的影响，加强对决策层的指导性。

(7) 组织环境的稳定性：稳定的外部环境有助于组织保持稳定的结构和工作方法；环境不稳定时，则需灵活调整以适应变化。

本章小结

(1) 管理学上的组织具有如下三层含义：组织机构、组织活动和组织结构。

(2) 以工作为中心的设想构成了古典组织理论的基础，其强调的是权威性。权威性突出了权力的集中性，相应的组织结构要求层次分明，并通过严格的命令链使权力能逐层影响到组织的各个角落。

(3) 以人为中心的设想构成了新古典组织理论，其强调的是参与性。参与性则突出了权力的接受性，相应的组织结构要求上下双向沟通，通过下级参与决策而使命令能得到全面执行，并且把个人的发展与组织目标的实现紧密联系起来。

(4) 以系统和环境为中心的设想构成了权变组织理论的基础，它强调的是适变性。适变性是组织处在内外多变的环境之下对组织结构的弹性要求，权力的集中与否取决于组织的环境和其系统的目标及特点，具体情况具体分析是实现组织目标的基础。

组织理论思维导图

本章思考题

1. 组织有哪三层含义？
2. 组织的类型有哪些？
3. 古典组织理论是建立在哪些假设基础上的？这些假设对组织有何影响？
4. 古典组织理论有哪些要点？

5. 新古典组织理论是以什么为中心？建立在哪些假设基础之上？这些假设又是如何对组织产生影响的？

6. 新古典组织理论有哪些要点？

7. 古典组织理论和新古典组织理论有哪些局限性？

8. 权变组织理论的核心是什么？考虑了哪些影响因素？

9. 查阅《中华人民共和国公司法》的相关资料，结合本章学习内容，选取一家公司，对其章程内容进行评述。

本章拓展阅读

11 组织结构与组织关系

古典组织理论、新古典组织理论和权变组织理论各自强调组织的不同侧重方面，而组织结构作为彰显其各自核心理念的关键因素，对组织目标达成程度具有决定性影响。此外，权力认知亦是组织关系探讨中不可或缺的一环。

11.1 组织结构

对于一个组织来说，其战略导向直接塑造了相应的组织结构，二者之间存在着紧密的相辅相成关系。一旦这种匹配性出现偏差，就必然预示着潜在的重大问题。

从经典管理理论的视角出发，组织结构的议题可从以下三个核心方面进行深入探讨：首先，面对组织目标实现过程中的复杂性和艰巨性，任务的有效分解成为关键，这种将整体任务细分为若干部分，并由不同团队或部门协同完成的管理实践，被称为"部门化"；其次，为了确保部门间的高效协作与管理的便捷性，需要审慎考虑部门的数量设置以及各部门的人员配置，这便是"管理幅度"概念的由来；最后，还需探讨并借鉴那些在实践中被广泛验证为有效的典型组织结构形式，可为组织设计提供有益的参考。

11.1.1 部门化

经济学原理揭示，专业分工是提升效率的关键。无论是政府机构还是企业组织，内部的专业分工都是不可或缺的。这种分工促成了专家团队的形成，而专家团队的协作则需要有效的协调机制。将专家们整合到一个部门中，在统一的管理者指导下协同工作，正是实现这种协调的有效途径。这一过程即称为"部门化"。

简而言之，部门化就是将组织中的工作与人员编排成易于管理的单位，它是构建组织结构的首要步骤和核心路径，其核心目的在于通过精细的分工来优化组织效能。

在组织部门划分上，存在多种选择，需根据组织战略、目标及自身特性选定最合适的部门化方法。一般而言，组织部门化的基础可归纳为以下几个方面。

1. 人数

当组织规模庞大，为便于管理，常根据人数将人员划分为若干部分，这些部分工作内容往往相似。然而，仅以人数为标准的部门化方法未充分体现分工优势，其应用具有局限性。例如，军队中的连、排、班划分及学校中的同年级分班划分即属此类。实际操作中，还需考虑技术兵种、专业学科等因素，这些因素很难单纯以人数界定。

2. 职能

职能是分工的基石，亦是部门化的重要依据。每个职能部门承担特定职责与任务，拥有明确义务与责任。以职能为基础的部门化能提升各部门专业化水平，节约人力资源、提高工作效率并减少培训成本。其简单易行、效果显著，在实践中得到广泛应用。

3. 产品

根据组织产品或服务特征进行部门化是另一种常见方法。在经营多种产品的大型企业中，产品部门化尤为重要。此方法以企业所生产产品为基础，将与某一产品相关的所有活动整合至同一产品部门内，并在该部门内进一步细分职能部门以支持产品生产。产品部门化能充分发挥专业化设备与个人技术潜力，使每个产品部门成为独立利润中心，便于评估各部门业绩。同时，有助于部门内部职能协调，并灵活适应企业扩展与业务多元化需求。然而，也需更多具备全面管理能力的人才支撑，并可能带来总部职能部门服务利用不足的问题。

4. 顾客

为满足不同顾客群体特殊需求，组织可根据顾客特征进行部门化，如设立精品部、中老年特色服装部、儿童用品部等。此部门化方式假设每个部门所服务顾客群体有共同问题与需求，需专家团队提供解决方案。随着市场细分与顾客需求多样化，顾客部门化方式愈受重视。

5. 地区

对于地理上分散的企业，按地区划分部门是一种普遍且有效的方法。此方法将某个地区或区域内业务工作整合，由一位经理负责统筹管理。在规模庞大公司或跨国公司中，地区部门化能确保各区域业务独立运营与灵活应对市场变化。同时，总部可设立中央服务部门为各区域提供专业支持。地区部门化优势在于责任明确、放权到位、便于协调与服务顾客。然而，也面临人才短缺、总部控制力减弱及经济服务分散等挑战。

6. 过程

根据产品形成过程各阶段进行部门化是另一种方法。通过此方法，可实现各阶段专业化管理，提高整体工作效率。

部门化的过程中有三点必须注意：第一，部门化工作以什么标准划分部门，其本身不是目的，它是为便于达到组织目标的一种手段；第二，一旦确定部门划分标准，应保持相对稳定，避免频繁变动对工作效率与员工心态造成不利影响；第三，部门化基础并非单一不变，可根据实际需要灵活组合不同部门化方法，如先按产品部门化后再按职能部门化等。

11.1.2 管理幅度

确定部门化基础后，随即面临另一挑战：个体能有效管理的部门或直接下属的数量，这被称为“管理幅度”。管理幅度的宽窄直接关联到组织结构中的另一个关键因素——组织层级。具体而言，管理幅度拓宽，组织层级将缩减；反之，管理幅度收窄，组织层级则会增加。因此，合理设定管理幅度对组织结构具有深远影响，它在很大程度上决定了组织层级的数量。

1. 管理幅度和组织层次的限制

从充分利用人力资源的角度来讲，管理幅度越大越好。但是，管理幅度的增大带来了另一个问题——人际关系复杂化，难以实行有效的管理。比如上级 A 只管辖一个下级 B，只存在一个关系 AB。如果上级 A 同时管辖两个下级 B 和 C，则构成了 6 种结构关系：AB 关系、AC 关系、BC 关系、A（C）B 关系、A（B）C 关系和 B（A）C 关系。

法国管理咨询专家 V. A. 格雷库纳斯（V. A. Graicunas）在 1933 年的研究报告 *Relationship in Organization* 中推出了一个有趣的公式：

$$N = n(2^{n-1} + n - 1) \tag{11-1}$$

式中，n 表示直接管辖的人数；N 为人员之间的结构关系数。于是可以推断有

3 个直接下级会产生 18 组关系，有 4 个直接下级会产生 44 组关系，等等。由此可见，由于管理幅度的增大，人际关系的复杂化必须引起足够的重视。

然而，管理幅度的缩减必然引发组织层级的增多，这并非组织所愿。首先，组织层级增多意味着需要更多的管理人员，从而带来额外的协调工作，增加了管理成本；其次，组织层级增多会阻碍信息的上下流通，影响沟通速度并可能导致信息“失真”或“中断”；最后，组织层级增多会使计划和控制流程变得复杂，降低其效率和效果。因此，必须确定一个恰当的组织层级管理幅度，以确保信息能够被顺畅沟通和有效控制。

2. 影响管理幅度的因素

管理幅度的调整受以下关键要素制约：

(1) 领导力水平。此为决定管理幅度的首要因素。领导若具备出色的工作能力、组织能力、理解力、表达力，并能与下属和谐共处，赢得其信任、尊重与支持，且能迅速决策，减少冗长讨论，则其管理幅度可适当拓宽。反之，则需缩小管理幅度，以避免超负荷。

(2) 下属能力素质。当下属均训练有素，具备独立工作能力和丰富经验时，领导负担减轻，管理幅度得以扩大。因此，领导应严格选拔下属，并加强培训与发展。

(3) 授权清晰度。管理负担有时源于组织结构不合理和权责不明。任务模糊导致频繁请示，权限不清要求事事审批，授权与下属能力不匹配则领导需亲自介入。这些问题迫使管理幅度缩减，否则将难以承受。

(4) 计划完备性。计划周密，执行顺畅，减少协调与控制工作，管理幅度可相应增大。反之，若需频繁应变、临时决策，增加领导负担，则管理幅度需缩小。

(5) 政策稳定性。政策稳定减少指导需求，管理幅度可扩大。政策多变则下属需频繁指导，管理幅度需相应调整。

(6) 信息流通性。上下级信息沟通迅速灵敏，管理幅度可增大。信息不畅则管理幅度需缩小。

(7) 任务复杂性。管理问题越复杂，管理幅度越小。高层领导面临的决策和指导更为复杂，其管理幅度相对较小。

(8) 组织凝聚力。组织内聚力强，配合默契，效率高，管理幅度大。内聚力弱，协调困难，管理幅度需缩减。

11.1.3 一些基本的组织结构形式

1. 直线式组织结构

这是最简单也是最早期的一种组织结构形式，其特点是每个层次上下级关系明确，上级命令层层下达，下级汇报层层上报，权责分明，便于监督。图 11-1所示为某工厂直线式组织结构，工厂的最高管理者直接领导各部门主管，各部门主管直接领导各小组组长，各小组组长直接领导小组的成员。

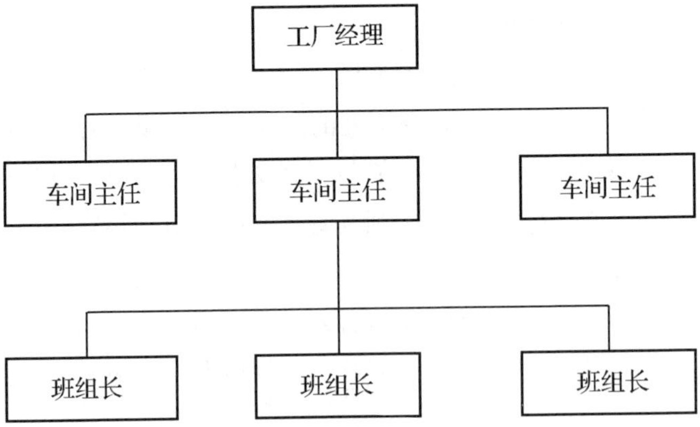

图 11-1 直线式组织结构简图

2. 直线参谋式组织结构

这种组织结构形式较直线式组织结构先进，所以被广泛采用。直线参谋式组织结构中，每个层次除上下级关系人员之外，还有一些参谋职能部门及参谋人员，他们的任务是协助直线人员，为直线人员当好参谋，并代表上级进行监督。图 11-2 展示了某工厂的直线参谋式组织结构。

3. 事业部式组织结构

当一个组织非常庞大时，直线式或直线参谋式组织结构都难以相适应，则按专业产品或项目建立事业部是一个较好的办法。其特点是每一个事业部有足够数量的服务对象，都能独立开展活动，有独立的人事、财务、运营权（如企业组织表现为独立的销售、生产权等）；每一个事业部各有独立的服务对象（如企业组织表现为独立的市场），以免自相冲突（竞争）。图 11-3 为某电气公司的事业部式组织结构。

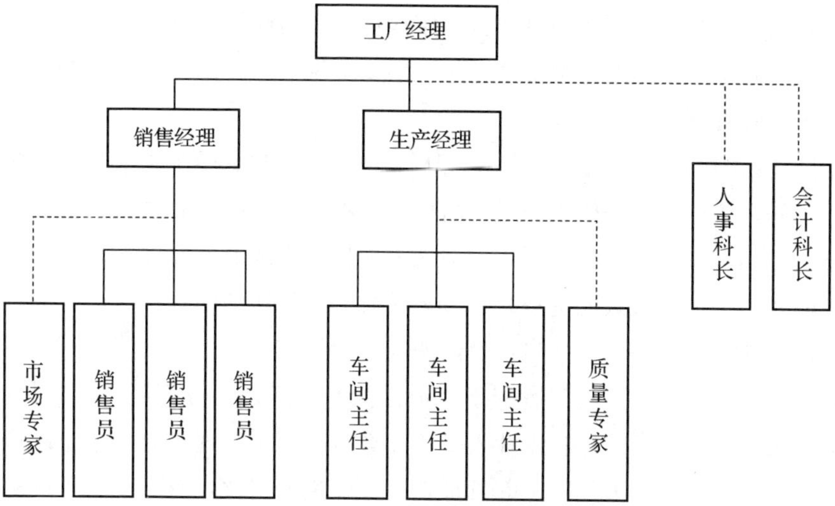

图 11-2 直线参谋式组织结构简图

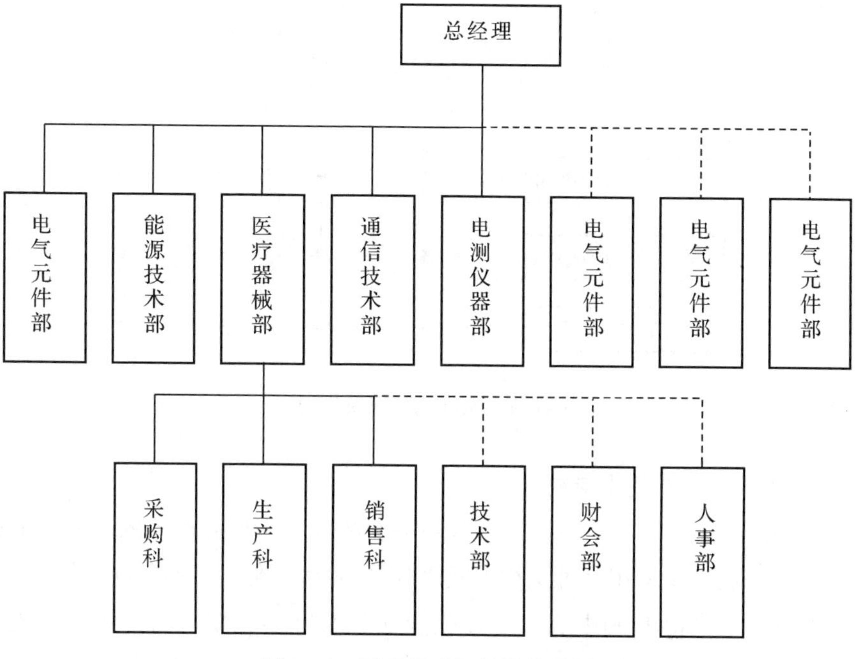

图 11-3 事业部式组织结构简图

4. 矩阵式组织结构

这是美国一些大公司在 20 世纪 60 年代执行宇宙航行计划时产生的一种组织结构形式，后来被美国的其他一些企业、事业单位及政府部门采用，并发展为各种形式的矩阵管理。

矩阵式组织结构如图 11-4 所示。其特点是除组织中存在原组织结构中的职能部门之外，还存在着一些为完成专门任务的项目性小组，其成员由相关的职能部门派人参加，并指定一人负责，可称之为项目经理或业务经理。

矩阵式组织结构形式的优点是：①既明确了专项任务的承担者，又能得到各职能部门的配合和支持；②来自各部门的人员组织在一起，扩大了知识面和经验领域，专业互补，集思广益，有利于专项任务的完成；③各部门工作容易协调，工作效率可望大大提高；④各专业人员相互学习，上下沟通，有利于组织成员业务能力和整体配合水平的提高；⑤管理技术可以更专门化，有利于管理的有效程度和效率的提高。

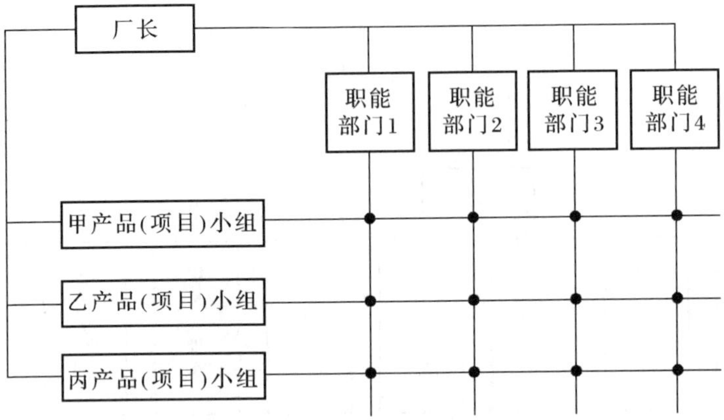

图 11-4　矩阵式组织结构简图

5. 立体的多维式组织结构

这是在矩阵式组织结构基础上，为适应新的发展需要而产生的一种新的组织结构形式。企业组织采用这种结构形式时往往划为三维（图 11-5）：①按产品划分的事业部，是产品利润中心；②按职能划分的参谋职能部门，是专业成本中心；③按地区划分的管理部门，是地区利润中心。而对各类产品的产销进行领导的是由上述三方面人员共同组成的产品事业委员会。

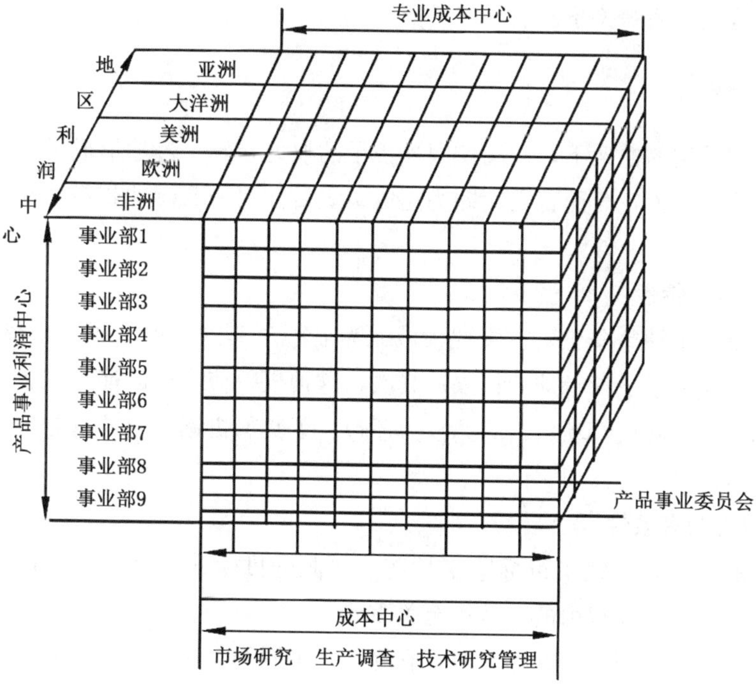

图 11-5 三维组织结构简图

6. 新型组织结构

除了上述传统的组织结构形式，管理者正积极探索一系列新型的组织结构模式，如团队导向型结构（Team-based Structure）、网络型结构（Network Structure）、无边界组织（Boundaryless Organization）、项目型结构（Project Structure）以及虚拟组织（Virtual Organization）等。这些新型结构基于与传统截然不同的思考维度，且变化多端、复杂多样，故本节不再详细阐述。

随着互联网的蓬勃发展，组织边界日益模糊，从“跨界合作”迈向“无界融合”，这一趋势不断推动组织结构的深刻变革，特别是平台经济模式的兴起，在企业与消费者互动过程中，角色定位发生转变，实现了共生共赢的新发展态势。这一变化也催生了组织结构与组织设计领域的新研究方向。

11.2 组织关系

在一个组织内，每个职位均承载着特定的职责，并相应地被赋予一定的权力，由此构成了组织关系。

11.2.1 权力

在组织结构的框架下，各岗位因被授予的权力差异，自然形成了上下级之间的组织关系。权力，简而言之，即为达成组织目标而采取行动或指导他人行动的权限。

1. 权力的特性

权力是一个抽象概念，在管理领域尤为显著。其内涵揭示了三个核心特性：首先，权力代表了一种特殊的权限；其次，这种权限使个体既能自主行动，也能通过指挥他人来间接行动；最后，权力还包含了奖惩机制，以此引导他人按照组织期望行事。

2. 权力的有效性

权力的行使需与组织目标紧密相连，并促进目标的实现，方能称为有效管理。因此，深入探究权力的有效性至关重要。

首先，要认识到权力并非绝对，它受到多重制约。一方面，上级权力或法律政策对下级权力构成限制；另一方面，要受到同级其他权力和下级权力范围的约束，不允许随意地去干涉他人岗位权限范围内的事务。因此，任何权力都会有一个相对的边际范围存在，都有其局限性和相对性，其有效性仅在特定范围内显现。

其次，在权力范围内，必须确保权力得到充分利用。犹豫不决会导致权力失效，进而影响组织目标。同时，应避免权力交叉、重叠和冲突，这是实现组织目标的必要条件。

3. 影响权力的有效性的因素

此外，权力的有效性体现还受以下因素影响：

（1）权力持有者的权威性：权威性不足，命令难以得到响应。

（2）下级的性格、习惯和训练：这些因素决定了下级对命令的响应速度和程度。

（3）下级的知识和能力：理解命令内容和完成任务的能力是命令有效的前提。

（4）下级的观点和利益：命令与下级观点和利益相符时，执行效果更佳。

（5）命令执行的后果：奖惩机制直接影响下级对命令的接受态度。

管理人员在行使权力时，应充分考虑上述因素，确保命令得到积极响应和有效执行。否则，不仅命令失效，管理者的威信也会受损。管理者应摒弃“拥有权力即能发号施令”的天真想法，认识到下级可能公开反抗或阳奉阴违。后者更为危险，因故意曲解命令而导致正确决策失败。因此，管理者在行使权力时必须谨慎，高度重视权力有效性的发挥。

11.2.2 权力委任

权力委任是组织运作的关键环节，涉及上级将权力授予下级的过程。针对这一主题，可从权力委任的流程、条件及其心理影响三个维度进行探讨。

1. 权力委任的流程

权力委任包含四个核心步骤：

(1) 职责分配：作为权力委任的起点，职责是指为完成特定任务所需承担的全部义务。职责的界定基于组织目标与结构，旨在确保各岗位能履行其职责以实现组织目标。因此，职责分配先于权力授予，即“责任先行，权力随后”。

(2) 权力授予：此环节涉及上级（委权人）将权力委托给下级（受权人），使受权人能代表委权人采取行动。委权人保留对授予权力的最终控制权，权力授予并非权力转让，而是基于履行职责的需要。

(3) 责任明确：下级接受职责并获得必要权力后，需承担完成工作与正确行使权力的责任。这包括两方面：一是对工作任务的尽责，二是对委权人的责任承担。

(4) 权力回收：因下级能力不足、任务完成或组织目标与职责变化等原因，委权人可能会收回已授予的权力或重新委任。这是权力委任的动态特征，与权力放弃有本质区别。

权力委任遵循“责任为基础，权力为工具”的原则，责任变化引领权力调整，形成循环往复的权力委任过程。

2. 权力委任的条件

为确保权力委任的有效性，需关注以下条件：

(1) 目标清晰：权力委任旨在实现组织目标，因此委任前需明确目标，以期望成果为委任导向。

(2) 权责对等：权力与责任应相匹配，避免有责无权导致的无法履责，或有权无责引发的权力滥用。

(3) 责任绝对：下级对委权人负责，委权人对组织或上级负责，确保责任不可推卸。

(4) 命令统一：避免多头领导、交叉指挥与越级指挥，确保组织成员只接受一个上级的命令。

(5) 下级选择：选拔具备知识、技能与责任心的下级，坚持“因事设人”。

(6) 控制机制：委权人需实施控制，确保下级正确履行职责与行使权力，必要时采取纠正措施或收回权力。

3. 权力委任中的心理影响

权力委任是否有效，还受到委权人自身心理因素影响，突出表现在以下几个方面：

(1) 职业偏好：一个人善于从事某项职业，往往与其个人的某些个性特征有关，而且通过有关专门的训练还会铸成或强化他的某些个性特征。比如，受过会计学或医学长期训练的人，其职业偏好往往使他养成了事无巨细亲自过问的习惯。由他们来委任的权力，他们出于职业习惯往往会感到有些不太放心，仍要加以干涉，以致很难真正地实现权力委任。

(2) 对问题主次的衡量：一些小事往往由于与切身利益攸关会有较大的关注，而有些大事虽然后果很严重，但往往由于没有切肤之痛而被人忽视。这种主次不分，捡了芝麻丢了西瓜的心理特征，对职责分派和权力委任都会带来偏差。

(3) 对失败的畏惧心理：对失败的畏惧感，会导致权力委任困难重重。试想，事事都由自己来做尚难保证不出差错，如果委权他人，则后果难以想象。如果这种想法根深蒂固，那么权力委任将很难真正实行。

(4) 对他人动机的不信任：这种不信任会把下级“有职有权”的正当要求误认为是“要职要权”的一种威胁，甚至害怕下级的成功会使自己的权力受到威胁，于是难以委权给一些有才能的人或只委权给那些不会有任何威胁的人。

以上这些心理影响的结果是一样的：拒绝真正委权。于是，组织就会呈现：下级失去了表现其才干、增长其才能的机会，抑制了其个人的发展；下级感到难以有所作为，打击了其创造性和积极性，没有新的思想；下级感到才华未能施展，人心思走，人才流失。这些问题的存在，最终会影响组织的健康发展。

此外，在权力委任中，还要考虑到受权人的心理个性影响。比如，有的下级事事请示，既省心又可少负责任；有的下级事事按上级意图办，上传下达，成为传声筒；有的下级缺乏足够的自信心，害怕承担较多的职责和职权；有的下级还将自己职权范围内的事又推回给上级，使委权者反而疲于奔命，穷于应付，管了他不该管的事，被下级牵着鼻子走，从而使委权人的权力委任徒有虚名。

11.2.3 集权与分权

权力的委任与组织的构建及运作息息相关，它不仅是组织关系确立的基石，还是分权机制的核心体现。分权，即上级将决策权赋予下级组织机构和部门负责人，使他们能够自主调配资源、解决问题，并履行其工作职责。与此相对，集权则是将决策权集中于组织领导层，下级需遵循上级的决策、法令和指示行动。

1. 集权与分权的程度

组织目标的统一性要求行动的一致性，因此集权有其必要性。然而，组织结构的层次性和职能分工决定了分权的不可或缺。过度的集权或分权都会阻碍组织的正常运作，因此二者需并存且适度。适度的集权与分权没有固定模式，需根据组织实际情况灵活调整。若下级应得的权力被过度集中，便是上级的“越权”；反之，若上级应掌握的权力过于分散，则是上级的“失职”。

2. 影响集权和分权的主要因素

集权与分权的程度受主客观双重因素影响。在主观因素上，组织最高领导的个人特质，如性格、爱好、能力及价值观，均会影响职权的分配。信任下属的领导倾向分权，以激发下级积极性和减轻自身负担；而持怀疑态度的领导则可能事必躬亲，导致下级职权形同虚设。客观因素的影响力往往更为显著，具体包括如下几个方面：

（1）组织的规模：随着组织规模的扩大，分权成为提高效率的必然选择。大规模组织的领导需将部分职权委托给下级，以发挥团队效能。

（2）决策的性质：高风险或政策性决策倾向集权，而低风险、常规性或需快速响应的决策则适合分权，以便下级灵活应对。

（3）投资的结构：独资组织可能倾向集权，合资组织则可能倾向分权。但为组织整体利益服务，应寻求独资组织的适度分权与合资组织的必要集权。

（4）下级的素质：下级能力不足或缺乏培养可能导致集权化。领导应重视下级培养，确保分权时有合适人选。

（5）服务的要求。服务的种类越多，则分权的必要性越大。因为，不同的服务内容可能对技术、资源、管理方式等的要求也不同，实行分权，可以使组织结构更有利于组织的管理。另外，服务对象的分布也会影响分权或集权的程度。分布得广阔，则分权有利于区域性管理和提高服务质量。

(6) 信息的对称。随着互联网、信息化以及控制理论和技术的进步，信息的透明提升了信息对称程度，加强了对分权后的职权能否正确运用的有效控制，推进了组织的职权分散。

一般来讲，组织在决策时，应综合考虑集权与分权的平衡。重大决策如目标、战略、政策等宜集权；而具体执行工作，特别是专业化程度高的任务，则应尽量分权给下级，以确保组织的高效运作和持续发展。

11.2.4 直线权力和参谋权力

在组织架构中，除上下级之间的权力层级外，还存在另一对至关重要的权力关系——直线权力与参谋权力。

1. 直线权力

直线权力蕴含两层核心意义：

(1) 指挥权威：它赋予上级对下级进行工作指导与命令的权力，实质上构建了一种命令与服从的关系。凡是对特定工作领域负有直接责任的人员，均须被赋予直线权力。

(2) 目标导向：直线权力直接关联并贡献于组织目标的实现，承担着直接责任。例如，企业中直接参与资源分配和生产运营的职权，即属于此类。

2. 参谋权力

参谋权力并不具备直接发布命令的职能，其角色更多在于为直线人员或其他参谋提供建议，具有顾问性、服务性、咨询性和建设性。参谋权力的核心价值在于辅助直线权力更有效地达成组织目标，具体表现为：

(1) 咨询：为直线人员提供专业意见、解答疑惑、提出建议，助力其工作改进。

(2) 服务：通过分担直线人员的工作负担，减轻其压力，这是设立参谋职位的重要考量。

(3) 检查：代表上级对直线人员的工作进行检查，并对其成效进行评价。

3. 直线权力与参谋权力的关系

通常而言，一个组织内部需同时设立直线权力和参谋权力。那么，这二者之间究竟如何互动呢？直线权力体现为命令与指挥，而参谋权力则侧重于咨询与建议。参谋的建议需经直线人员采纳并通过命令形式传达，方能发挥实效。因此，直线权力与参谋权力之间形成了“参谋建言，直线决策”的协作模式。

为协调好这二者的关系，需关注以下几点：

(1) 明确职责：清晰界定直线权力与参谋权力的职责边界；

(2) 倾听建议：直线人员应主动倾听参谋人员的意见，确保决策的全面性；

(3) 信息共享：及时向参谋人员通报相关情况，充分发挥其辅助作用；

(4) 提升素质：提高参谋人员的专业素养和工作能力，确保建议的质量；

(5) 营造合作氛围：创造直线与参谋相互支持、共同进步的良好工作环境。

必须认识到，组织目标的实现是直线权力与参谋权力共同存在的基石。参谋权力的使命是协助直线权力达成目标，而直线权力则应借助参谋的智慧与力量，为组织目标的实现贡献力量。组织的最高领导者应致力于维护直线与参谋之间的和谐与协作，二者对于组织的成功均不可或缺。

11.2.5 数字化背景下组织权力转型

进入21世纪以来，互联网技术的迅猛发展对组织结构的演变产生了深远影响。在这一背景下，组织内部的关系网络，包括上下级的权力关系以及直线权力与参谋权力的配置，都经历了深刻的重塑。

知识和能力已成为组织中的核心竞争力，它们不仅重塑了话语权，还深刻改变了传统的上下级和直线参谋关系。随着信息流通的加速和知识的普及，组织扁平化不再是一种理想化的愿景，而逐渐成为现实。传统的层级结构正在被打破，资历与等级、等级与权力的绑定关系日益松动。组织中的管理者角色也在悄然转变，他们不再仅仅是权力的象征，而是越来越多地承担起为组织成员营造积极工作环境和促进个人成长的责任。

尤为值得一提的是，人工智能技术的兴起进一步挑战了传统的管理权威。AI通过自动化和智能化手段，承担了许多原本属于管理者的决策和执行任务，从而在一定程度上削弱了管理者的权力。这一变化促使组织必须更加灵活多变，以适应快速变化的市场环境和技术革新。

因此，在新的组织结构下，权力关系呈现出更加流动和多元的特点。固定的权力架构被打破，适应变化、灵活调整成为组织常态。管理者需要不断提升自身的知识水平和能力素质，以更好地应对这一变革，同时，也要学会在更加平等和开放的组织环境中，与成员共同创造价值，推动组织的持续发展。

本章小结

(1) 组织中由于分工和合作产生了部门化。于是，组织结构的建立，其实质就是部门化的展开过程。部门化依据的基础是：人数、职能、产品、顾客、地区、过程等。

(2) 部门化过程中还要解决的问题是确定管理幅度和组织层次，这是一对矛盾，相互制约；因此，要分析影响管理幅度的各种因素，以求组织层次和管理幅度能最佳地适合组织目标的实现。

(3) 组织结构的形式常见直线式、直线参谋式、事业部式、矩阵式和立体多维式，具体要视组织性质、规模、布局、管理人员素质等因素而定。

(4) 权力的委任构成了组织关系，权力的有效性直接影响到组织目标的实现。所以，必须对影响权力的有效性因素进行研究，使权力能真正体现，并有助于组织目标的实现。

(5) 权力委任的前提是职责，必须遵守权责相当的原则。另外，还要充分考虑权力委任中的心理影响，以使委权过程能真正把权委任出去。委权是否适度，取决于能否把握集权与分权的弹性。要注意处理好直线权力与参谋权力之间的关系。

(6) 数字化改变了组织成长的轨迹，组织结构“云”化，不仅意味着资源的边界被打破，权力关系也不再固化。

组织结构与组织关系思维导图

本章思考题

1. 什么是部门化？其根本目的是什么？
2. 部门化依据的基础有哪些？

3. 管理幅度与组织层次之间如何相互限制？

4. 影响管理幅度的因素有哪些？

5. 直线式组织结构与直线参谋式组织结构有何不同？如何说明后者优于前者？

6. 事业部式组织结构有何特点？

7. 举一个矩阵式组织结构的典型企业实例来说明其优点。

8. 什么是权力？如何认识权力的有效性？

9. 什么是权力的委任？权力委任过程中要注意哪些问题？

10. 什么是集权？什么是分权？影响集权和分权有哪些主要因素？

11. 如何处理好直线权力与参谋权力的关系？大学的校长助理岗位职权属于哪一类权力？

12. 请继续进行文献挖掘，结合本章学习内容对董事会、经营管理层、监事会的相关岗位进行评述。

13. 请分别选择一家上市公司和大学，解析公司章程和大学章程，结合本章学习的内容，对这两部章程所陈述的组织结构进行比较。

14. 数字化背景下组织结构和组织关系有什么变化？

本章拓展阅读

12　人力资源管理

人力资源是组织发展中至关重要的资源之一，然而，由于多种因素，其效益在现代组织中往往发挥得不尽如人意。为提升组织绩效，尤其是对企业来说，深入探讨人力资源的管理问题并致力于提高人力资源的效能显得尤为重要。因此，科学规划与管理人力资源长久以来一直是工商企业界积极寻求突破的关键课题之一。

12.1　人力资源概述

12.1.1　人力资源概念

自 20 世纪 70 年代初“人力资源”作为管理术语诞生以来，随着理解的深入，其内涵已大为丰富。从社会学维度审视，人力资源是指在特定时空下，人口总体所蕴含的劳动力总和，它侧重于数量层面，涵盖“劳动力”“劳动资源”等以人体力为核心的概念，即人类当前及潜在的生产或服务活力、技能与知识的集合。从企业管理角度出发，人力资源则是指企业内部与外部相关人员的资源总和，包括各级管理者、员工、各类合作伙伴乃至顾客，他们均能为企业潜在的合作、服务及预期经营活动贡献资源力量。作为一种资源，人力资源的价值在于有效利用，因此需全面、准确地把握其特性，通过合理配置、管理和开发，最大化地发挥其资源价值。正如 P. F. Drucker 所言：“假使我们把工人看作一种资源，撇开这种资源是人这一点而把它看作是与其他一切资源相同的资源，我们就必须要像利用铜或水力这些资源那样找出如何最好地利用这种资源的方式方法。”

12.1.2 人力资源特征

与其他物力资源相比，由于人兼具自然属性和社会属性的综合特征，人力资源作为经济资源展现出其独特性，主要体现在以下几个方面：

（1）主导性：人类社会的生产活动需人力资源与物力资源相结合，但人是活跃的，物则是静态的。对物力资源的开发与利用，依赖于人的主观能动性去发现、认知、设计、运用乃至创新。正如马克思所断言，“人在生产力诸要素中占据主导地位”，同样地，在企业的经营管理中，人力资源相较于其他物力资源也处于主导地位。

（2）社会性：人力劳动以团队协作的形式进行，人本身即具有社会性。作为企业经营的资源构成之一，人力资源的个体创造力始终受到社会环境、文化氛围等因素的影响与制约。

（3）主动性：人不仅能适应环境，更关键的是能够改造环境、创造环境，尤其是组织内部的微观环境，这体现了人的主动性。在社会化生产过程中，多数资源只是被动、消极地参与，唯有人力资源能够充分发挥主观能动性，积极调整其他资源配置，以达成既定目标。

（4）自控性：人力资源的利用程度由人自身掌控，积极性的高低直接影响着人的作用与发挥程度。事实证明，在心怀不满的状态下，人的潜力难以得到充分挖掘与释放。

（5）成长性：一般物力资源的价值具有客观限定性，而人的创造力则可通过教育培训及实践经验的积累不断成长，人的潜力拥有广阔的发展空间。

正是由于人力资源的这些特性，在组织的管理活动中，对人的管理尤为复杂，尤其在互联网迅猛发展的当下，人力资源的复杂性更是引发了诸多思考。因此，对任何组织而言，对人力资源进行科学规划与管理显得尤为重要。

12.1.3 人力资源管理的含义与发展趋势

1. 人力资源管理的含义

人力资源管理（Human Resource Management）一词，首先起源于英国的劳动力管理（Labor Management），第二次世界大战后美国开始使用人事管理（Personnel Management）。而后的专家学者有多种类似的名称，如工业关系（Industrial Relations）、劳资关系（Labor Relations）等，直到 20 世纪 80 年代，人力资源及人力资源管理的概念才开始被人们广泛地接受。

有关人力资源管理的定义，中外学者众说纷纭，如兰德尔·斯科特·舒勒（R. S. Schuler）的说法：人事与人力资源管理在于透过各种管理之功能，促使人力资源做有效的运用，以达成组织的目标。又如 R. 韦恩·蒙迪（R. W. Mondy）所言：人力资源管理是负责组织人员的招聘、选拔、训练以及报偿等功能的活动，以达成个人与组织的目标。本书比较倾向的人力资源管理定义是实现如下功能的活动、职能、责任和过程：①不断地获得人力资源，并把他们整合到组织中，与组织融为一体；②保持和激励人力资源对组织的忠诚与积极性；③激发和帮助人力资源完成工作绩效；④尽可能完全开发出人力资源的潜能，以支持组织高水平地实现战略计划，创新组织发展。

一般而言，人力资源管理有如下五大特点：①人与事的密切结合，事得其人，人尽其才；②人与人协调合作、融洽共事、分享知识，在团队中共同努力达成目标；③每个人都能积极主动、专注工作，发挥潜力、提升绩效；④每个人都能从工作中获得满足和快乐，有成长空间；⑤每个人都能感受到以人为本、尊重人性与自由的积极氛围。

2. 人力资源管理的基本功能

人力资源管理的功能主要包括五项基本要素：①规划与获取；②配置与整合；③保持与激励；④调整与控制；⑤培训与开发。

这五项要素基本涵盖了人力资源管理，且它们并非孤立存在，而是紧密相连、相互依存。这些要素不仅相互衔接、互补，而且在某些方面存在一定程度的重叠（图 12-1）。

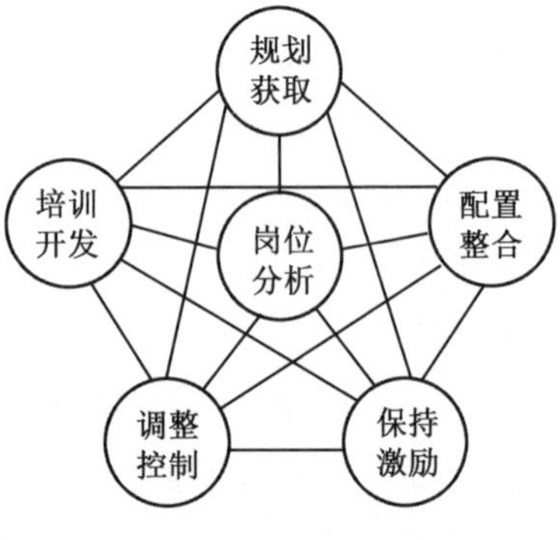

图 12-1　人力资源管理的基本功能及其相互关系

3. 人力资源管理的主要模式和发展趋势

早期人事管理在现代管理中并未受到足够重视，其职责主要局限于人事档案记录、保存及工资发放等简单事务。然而，自第二次世界大战以来，随着全球经济与工商业的蓬勃发展，人事管理的职能逐渐凸显出其重要性。各国因经济发展水平和文化传统差异，在人力资源管理上呈现出各具特色的模式。

欧美人力资源市场成熟，其企业管理模式在 20 世纪末已展现出三大特征：一是以利润为中心，将盈利目标细化至各岗位；二是对人的观念发展经历多个阶段，但仍关注人的工具性价值；三是强调个人奋斗，尽管近年来团队合作的重要性已有所提升。这些特征反映了欧美企业在人力资源管理上的独特理念和实践。

与欧美各国的人力资源管理方式相反，为了与日本自然资源匮乏的国情相适应，日本企业高度重视人力资源，形成了独特的管理模式。日本企业将人力资源置于首位，通过提高人力资源效率来增强企业竞争力。如“质量圈”管理方式就旨在调动员工积极性和创造性，解决企业管理和技术问题。同时，日本企业注重员工自觉行为，强调团体效益，形成了强大的企业凝聚力和群体效应。日本企业人力资源管理的特色在于企业文化凝聚力。员工普遍认为企业荣辱兴衰与自身息息相关，企业如同大家庭，每个员工都是企业不可或缺的一员。这种共识促成了日本企业特有的团结和对企业文化的忠诚，终身雇佣制、年功序列制和企业工会制等成为其重要特征。例如索尼即是一个以内部和谐管理和企业各部分的高度协调为特点的企业组织体。由此产生的企业凝聚力和强大的群体效应，是其在成长竞争中制胜的法宝。因此企业在经营过程中从事管理与协调活动的另一个基本内容，是将管理与协调的重心放在每一名企业成员的工作责任心、劳动积极性和企业使命感上，鼓励每一名员工创造一流的工作业绩。

尽管各国人力资源管理模式存在差异，但其发展趋势却呈现出共性。各国企业纷纷开发出新兴管理措施与方法，以体现对人力资源管理重要性的认识。这些措施包括薪酬福利改进计划、改善成员条件及保护合法权益的措施、保障培养与发展机会的措施以及鼓励参与决策的制度与措施等。这些举措旨在全面改进组织成员的工作生活质量，促使他们积极为组织目标贡献力量，培养组织归属感。尽管具体做法因组织而异，但目标都是一致的：提升人力资源管理水平，推动组织持续发展。

12.2 人力资源战略和规划

组织若想在竞争中脱颖而出，一个核心途径便是更有效地实施人力资源开发与管理。正如企业战略需确保企业行为与竞争需求相契合，人力资源战略的设计与实施也旨在使人力资源管理行为适应竞争环境，从而助力企业实现战略目标。人力资源战略，简而言之，即“有计划的人力资源开发与使用模式，以及为实现企业战略目标而开展的各种活动”。

人力资源战略规划以企业使命和战略为导向，同时需考量企业外部的机遇与威胁，以及内部的优势与劣势。其重要任务在于，通过企业最宝贵的资源——人力资源，积极为企业构建竞争优势。为此，人力资源战略需全面融入企业战略的形成过程。

人力资源战略和规划一般分为如下七个步骤，见图 12-2。

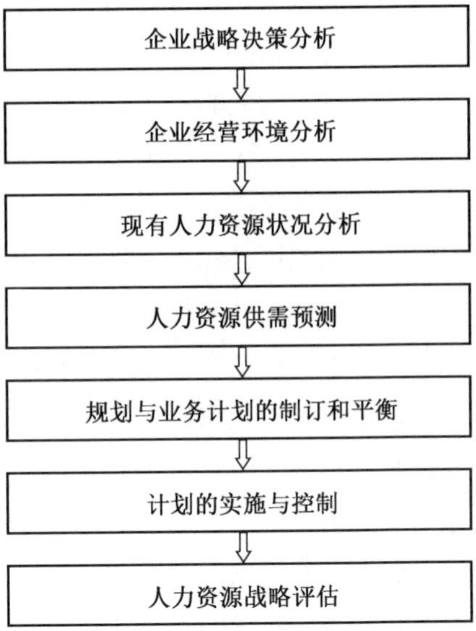

图 12-2　人力资源战略与规划的实施过程

（1）企业战略决策分析：深入分析不同产品组合、市场组合、竞争重点等对企业人力需求的差异。

（2）企业经营环境分析：评估外部人力供给的制约因素，如人口结构、交通状况、文化教育水平、法律法规、人力竞争态势及择业期望等。

（3）现有人力资源状况分析：统计企业现有的人力资源数量、分布、利用情况及潜力，分析流动比率等关键指标。

（4）人力资源供需预测：预测各类各等级人力资源的需求，分析企业内部及外部供给情况，并评估供求差异。

（5）规划与业务计划的制订和平衡：编制人力资源开发与管理的行动纲领，确保与企业各项业务计划相协调。

（6）计划的实施与控制：在计划执行过程中进行动态监督、分析，并根据实际情况进行适时调整。

（7）人力资源战略评估：评估人力资源战略与企业整体战略的一致性，将评估结果作为下一管理周期战略制定的参考。

随着社会的快速发展，特别是 21 世纪以来，人力资源需求在整体结构上发生了显著变化。在互联网的推动下，几乎所有组织都在经历结构性变革，对新型人力资源的需求激增，而市场供应却显得捉襟见肘。虽然互联网和大数据为企业判断人力资源需求提供了有力支持，但能否准确把握这一机遇，仍取决于决策者的洞察力和远见卓识。因此，人力资源战略和规划在当今组织中显得尤为重要。

12.3 人力资源管理的内容与过程

狭义的人力资源管理，其核心工作内容与过程紧密围绕人力资源管理的基本功能展开，具体包括岗位分析与评价，以及在此基础上进行的招聘与选拔、培训与发展、绩效管理、薪酬管理与激励、人力资源能力建设等关键环节（图 12-3）。

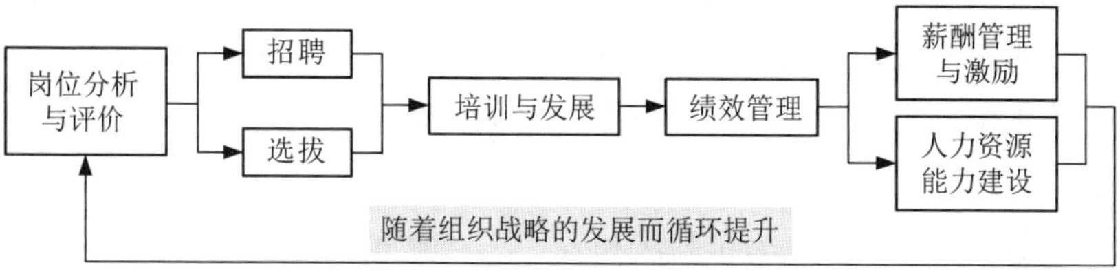

图 12-3 人力资源管理的内容与过程

12.3.1 岗位分析与评价

岗位分析是深入理解和明确工作内容、环境及所需资格条件的过程。其核心在于从岗位活动中提炼关键要素，并对职位进行全面系统的描述。这一过程是确保岗位评价准确性的基石。

1. 岗位分析的基础与要点

岗位分析主要聚焦于两大信息点：

（1）工作任务与责任：涵盖每项工作的具体内容、执行方式、完成动机、所需材料、工具设备、工作规律、程序及环境。

（2）知识技能要求：包括完成工作任务所需的教育背景、培训经历、工作经验以及必备的技术和能力。

2. 岗位说明书的内容与编制

岗位说明书是基于岗位分析编写的，详细描述某一岗位的工作内容、职责、环境及任职条件的文档。其编制需经过对岗位调查信息的精心筛选，通常包含以下关键信息：

（1）岗位基本信息：如岗位名称、代码、所属部门、职级、编写及审批日期等。

（2）工作目标：明确岗位的核心目标或期望成果。

(3) 工作职责：详细列出岗位的主要工作内容及职责。

(4) 工作特点：描述岗位工作的独特性或特殊要求。

(5) 工作关联：说明岗位与其他岗位或部门之间的关联与协作。

(6) 任职资格：列出胜任该岗位所需的知识、技能、经验等条件。

(7) 工作条件：即岗位所处的工作环境及条件。

3. 岗位评价的方法与目的

岗位评价是通过定量与定性方法相结合，科学确定岗位能级层次的过程。它基于岗位分析所收集的信息，对岗位的“相对价值”进行分等排序。岗位评价方法多样，包括排列法、分等法、评分法、要素比较法等，这些方法可单独使用或综合应用。

(1) 非量化分析方法：如排列法和分等法，侧重于定性评估。

(2) 量化分析方法：如评分法和要素比较法，强调数据支持和量化比较。

岗位评价的最终目的是实现薪酬的公平性，并为根据绩效考评结果采取不同的人力资源管理措施提供重要参考。通过科学的岗位评价，企业能够更有效地配置人力资源，激励员工，提升组织效能。

12.3.2 招聘与选拔

岗位分析作为人力资源管理的基石，为后续所有工作提供了基础框架。通过深入分析岗位需求，明确企业人力资源的结构性要求，并进行供需预测后，便进入了人力资源管理的首个关键环节：招聘与选拔。

1. 招聘：外部资源的有效引入

招聘是从外部潜在人才库中甄选合适人选，以补充企业人力资源。招聘过程需遵循计划性、公正性和科学性的原则，确保选拔过程的公平与高效。招聘程序通常包括：

(1) 制订招聘计划：基于岗位分析，由人力资源部门提出详细的招聘计划报告。

(2) 发布招聘信息：通过招聘简章明确招聘范围、对象、工种、条件、数量、性别比例、待遇及应聘方式等。

(3) 接受报名：在规定时间内接受符合条件的应聘者报名。

(4) 人员素质测评与体检：对报名者进行综合素质测评，并对测评合格者安排体检。

（5）材料报送与审核：将测评结果、体检报告、个人档案及相关材料提交至人事主管部门进行审核。

（6）录用与签约：经批准录用后，向应聘者发出录用通知，并签订正式劳动合同。

2. 选拔：内部资源的优化配置

选拔侧重于从企业内部发掘潜力人才，以填补职位空缺。当管理职位出现空缺时，优先考虑企业内部人员，这不仅有助于增强企业的内部凝聚力，还能促进企业文化的传承，同时培养员工对企业的深厚忠诚度。这种内部选拔机制，是企业人才梯队建设的重要组成部分。

12.3.3 培训与发展

培训与发展在人力资源管理中占据重要地位，通过精准定位培训需求、构建系统化培训体系、确保培训效果、规划职业发展路径以及促进绩效反馈与持续改进，能够有效提升员工能力，促进组织效能的提升，为企业持续发展奠定坚实基础。

1. 培训需求分析

在人力资源管理中，培训与发展是提升员工能力、促进个人成长与组织发展的重要环节。首先，需进行深入培训需求分析，通过问卷调查、面谈、绩效评估等多种方式，了解员工当前技能水平、职业发展规划及岗位需求，从而精准定位培训需求，确保培训内容的针对性和实用性。

2. 培训计划制订

基于培训需求分析结果，制订详细的培训计划。培训计划应包括培训目标、内容、方式、时间、地点、师资等关键要素。同时，构建系统化的培训体系，将新员工入职培训、岗位技能培训、职业发展培训、领导力培训等不同层次的培训有机整合，形成连贯、递进的培训路径，满足员工不同阶段的成长需求。

3. 培训实施与评估

培训实施阶段，需注重培训方式的多样性和互动性，如课堂讲授、案例分析、角色扮演、团队研讨等，以提高员工的参与度和学习效果。同时，建立培训效果评估机制，通过问卷调查、测试、实操考核等方式，对培训效果进行定期评估，及时调整培训计划，确保培训目标的达成。

4. 职业发展路径规划

除了基础的技能培训，职业发展路径规划也是培训与发展的重要组成部分。

企业应为员工提供清晰的职业发展路径和晋升机会，通过设立晋升通道、制定职业发展规划、提供职业发展辅导等方式，引导员工明确职业目标，激发职业动力，实现个人价值与企业发展的双赢。

5. 绩效反馈与持续改进

绩效反馈是培训与发展闭环的关键环节。通过定期绩效评估，了解员工在工作中的表现及存在的问题，将绩效反馈作为培训需求的重要来源，持续优化培训内容与方式。同时，鼓励员工自我反思与成长，形成积极向上的学习氛围，推动企业与员工共同成长。

6. 新员工培训

新员工被录用后，首要任务是帮助他们快速融入企业环境，了解公司制度、文化、愿景、战略及岗位职责。通过系统的入职培训，不仅能让新员工更快地适应新环境，还能激发他们的工作热情，提升工作效率，从而为企业创造更多价值。因此，新员工培训是人力资源管理中不可或缺的一环。

12.3.4 绩效管理

绩效（Performance）指的是企业内员工个体或群体在一定环境中展现出来的能力程度和效果，以及他们在实现预定目标过程中所采取的行为、取得的成就和作出的贡献。绩效管理则是对这些绩效进行科学有效管理的过程，旨在提高整体绩效水平。罗伯特·巴克沃（R. Bacal）撰写了多部关于绩效管理、冲突管理等方面的图书，他认为绩效管理是一个持续的交流过程，涉及员工与直接主管之间的协议，明确未来工作目标、理解，并将组织、经理及员工融入绩效管理系统，共同推动目标实现。据此，绩效管理一般流程可以用图 12-4 来表示。

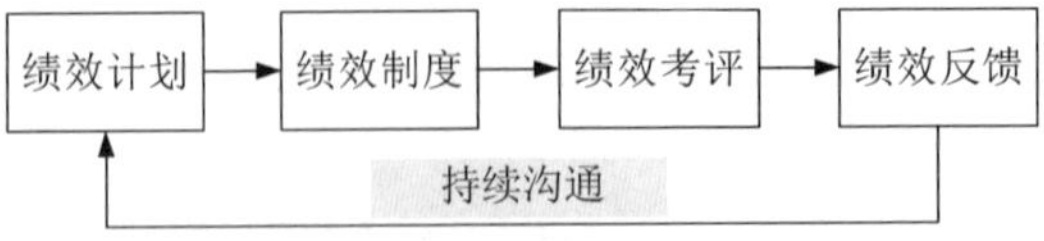

图 12-4　绩效管理一般流程

绩效考评是绩效管理的核心环节，它依据一定的方法和程序对现职员工的工作绩效进行考核和评价。考评内容主要围绕年初设定的目标，检查当年绩效，确认成绩，并识别待改进的关键方面或发展需求。绩效考评的结果将员工行为量化，为人力资源管理提供客观依据，确保薪酬管理、激励措施等环节的公正性和科学性，规避管理者的随意性行为。

绩效考评方法多样，主要包括以下几种：

（1）评估法。该方法将被考评岗位的工作内容细分为若干独立模块，并针对每个模块明确描述所需达到的工作标准。随后，依据“优、良、合格、不合格”四个等级，对被考评人的实际工作表现进行客观评估。

（2）目标考评法。此法是依据被考评人完成工作目标的实际情况来进行考核。在任务开始之前，考评双方需就工作内容、时间期限及考评标准达成共识。任务完成后，考评人将按照事先约定的标准，对被考评人的工作表现进行客观评价。此法特别适用于实施目标管理的项目。

（3）排序法。排序法分为直接排序和相对排序两种。直接排序是将相同职务的员工在同一考评模块中进行比较，按工作表现优劣排序；相对排序则是通过员工间的两两比较，以得分高低确定绩效排名。传统日本企业常采用此法进行绩效考评。

（4）上级考评法。该方法由熟悉员工工作的经理负责进行绩效考评。考评前需向员工明确考评内容、依据与标准，考评后需向员工详细解释评价结果。此法操作简便，但主观性较强，对于工作简单且有明确说明书的制造业一线工人较为适用。

（5）关键事件法。“关键事件”指的是被考评人在工作中表现出的突出优秀或不良行为。平时需对这些事件进行书面记录，考评时则综合整理分析，以形成最终的考评结果。

（6）强制比例法。根据正态分布原理，此法规定优秀员工和不合格员工应占一定比例，而大多数员工则属于表现一般。在考评时，可强制规定各等级员工的人数比例，如优秀与不合格各占 20%，普通员工占 60%。通用电气（General Electric，GE）公司曾采用此法，每年会有 12% 的淘汰率，以确保人才的高素质水平。

（7）综合法。对于业务面广、岗位配置复杂的大型公司而言，单一的考核方法可能难以全面满足绩效考评需求。综合法即是将多种绩效考评方法综合运用，以提高考评结果的客观性和可信度。

（8）关键绩效指标（Key Performance Indicator，KPI）。KPI 是通过设置、取样、计算和分析组织内部某一流程的关键参数，来衡量流程绩效的一种目标式量化管理指标。它能够将企业的战略目标分解为具体、可操作的远景目标，从而有效推动战略实施。

（9）平衡计分法（Balanced Scorecard Approach，BSC）。BSC是由哈佛商学院的 Robert S. Kaplan 和 David P. Norton 提出的一种绩效考评方法。它强调将企业战略置于核心位置，通过逻辑性地阐述企业或员工绩效的实现过程，为管理者提供了一个清晰的视角来审视“应考核什么”。与传统考评方法相比，BSC 更注重与财务视角的平衡，从而确保绩效考评的全面性和有效性。绩效考评的平衡计分原理如图12-5所示。

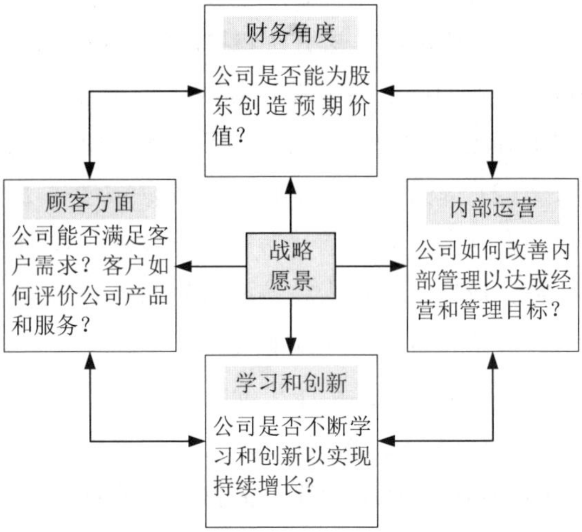

图 12-5　平衡计分法原理

绩效考核旨在量化组织和个人的工作成效，促进持续改进和提升。然而，考核指标具有局限性，应作为管理者参考而非绝对标准。同时，不同组织间存在差异，绩效考核方式需因地制宜，不能僵硬照搬。绩效考核应灵活、科学地进行，以使其对组织和个人发展的推动作用最大化。

12.3.5　薪酬管理与激励

依据 Maslow 的需求层次理论，个体普遍追求自我价值的实现。为了有效提升员工的工作绩效，企业应当在科学绩效考评的基石上，构建一套全面而合理的激励机制。这一机制需兼顾物质与精神双重层面，旨在激发员工在追求自我价值实现的过程中，不断积累智慧、增强自我驱动力，并主动寻求能力提升，进而推动绩效的持续提高。

哈佛大学的威廉·詹姆斯（W. James，1842—1910 年）在其员工激励研究中揭示了一个重要发现：在仅依赖按时计酬的情况下，员工往往仅需发挥出 20%～30%的潜能即可维持其职位。然而，一旦施以充分的激励措施，他们的潜能释放程度将大幅提升至 80%甚至 90%。这一发现深刻表明了薪酬制度的精心设计以及激励策略的科学运用，对激发员工潜能、提升工作绩效具有举足轻重的意义，同时也是人力资源管理领域亟待深入探索与实践的核心议题。

薪酬管理不仅是简单的对员工劳动成果的回报，更是一种战略性管理工具。薪酬管理需紧密围绕企业的战略目标与核心价值观，通过精准定位薪酬水平、优化薪酬结构、设计公平且具有竞争力的薪酬体系来吸引、保留并激励关键人才。这要求企业不仅要关注薪酬的外部竞争性，确保员工薪酬与市场水平相匹配，还要注重薪酬的内部公平性，确保不同岗位、不同贡献的员工能够获得与其付出相称的回报。同时，薪酬管理还应与绩效管理紧密结合，设立明确的绩效目标与评价标准，将员工的薪酬与其工作表现直接挂钩，从而进一步激发员工的工作热情与创造力，推动企业整体绩效的持续提升。因此，薪酬管理不仅是人力资源管理中的关键环节，更是企业实现战略目标、提升竞争力的重要手段。

关于激励理论，将在本书第 16 章详述。

12.3.6 人力资源能力建设

人力资源能力建设并非仅仅等同于员工培训，而是一个更为系统的概念。传统观念中，人力资源能力建设往往被简化为培训活动，但实际上，它涵盖了更多元、更有效的方式。除设立专业培训部门外，还包括营造学习氛围、鼓励员工交流、搭建信息共享平台、提供学习时间和补贴以及以技能掌握为考核标准等灵活多样的政策和措施。这些举措共同构成了一个全面的人力资源能力建设体系。

从更宽泛的概念上讲，人力资源能力建设可以被定义为公司有计划地实施的一系列活动，这些活动旨在帮助雇员学习与工作相关的能力，同时也是创造智力资本的过程。智力资本包括认知知识、高级技能、系统理解力、创造力以及自我激励的创新能力等多个层面，这些构成了人力资源能力建设的核心内容。

1. 人力资源能力建设的内容

人力资源能力建设的内容可分为四个层次：认知知识、高级技能、系统理解力和自我激发的创造力（图 12-6）。传统上，能力建设主要关注认知知识和高级技能的开发，但其更大的价值在于提升员工的系统理解力，使他们能够全面了解生产或服务过程及各部门间的关系，并激励他们进行革新，提供高质量的产品和服务。对于服务性行业而言，系统理解力和自我激发的创造

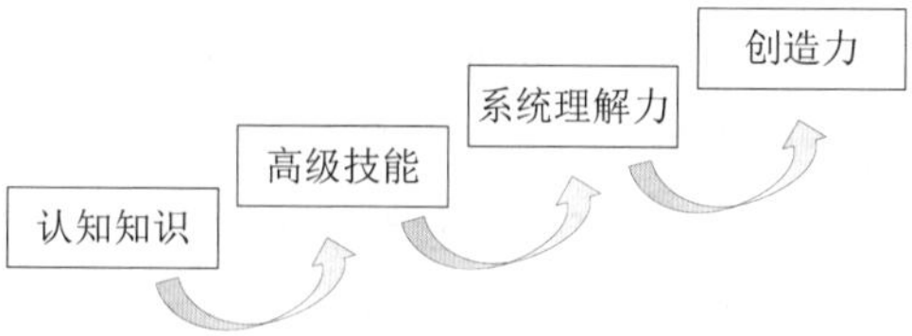

图 12-6 人力资源能力建设的内容

力尤为重要。

2. 人力资源能力建设与知识管理的关联

知识管理作为现代企业管理的关键要素，其核心在于高效获取、整合、利用及分享组织内外的知识资源。这一过程旨在提升组织的智慧资本，为企业的持续发展奠定坚实基础。人力资源能力建设是实现知识管理目标不可或缺的一环。它不仅仅关注员工个人能力的提升，更与知识的创造和共享紧密相连。通过能力建设，企业能够激发员工的创新潜能，促进知识的有效传递与转化，从而加速知识的应用与创新。人力资源能力建设不仅关乎员工个人的成长与发展，更是推动组织整体知识管理和创新的重要途径。通过不断提升员工的知识水平和创新能力，企业能够增强自身的市场适应性，迅速捕捉发展机遇，并在激烈的市场竞争中保持领先地位。知识管理的有效实施与人力资源能力建设相辅相成。一方面，知识管理为能力建设提供了丰富的知识资源和高效的知识利用方式；另一方面，能力建设则通过提升员工的知识素养和创新能力，为知识管理的持续深化提供了有力支撑。二者共同作用于组织，推动其不断向前发展，实现持续创新与成长。

3. 绩效考评：人力资源能力建设的基石

人力资源能力建设需要建立在公正的绩效考评基础之上。通过绩效考评，企业可以发现员工的能力建设需求，从而有针对性地制订和实施能力建设计划。这种基于绩效考评的能力建设方式能够确保资源的有效利用和效果的显著提升。同时，人力资源能力建设水平也受到组织人力资源管理能力的制约，企业大学的兴起正是对这一制约因素的突破之一，为提升组织整体的人力资源管理水平提供了新的平台和机遇。

本章小结

（1）对于任何一个组织，人力资源都是首要资源。人力资源的价值在于其充分发挥并被组织有效利用。因此，必须全面、正确地认识人力资源的特性，进行合理配置、管理和开发，使其价值得到最大体现。组织获取竞争优势的一个关键途径就是在人力资源开发与管理方面不断创新，成为人才高地。

（2）人力资源管理的首要问题是人力资源战略，这是服务于组织整体战略的关键要素，决定了组织战略的成败。人力资源战略的制定和实施分为七个步骤：企业战略决策分析、企业经营环境分析、现有人力资源状况分析、人力资源供需预测、规划与业务计划的制订和平衡、计划的实施与控制、人力资源战略评估。

(3) 人力资源管理的具体工作内容和过程主要是围绕人力资源管理基本功能的实现展开的，即岗位分析与评价、招聘与选拔、培训与发展、绩效管理、薪酬管理与激励、人力资源能力建设。

人力资源管理思维导图

本章思考题

1. 人力资源管理与人事管理的概念是同样的吗？为什么？

2. 为什么组织必须关注人力资源战略？

3. 组织环境分析对人力资源战略有什么重大影响？

4. 为什么把对人力资源战略的评估也纳入人力资源战略的实施步骤？

5. 人力资源管理过程中招聘与选拔环节应该关注哪些问题？

6. 除了薪酬还能有更好的激励手段吗？

7. 随着数字化转型的发展，各类组织出现了人力资源结构化短缺和冗余问题，应该如何认识这类问题？

本章拓展阅读

13 组织文化

20 世纪 80 年代，随着日本企业竞争力急剧提升，众多学者着手探究日本企业的管理模式，并发现其背后的文化特征是推动企业飞速发展的关键因素。这一发现激发了管理学家对企业文化或组织文化的浓厚兴趣，进而催生了一系列的组织文化理论深入研究。

13.1 组织文化概要

13.1.1 组织文化的定义

自组织文化概念问世以来，其定义始终备受争议。总体而言，组织文化这一概念涵盖了以下几个核心要素：

(1) 共同语言与行为准则：体现在成员间的交流方式、思维模式、态度及群体规范上。

(2) 价值观：反映在对人与事的评判标准中，诸如对质量、安全、价格及商业信誉的核心理念。

(3) 工作氛围：体现团队的精神状态，包括积极或消极、合作或排斥、有序或混乱、友善或冷漠、分享或独占等氛围特征。

然而，埃德加·亨利·沙因（E. H. Schein，1928—2023 年）指出，上述讨论均未触及组织文化的本质。他认为，组织文化乃是特定组织在应对外部适应与内部整合过程中，通过学习与创造所形成并发展的一系列基本假设。这些假设因其有效性而被新成员接纳，并发挥着关键作用。前述的文化表现，实则只是深层文化的一种外在显现。真正的组织文化，深植于组织成员的潜意识之中，与领导者紧密相连，犹如一枚硬币的两面。领导者在创立组织的同时，也塑造了该组织的独特文化。

13.1.2 E. H. Schein 对组织文化的分析

1. 组织文化的层次

E. H. Schein 提出，组织文化由三个相互交织的层次构成：

（1）物质层：直观可见的组织架构与运作流程。

（2）支持性价值观：涵盖战略规划、目标设定、质量观念及哲学理念等。

（3）基本的潜意识假定：深植的信仰、感知、思维与情感模式。

当前的组织文化研究多聚焦于物质层与支持性价值观，对更深层次的组织文化探索尚显不足。

2. 组织文化根基的五个维度

Schein 在整合前人文化比较研究的基础上，将深植于组织根基的文化细分为以下五个维度：

（1）自然和人的关系：反映组织核心人物对组织与环境间关系的看法，如支配、从属或和谐共存，此假定直接影响组织战略，并要求组织能随环境变化审视其初始假定的适宜性。

（2）现实和真实的本质：涉及组织对真实与现实的界定标准、验证方式及真实可否被发现的假设，包括行动规律、时空观念，并区分客观、社会及个人现实，采用道德或现实尺度评判真实。

（3）人性的本质：界定何谓人性行为，何谓非人性行为，以及人与组织间应有关系的假设。

（4）人类活动的本质：涵盖何谓正确行为、人的行为主动性、自由意志与命运的关系、工作与娱乐的界定等假设。

（5）人际关系的本质：涉及权威基础、权力分配、人与人之间应有状态（如竞争或互助）等假设。

Schein 强调，组织文化塑造组织价值观及行为模式，且深藏于组织底层，难以直接洞察。仅通过分析组织结构、信息系统、管理制度、公开目标、规章制度及组织传说等物质层面，所能获取的文化信息有限。他举例说明，即便两个组织结构完全相同的企业，其组织文化也可能截然不同。为更深入地理解组织文化，

Schein 建议使用群体访谈与讨论的方法，并针对上述五个维度提出了具体的讨论议题。

那么，何谓组织文化？普遍共识认为，它是组织成员共享的价值观与信念体系，这一体系深刻影响成员行为模式，代表成员的共同认知。如同部落文化中的图腾与戒律指导成员对待同部落者与外来者，组织文化亦有其支配成员行为的准则。每个组织都拥有随时间演化的价值观、信条、仪式、神话及惯例体系，这些共享的价值观在很大程度上塑造了员工的世界观及应对挑战的方式。面对问题或工作难题时，组织文化——行事的基本方式——将引导员工的行为，影响他们对问题的认知、定义、分析及解决策略。

13.1.3　组织文化的生成和领导作用

具有相似背景和经历的两位领导者，在相同社会环境中领导企业竞争，历经5～10 年后，为何两家企业的文化会截然不同？为何某些已在新环境中失去意义的文化要素仍能存续？尤其是当组织领导者及成员均认识到这些要素需改革时，它们为何依然顽固存在？

Schein 提出，要阐释组织文化的生成，需综合群体力学理论、领导理论和学习理论。群体力学理论通过观察组织内的各类群体，揭示了群体底层潜在的个人间情绪过程。这一过程有助于管理者理解“共有”的含义，即多数人对问题的共同思考方式及解决方案。因为所有文化定义都涉及共有的解决方案、理解、共识等概念，而群体力学理论正能解释这种共有是如何形成的。

领导理论中，关于领导者个性、类型对团队形成影响的研究，对理解文化进化大有裨益。领导者的特质和行为方式，直接影响团队氛围、价值导向及行为准则，进而塑造组织文化的独特面貌。

学习理论则阐述了组织如何学习认知、情感、行为方式等，而文化正是被学习并传承的行为模式。通过学习理论，可以深入理解文化的学习过程，包括个体如何吸收、内化组织文化，以及文化如何在组织内部传播和演变。

在快速变化的企业经营环境中，尤其是互联网影响日益显著的当下，如何适应内外部环境的变迁成为永恒课题。为了应对挑战，企业需要不断革新思考方式和行为模式，营造更加灵活、开放、创新的文化氛围，以确保组织能够持续适应并引领变革。

13.2 组织文化的作用形式

13.2.1 强文化和弱文化

尽管所有组织都蕴含文化，但其对成员的影响力却各不相同。强文化，指的是那些被广泛接受并深入人心的基本价值观所形成的文化，其对员工的影响远胜于弱文化。当组织成员对组织的基本价值观高度认同并作出承诺时，该文化便愈发强大。

组织文化的强弱，或介于二者之间的状态，受多种因素影响，包括组织的规模、历史积淀、员工流动率，以及文化起源的深刻程度。部分组织对核心价值模糊不清，难以区分重要与次要，这是弱文化的一个显著特征。在这样的组织中，文化对管理者的指导作用微乎其微。然而，多数组织已逐步向强文化转型，它们在何谓重要、何谓“优秀”员工行为，以及何谓推动组织发展的动力等方面，达成了更高程度的共识。

研究表明，相较于弱文化组织，强文化组织中的员工对组织的承诺更为深厚。强文化组织通过招聘的筛选作用与社会化过程，进一步促进成员对组织的承诺。越来越多的证据显示，强文化与组织绩效之间存在着紧密的关联。强文化不仅能够激发员工的归属感、提升员工的忠诚度，还能够提升组织的整体效能与竞争力。

13.2.2 组织文化如何传给员工

组织文化通过多种方式深入人心，其中故事、仪式、有形信条和语言尤为关键。

1. 故事：传承与启迪

组织中的“故事”是文化传承的重要载体，它们往往围绕重大事件或杰出人物展开，如创始人的传奇、突破常规的壮举、对历史错误的深刻反思等。这些故事不仅为员工树立了学习的典范，还通过历史与现实的联结，为当前的组织惯例提供了合理的解释和合法的依据，同时明确了组织所珍视的价值观。

2. 仪式：强化与灌输

仪式，作为一系列重复性的活动，是组织价值观直观体现的重要形式。它们通过特定的场景和流程，鲜明地传达出组织最重视的目标和理念。例如，优秀员工的颁奖典礼，不仅是对个人成就的认可，更是对组织文化的一次深刻灌输，让每一位参与者都能感受到组织对优秀品质的崇尚和追求。

3. 有形信条：塑造与感知

走进不同的企业，我们常能瞬间捕捉到它们独特的“气质”——或正式，或随性，或富有趣味，或庄重严肃。这种直观的感受，正是有形信条在塑造组织个性方面的体现。从办公环境的布局、员工的着装，到高层领导的座驾、差旅标准，乃至办公室的大小、装修的精致程度、特殊待遇的安排等，这些有形信条无不在向员工传递着关于组织层级、平等观念和行为规范的重要信息。

4. 语言：认同与凝聚

语言，作为组织文化的另一重要标志，是成员间沟通与交流的桥梁。通过学习组织特有的语言，成员不仅表明了自己对文化的接受和认同，还积极参与到了文化的维护与传承中。随着时间的推移，组织会逐渐发展出一套独特的术语体系，涵盖设备、关键人物、供应商、顾客及业务产品等各个方面。这些术语和行话，虽然初来乍到的新员工可能会感到困惑，但很快就会成为他们语言的一部分，成为连接和团结组织文化成员的强大纽带。

13.3 跨文化组织管理

在全球化和互联网的浪潮下，组织文化的构建与发展已不再局限于单一民族文化，而需深刻融入跨文化的视角。管理者在全球舞台上，必须高度重视各国文化的差异性，这是跨文化组织管理的基石。

民族文化，作为一国居民共有的价值观体系，深刻影响着人们的行为模式与世界观。对于管理者而言，国家文化与组织文化二者谁占据主导地位？研究表明，民族文化对员工的影响往往超越组织文化，尤其在本土员工身上的体现更为明显。这意味着，在跨文化管理中，民族文化的影响力不容忽视。法律、政治与经济的国别差异显而易见，而文化差异则更为隐晦且难以捉摸。当地居民往往难以向外来者准确描述本文化的独特性，这使得跨文化管理者面临更大的挑战。理解民族文化差异，成为提升管理效能的关键。

吉尔特·霍夫斯泰德（Geert Hofstede）提出的民族文化维度框架，为管理者提供了理解文化差异的有力工具。他认为，民族文化对员工与工作相关的价值观和价值取向有着重大影响，比年龄、性别、职业或在组织中的地位解释了更多的差异。他识别出四个核心维度：个人主义与集体主义、权力距离、不确定性规避、生活的数量与质量。这些维度深刻影响着员工的工作价值观与行为取向。

1. 个人主义与集体主义

个人主义（Individualism）指的是一种社会结构特征，其中个体主要关注自己和直系亲属的利益，这种特征在一个赋予个人较大自由度的社会中尤为显著。与个人主义形成对比的是集体主义（Collectivism），它表现为一种更为紧密的社会联结，在这种结构下，人们期望群体内的其他成员（如家庭成员或组织成员）在困境中能提供帮助和保护。而集体主义则要求成员对团体保持高度的忠诚。

Hofstede的研究揭示，一个国家的个人主义倾向与其经济富裕程度紧密相连。例如，美国、英国和荷兰等经济发达的国家，民众普遍展现出强烈的个人主义色彩；而如哥伦比亚和巴基斯坦等经济相对贫穷的国家，则更倾向集体主义价值观。

2. 权力距离

人们天生就拥有各异的身体条件和智力水平，这是导致财富和权力分配差异的重要因素之一。那么，社会是如何应对这种不平等现象的呢？Hofstede引入了“权力距离”（Power Distance）这一概念，用它来衡量社会对于机构和组织内部权力分配不均的接受程度。在权力距离较大的社会中，人们普遍接受组织内部存在的显著权力差异，员工对权威表现出高度的尊敬。在这种情况下，称号、头衔以及地位显得尤为重要。因此，一些公司在与权力距离较大的国家进行商务谈判时，会确保派出的代表在头衔上至少与对方相当。相反，在权力距离较小的社会中，人们则倾向尽可能缩小这种不平等。虽然管理者依然拥有权威，但员工并不会因此感到恐惧或敬畏。

3. 不确定性规避

不确定性规避（Uncertainty Avoidance）是一个文化维度，用于衡量人们对风险和非传统行为的容忍程度。在这个充满变数的世界里，未来总是充满了未知，且这一状态似乎永远不会改变。面对这种不确定性，不同社会有着各自的应对之道。

有些社会能够使其成员以平和的心态接受这种不确定性。在这样的社会中，人们对待风险相对从容，不那么惊慌失措。他们更加包容不同的行为和观点，因为并未感受到这些差异带来的威胁。Hofstede将这样的社会定义为低不确定性规避的社会。而在高不确定性规避的社会中，人们则表现出高度的焦虑情绪，常常显得神经紧绷、压力重重且极具进取心。在这种文化氛围下，不确定性和模糊性被视为威胁，因此，政府和社会机构被建立起来，以提供安全保障并降低风险。在这样的文化中，组织往往有着严格的规章制度，人们对异于常规的思想和行为也显得较为不容忍。

4. 生活的数量与质量

和个人主义与集体主义这一对维度相似，民族文化的第四个维度也呈现出两种截然不同的取向。一些民族文化倾向强调生活的数量（Quantity of Life），这种文化特征表现为过度的自信以及对金钱和物质财富的执着追求。而另一些民族文化则更加注重生活的质量（Quality of Life），在这种文化中，人们更加重视人际关系的建立与维护，并且对他人的幸福表现出高度的敏感和深切的关心。

对文化的深刻理解有助于提升管理效率与效果。虽然组织文化没有固定模式，依赖管理者的个人感悟，但管理者的文化热情与积极态度至关重要。通过努力探索与适应，跨文化管理者有望在实践中取得意想不到的效果。

本章小结

(1) 组织文化的概念包含了共同语言和行为准则、价值观和工作氛围等内容。组织文化决定了组织价值观以及在此价值观之下的组织行为。

(2) 虽然所有的组织都有文化，但并非所有的文化对组织成员都有同等程度的影响。组织成员对组织的基本价值观的接受程度和承诺程度越大，说明组织文化的影响越强。

(3) 文化差异是当今世界发展中管理者面临的最重要问题之一。由于跨文化组织越来越普遍，管理者必须直面文化差异给他们工作带来的麻烦。民族文化有四个维度：①个人主义与集体主义；②权力距离；③不确定性规避；④生活的数量与质量。这有助于管理者更好地理解民族文化间差异并改善其管理活动。

组织文化思维导图

本章思考题

1. 如何认识组织文化对组织发展和管理的影响?
2. 如何认识组织文化的基本概念?
3. 为什么说组织文化对成员的影响有强有弱?
4. 什么是文化差异? 文化差异会给管理者带来什么麻烦?
5. 个人主义与集体主义可以在组织中塑造吗? 为什么?
6. 请挖掘"上汽兼并双龙"的相关资料,结合本章内容和相关文献,阐述你的观点。

本章拓展阅读

14 组织变革

组织的建立及其模式的确定，涵盖组织结构和组织关系，均旨在服务并实现组织的战略目标。一旦组织战略目标或影响其战略的因素发生变动，组织结构和关系必须随之调整，以确保战略目标的达成。鉴于社会、经济、科技、政治等领域发展的不断变化性，静止不变的组织几乎无法存续。因此，组织的变革同样具有必然性。

14.1 组织变革的动因

14.1.1 组织变革的一般原因

组织变革和发展的原因，主要在于组织的外部和内部环境。

1. 外部环境影响因素

外部环境主要包括社会经济状况、技术革新、市场竞争态势、社会价值观念的演变等。这些因素共同作用于组织，推动其变革。例如，市场新品的涌现、服务项目的创新、产品价格的调整等，都会促使竞争对手迅速响应。政治层面，国家领导层的更迭、政策导向的变化，均对组织产生深远影响。技术方面，科技的飞速进步与新产品的层出不穷，对组织构成严峻挑战，若不及时调整结构，将面临被淘汰的风险。此外，经济周期的波动、物价水平的变化、生活成本的起伏、投资者偏好的转移、社会文化及价值观的演变等，也都是驱动组织变革的重要因素。

2. 内部环境影响因素

组织内部同样存在诸多推动变革的力量，如组织目标的调整、员工素质的提升、技术水平的进步、个人价值观的演变、权力结构的优化，以及管理效能的提升、人际关系的改善等。

那么，组织在何种情境下需考虑变革？组织管理学家格德·申斯托克（G. Schienstock）对组织变革的预兆进行了深入研究，指出当组织出现以下任一情形时，即表明变革已迫在眉睫：

（1）失误频发：决策过程缓慢或决策失误频发，导致机遇错失。

（2）沟通阻塞：组织内部沟通障碍，引发协调困难与人事冲突。

（3）功能失效：组织核心功能效率低下或无法正常发挥。

（4）僵化保守：组织缺乏创新精神，无法提出新颖有效的解决方案，导致发展停滞。

对于外部观察者而言，识别这些预兆或许相对容易。然而，对于身处其中的管理者而言，往往难以自知，从而错失变革的最佳时机。因此，如何自我诊断问题并及时推动变革，不仅考验着管理者的技巧，更需其具备勇于自我反省与改正错误的勇气，营造真正的民主氛围，并从组织制度层面着手，以便更有效地识别与应对变革的预兆。

14.1.2 组织变革“内因论”的一个演化模型

美国组织学家、哈佛商学院教授拉里·格雷纳（L. E. Greiner）深入研究了企业组织成长中的演变与变革问题，提出了具有指导价值的组织成长五阶段模型。该模型强调组织历史对未来的决定性影响，认为组织结构的形成更多源于过去的决定因素，而非当前事件或外界市场环境。这是一种典型的“内因”论观点。

Greiner 认为，构建组织发展模型需考虑五个核心因素：组织年龄、组织规模、组织演化的各个阶段、组织变革的各个阶段以及产业的成长率。所谓“演化”（Evolution），指组织“温和”地变化，它不会使组织发生剧烈动荡；而“变革”（Revolution）则是指组织脱胎换骨式的重大变化，是组织显著创新的方式。五个因素中，组织年龄和组织规模是决定组织变革和发展的最主要因素。随着组织年龄的增长，组织逐步走向成熟，其结构和内部规则不断变化；而组织规模的扩大则要求新型组织形式来替代原有形式，以提高效率。

Greiner 提出了组织发展的五阶段模型，见图 14-1。

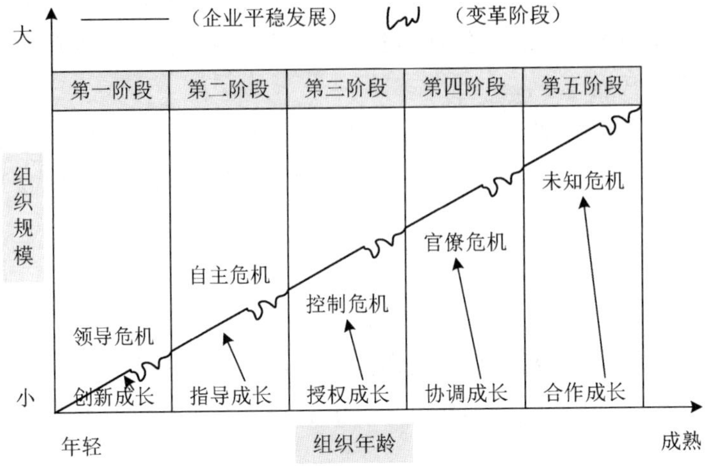

图 14-1　组织发展阶段模型

图 14-1 中横轴代表组织年龄，纵轴代表组织规模。模型把组织的成长分为五个阶段，每个阶段的特点都是既有演化，又有变革。

1. 阶段一：通过创新而成长与领导危机

在组织初创阶段，企业依赖创造力推动成长，这体现在新产品的开发和市场的开拓上。创始人专注于制造和销售，组织内部沟通非正式，管理活动直接受市场反馈驱动。然而，随着组织规模扩大，创业者难以应对日益复杂的管理挑战。当企业尝试规模化经营时，领导危机显现，要求变革。此时，创始人需寻找并任命一位被认可的业务经理，以凝聚组织力量。

2. 阶段二：通过指导而成长与自主危机

经历领导危机后，企业通过任命能干的业务经理实现指导成长，进入持久发展阶段。此阶段，正式组织结构建立，制造与销售分离，工作专业化，制度化规则发展。等级制度使内部联系正式化，但原有管理方法难以适应更大、更复杂的组织。下层雇员因掌握更多直接知识而陷入遵循程序与主动行动的困境，引发自主危机，表现为低层管理人员要求更多自主权。

3. 阶段三：通过分权而成长与控制危机

分权组织结构成为解决自主危机的手段。部门经理在分权制度下获得更大权力和激励，能迅速响应市场并开发新产品。然而，分权也带来控制危机，部门经理倾向独立运作，与组织其他部门缺乏协调。当上层试图重新控制企业时，第三阶段变革发生。恢复中央集权常因经营范围过大而失败，继续成长的企业则采用特殊协调技术应对。

4. 阶段四：通过协调而成长与官僚危机

第三阶段危机通过特殊协调技术（如超事业部制）解决，有效分配资源，促进企业发展，建立正规协调制度，使各部门关注整体方向，消除内耗。然而，这将导致官僚危机，即繁琐程序危机。不信任增加，制度和计划激增超过效用，创新受阻。组织变得庞大复杂，难以用现有计划和制度管理，于是第四阶段的变革迫近了。

5. 阶段五：通过合作而成长与未知危机

克服官僚危机的关键在于加强个人间合作，推动企业通过合作继续成长。第四阶段依赖制度和程序，第五阶段则强调管理行动的自发性，组织工作团队，巧妙处理意见分歧。尽管 Greiner 未明确提出第五阶段危机，我们可称之为“未知危机”。

Greiner 的组织成长阶段模型对管理组织变革和成长具有参考价值。在不同发展阶段，要求与之相适应的组织结构形式。组织的稳定是相对的，变革是绝对的。该模型有助于管理者识别组织当前所处阶段及面临的危机，从而采取相应措施推动组织持续健康发展。

14.2 组织变革的目标和内容

组织变革的目标是提高组织的效率和有效性。如何来衡量组织的效率和有效性呢？变革的重点是什么？下面作简单讨论。

14.2.1 变革的目标模型

在评估组织的效率和有效性时，虽无固定标准可循，但存在一些值得变革者借鉴的评价模型。

1. B. M. Bass 的模型

心理学家伯纳德·巴斯（B. M. Bass）指出，单纯以生产率和利润等指标衡量组织是片面的。组织的效率和有效性应更全面地反映其价值，包括：组织对成员的价值、成员与组织对社会的价值。因此，Bass 的模型涵盖三个方面：

（1）组织运行、获益及自我维持的能力；

（2）组织对成员的价值体现；

（3）组织及其成员对社会的价值贡献。

2. W. G. Bennis 的模型

W. G. 本尼斯（W. G. Bennis）认为，许多组织效率与有效性评价标准忽视了组织适应变化的能力，这是基本缺陷。他强调，组织应能灵活应对外界压力和变化条件。为此，Bennis 提出了以下衡量维度：

（1）适应环境能力：组织解决问题和灵活应对环境变化的能力。

（2）自我认识能力：组织对自身性质、目标、应做之事及成员对目标的理解和拥护程度的认知。

（3）环境觉悟能力：准确觉察和解释环境性质，特别是敏锐捕捉与组织职能密切相关的问题。

（4）协调和整合能力：协调组织内部各部门，解决冲突，结合组织目标与成员需求。

3. R. Beckhard 的模型

R. 贝克哈德（R. Beckhard）认为，高效和有效的组织应具备以下特征：

（1）各级部门和成员均按组织目标和计划行动；

（2）问题、任务和目的决定人力资源的组织方式；

（3）信息获取部门或其上级能迅速决策；

（4）奖励制度鼓励成绩、促进成员成长，营造活力群体；

（5）上下左右沟通顺畅、理解深入、坦诚相待；

（6）个人与群体间友好合作、群策群力；

（7）成员可对任务和目的提出不同见解；

（8）组织作为开放系统，与子系统及社会环境交互作用；

（9）各部门和成员在维持组织整合性和环境独特性方面相互支持；

（10）具备反馈机制，促进成员和群体不断学习。

4. 管理变革的目标模式

组织变革实质上是管理变革。为有效变革，需首先明确目标模式，认清现状，从而明确问题、规划变革。目标模式应满足以下要求：

（1）构成完整体系，包括指导思想、原则、制度、组织、程序及信息载体；

（2）适应组织自身运行特点和社会环境要求；

（3）具备较强的可操作性；

（4）经长期实践证明有效。

14.2.2　组织变革的内容

组织作为一个多变量的系统，在变革过程中必须密切关注变量间的连锁反应，这一点之前已有提及。然而，每次具体的组织变革都会因其独特情境而侧重点不同。一般而言，这些变革可概括为以下三个核心方面。

1. 以组织结构为核心的变革

此变革途径通过调整组织结构来实现组织的整体转型。这通常涉及新部门的划分或合并、职位及其权责的重新界定、部门间关系的协调、管理幅度与管理层次的调整，以及自主权的下放或集中等关键举措。

2. 以任务与技术为核心的变革

此变革策略聚焦于对组织各部门、各层级工作任务的重新整合，以及原有工作流程的革新。通过引入新设备、新技术，提升机械化、计算机化水平，进行技术革新与挖潜。同时，采用现代控制技术等先进管理技术，以提高工作效率与质量，从而达到组织变革的目标。其中，工作任务的重新整合与工作流程的革新，也被称为“工作再设计”，它涵盖工作范围的扩大化、工作内容的丰富化、自治工作群体的建立、工作轮换等多个方面。

3. 以人为核心的变革

这是所有变革的基础与关键。无论是组织结构的调整，还是任务与技术的革新，都离不开人的核心作用。以人为核心的变革主要通过改变组织成员的观念与态度来实现，包括知识的更新、态度的转变、个人行为的重塑，乃至整个群体行为的变革。

14.3　组织变革的过程

关于组织变革的推进过程，存在多种学术观点。以下列举几位学者的公认理论。

14.3.1　K. Lewin的变革三阶段

德国心理学家Lewin提出，组织变革是一个涉及心理与行为转变的过程，应包括三个关键阶段。

（1）解冻：此阶段需识别并分析组织现状中的问题与缺陷，激发变革的动机与紧迫感。通过打破旧的平衡状态，促使成员接受新的观念与行为方式，为变革做准备。同时，创造心理安全感，消除对失败的恐惧，鼓励成员积极参与变革。

（2）转变：此阶段涉及从现有行为模式与组织结构向新模式过渡。需通过树立新行为模式的榜样，引导成员接受并形成新的态度与行为。变革是一个认知过程，需借助新信息与概念来完成，且需成员具备真正的变革意愿。

（3）再冻结：变革后，需强化和巩固新的行为模式与组织结构，防止回退到旧状态。这可通过让成员验证新模式的有效性、增强群体间的强化作用，以及制度化新模式来实现。

14.3.2 F. E. Kast 的变革六步骤

F. E. Kast 和詹姆斯·罗森茨韦格（J. E. Rosenzweig）提出了卡斯特组织变革论（Kast's Organization Change Theory），认为组织变革分为六个步骤：

（1）评估现状：回顾组织历史，检讨现状，研究内外环境。

（2）觉察问题：认识到组织确实需要变革。

（3）辨明问题：明确现状与期望状态之间的差距，如士气、动机、新产品的要求、开辟新的市场等，分析存在的问题。

（4）制定解决方案：生成并选择变革方案。

（5）实施变革：根据选定的方案采取行动。

（6）效果评估：评估变革效果，反馈并调整计划。

14.3.3 E. H. Schein 的适应循环方法

Schein 提出了变革中适应循环的过程步骤及应对挑战的策略。

1. 适应循环的过程

适应循环的过程分为六个步骤，见图 14-2。

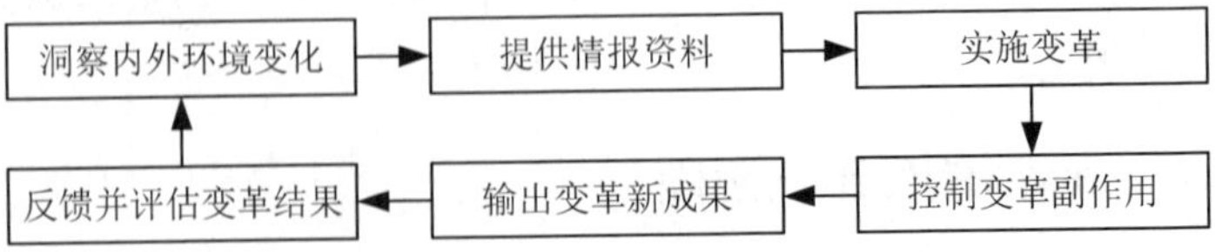

图 14-2 变革中适应循环的过程

2. 适应循环中可能遇到的挑战及应对策略

在组织适应环境变革的进程中，理想状态是顺畅无阻。然而，实践中的每一步都可能遭遇挑战，急需有效的解决策略。Schein 针对此提出了以下应对方法：

（1）挑战：组织对环境变化的盲视或误诊。应对策略：采用市场调研、消费者心理分析、公众意见调查及专家研讨会等手段，增强组织对环境变化的敏锐度和诊断准确性。

（2）挑战：信息获取与传递的障碍。应对策略：上级部门应主动提升变革意识，消除对下级信息可能带来的威胁感。同时，建立多元化信息收集渠道，鼓励共同研讨问题解决方案，以减轻心理压力并促进信息流通。

（3）挑战：变革实施的阻力。应对策略：避免单纯命令式推动，而是邀请相关部门参与变革决策，通过共同探讨制订与实施计划，增强变革参与者的责任感与承诺，从而确保变革的顺利推进。

（4）挑战：变革影响的忽视与固化难题。应对策略：认识到组织内部各部门间的相互依存性，任何改革都需考虑对其他部门的影响，并利用这种关联性将成功变革经验推广至其他部门。特别强调领导层的率先垂范，以带动起整个组织的变革氛围。

（5）挑战：新成果的市场转化。应对策略：在确保产品质量与数量的基础上，加大宣传力度，积极开拓市场，让外界了解并接受变革成果，这是组织变革成功的重要标志。

（6）挑战：缺乏变革成效的反馈机制。应对策略：建立专业的评估团队，制定明确的评价程序和标准，客观评估变革成效，及时反馈是否需要进一步调整或深化变革策略。

14.3.4 计划性发展与变革模式

一些管理学家提出了具有普遍意义的计划性发展与变革过程，包含以下七个步骤：

（1）识别变革压力：来自外部（如政府法令、市场竞争）和内部（如组织结构、人的行为）的压力要求组织变革。

（2）察觉与识别问题：及时准确地掌握信息，识别组织中存在的问题。

（3）分析问题与目标设定：深入分析问题根源，设定变革目标及衡量标准。

（4）识别限制条件：考虑领导风格、组织结构及成员特点对变革的限制。

（5）准备与选择变革方案：匹配变革方法与目标，考虑行为改变程度。

（6）实施变革：选择适当的时机、起点与范围实施变革。时机上，应避开业务繁忙期，待变革准备充分后再行动，以确保变革的平稳启动。起点上，多数管理学专家建议变革应从组织高层开始，由上至下推动，以增强变革的权威性和执行力。范围上，则需明确变革是全面覆盖还是局部试点，这直接关系到变革策略的制定与实施效果。

（7）评价变革效果：通过多样化的调查手段，全面收集变革效果的反馈信息，并及时反馈给变革领导者。评估时，应特别关注行为模式的变革，从反应、学习、行为及结果四个维度进行综合考量，以判断变革措施及其覆盖范围是否真正达到了预期的变革目标。

当变革结果获得积极评价后，接下来的关键步骤是将这些成果制度化，使其稳固地成为组织系统不可或缺的组成部分。制度化不仅是对“再冻结”状态的一种正式确认，更是确保变革成果得以长期保持和深化的重要手段。

在此基础上，进一步推广变革成果，将其制度化的范围扩展至组织的各个领域，是变革深化的必然要求。通过全面推广，可以确保变革成果在组织内得到广泛认同和应用，从而推动组织整体的持续进步与发展。

14.4 组织变革和发展的阻力及克服

变革，作为现代社会不断前行的驱动力，虽已让人们深切体会到技术革新带来的诸多益处，但在生产关系、组织结构与制度层面的变革上，因其广泛的影响面和较长的周期，往往使人难以立即洞悉其目的、机制及长远后果。这种不确定性导致人们更易聚焦于变革可能带来的负面影响，任何细微的不明确信息都可能引发误解，进而形成对变革的阻力。这些阻力主要源自个人与组织两个层面。

14.4.1 个人对变革的阻力

变革意味着观念更新、技能转型、利益调整及平衡状态的打破，工作职位、权责及内容均可能发生变化。尽管变革为组织注入活力，为个人职业发展带来新机遇，但不可避免地会触及个人的既有观念、利益、专长、规范、传统及习惯，特别是组织中下层成员，因对变革目标、重要性及紧迫性认识不足，常会在心理与行为上产生抵触情绪，构成变革的障碍。个人抗拒变革的原因多样，主要包括以下几个方面。

1. 对未知因素的恐惧与抗拒

个人在面对组织变革时，往往会感到不安和担忧，因为变革带来了不确定性。他们无法确切知道变革将如何影响自己的工作、职位和未来发展。这种对未知的恐惧，使得个人倾向维持现状，以寻求安全感和稳定性。同时，每个人都希望能在变革中保持一定的控制权，以确保自己的利益和地位不受损害。当变革威胁到这种控制权时，个人就会产生抗拒情绪。

2. 对变革原因的不了解

当组织进行变革时，如果未能有效沟通变革的必要性和紧迫性，那些受到变革影响的个人往往会感到困惑和不解。他们不清楚为什么需要进行变革，也不明白变革将如何为组织和个人带来好处。这种对变革原因的不了解，会导致个人对变革产生怀疑和抵触情绪。

3. 担忧变革会导致利益受损或权力丧失

变革往往伴随着资源的重新分配和权力的调整。个人可能会担心自己在变革中失去原有的利益、地位或权力。这种担忧使得个人对变革产生强烈的抗拒情绪，尤其是当变革可能威胁到他们的职业前景或经济利益时。

为减少阻力、增强变革动力，变革领导者需积极行动。首先，应邀请组织成员参与变革计划的编制，确保他们充分理解变革的缘由与影响，从而消除恐惧与抗拒。其次，组织成员也需具备接受新观念的意愿、向他人学习的能力及适应新工作的能力。对于管理人员而言，更需展现出刻苦、毅力、进取心、事业心、责任心及纪律性等优秀品质，以引领变革。

然而，个人适应变革并非易事，长期形成的职业习惯与思想观念难以迅速转变。即便有意愿接受变革，转变的方向与程度也因人而异。因此，在组织变革过程中，消除或减少个人阻力是一项艰巨而持久的任务。

14.4.2 组织层面对变革的阻力

组织在追求稳定与发展的平衡中，时常面临变革的挑战。虽然变革旨在促进组织的长期稳定和持续发展，但若变革方案未能充分考虑组织的稳定性，则可能引发不必要的阻力。组织层面的变革阻力，主要源于对稳定状态的维护、对变革带来的不确定性的担忧，以及变革过程中可能出现的各种调整与冲突。

首先，组织追求稳定是其本质属性之一。长期的稳定为组织提供了有序的工作环境，确保了成员间的默契与协作。然而，当变革来临时，它打破了这种稳定状态，引入了新的变量和不确定性。组织成员可能会担心变革会破坏现有的工作秩序，导致工作效率下降或工作环境恶化。这种对稳定性的依恋，构成了组织层面变革阻力的一部分。

其次，变革过程中组织结构和组织关系的调整，如工作政策的制定、工作权限的分配、工作职责的明确等，都会带来不同程度的挑战。这些变化可能引发成员间的利益冲突，破坏原有的权力平衡，导致组织层面的消极力量。这些消极力量表现为成员的抵触情绪、沟通障碍、工作效率下降等，都是组织层面变革阻力的具体体现。

14.4.3 如何克服变革中的阻力

面对变革所带来的重重阻力，管理者需深入剖析变革的动因，并积极采纳多元策略以化解这些阻力。以下是一些行之有效的克服阻力的方法。

1. 广泛动员与参与

鼓励并动员尽可能多的组织成员参与到变革的规划与执行中。通过亲身参与变革的讨论与实践，成员们能更深刻地理解变革的必要性，从而降低个人的担忧，并减少因个人利益和人际关系而产生的阻力。应确保每位成员都有机会在相关会议上发言，充分表达自己的观点。经过集体充分讨论的变革方案，自然更容易获得广泛接纳。

2. 加强教育与沟通

通过系统的教育提升成员对变革价值的认知，他们明白变革将如何惠及个人与组织。同时，保持组织内部沟通渠道的畅通无阻，及时通报变革的进展，以消除信息不对等造成的误解和焦虑。

3. 渐进式变革

提前公布变革的具体内容与实施步骤，采取逐步推进的方式，使成员有时间适应新环境，减少抵触情绪。这种渐进式的变革策略有助于平稳过渡，降低变革带来的冲击。

4. 全面分析与权衡

对于每一项变革，都应细致分析支持者与反对者的意见，权衡利弊。关键在于通过沟通与教育，争取更多人的支持，减少反对声音。当赞成变革的人数远超反对者时，变革才能顺利推进；否则，即使方案再完美，也难以实施。

此外，组织变革需区分主动与被动。具有前瞻性的管理者会基于组织未来的发展趋势，主动制定改革战略，逐步调整组织结构。这种主动变革是计划性的，有助于组织的长远发展。相反，缺乏长远规划的管理者往往在面对不得不变的局面时手足无措，导致变革决策仓促且效果欠佳，这种被动变革不仅难以推动组织进步，甚至可能危及组织生存。

为了成功实施主动变革，管理者需深入了解变革的阻力，并规划出有效的应对策略。形势分析至关重要，它基于权变理论，有助于设计出更具成功潜力的实施方案。同时，回顾组织变革的历史，吸取经验教训，以及深入分析组织现状，特别是倾听组织内部对变革的呼声，也是不可或缺的步骤。

14.5 组织结构变革的方向

尽管早在 20 世纪 60 年代，组织管理学家就预见了科层（官僚）组织将逐渐衰退，但时至今日，科层组织依然稳固存在，并在许多场合展现出其顽强的生命力。然而，不可否认的是，科层组织所占据的空间正在逐渐缩小。因此，在保持科层组织基础稳固的同时，结合组织的历史背景、发展目标以及外部环境的变化，对科层组织进行适当修正与补充，显得尤为重要。

对传统科层组织的改进是基于对组织设计原则的深刻反思，即将传统的机械式科层组织转变为更具适应性的有机组织，并在信息技术的助力下实现组织结构的扁平化。与机械式科层组织的非人格化、高度复杂、严格正规、高度集权以及僵硬稳定等特点形成鲜明对比，有机组织以其低复杂性、低正规化、分权化的特点，展现出松散灵活、高度适应性的优势，特别适用于不稳定的环境。机械式组织和有机组织的区别见表 14-1。

表 14-1　　机械式组织和有机组织的区别

机械式组织	有机组织
高专业化分工	跨职能团队
严格的部门化	跨层级团队
清晰的命令链	自由的信息流动
管理幅度小	管理幅度大
集权	分权
高正规化	低正规化

在新的、不断变化的经营环境中，新问题层出不穷，无法简单地归类到等级制度中的专业职位上。管理职能也不再是固定不变的，而是需要根据实际情况进行灵活调整。责任、职能、权力以及工作方法往往需要由参与同一任务、解决同一问题的团队成员共同协商确定。在这种环境下，上下级之间的协商变得比指挥更为重要。每个管理人员都需要对组织的整体宗旨和目标有深入的了解，才能更好地履行自己的职责。同时，为了充分发挥员工的特殊能力和主动性，应该为他们的工作提供尽可能多的灵活性和自由度。

为了促进组织的有机化，以下两种做法被广泛采用。

1. 工作团队结构

传统的职务设计往往以个人为中心，而工作团队结构则是围绕小组来设计的。工作团队主要分为综合型和自我管理型两种。综合型工作团队负责一系列任务的分配和执行，小组成员之间可以根据任务需求进行灵活的工作轮换。而自我管理型工作团队则拥有更大的自主权，不仅可以自主决定工作分配、进度和时间安排，甚至可以自主选择团队成员并进行工作评价。这种团队结构使得团队主管的角色变得相对弱化，甚至可以被完全取消，转而成为团队的顾问或指导者。

设立规模适中、任务明确的工作团队，特别是自我管理型工作团队，是适应企业柔性生产需求的重要举措。在这样的团队中，成员之间能够迅速建立默契和协作精神，有利于团队任务的顺利完成。

2. 委员会结构

委员会结构是组织附加结构的另一种形式，它汇聚了组织中多个成员的经验和背景，跨越职能和专业界限来处理重要或特定的问题，从而提升组织的整体绩效。委员会的建立基于两个主要设想：一是集体决策往往优于个人决策；二是随着组织复杂性的增加，各职能部门经理之间需要定期交流信息以协调工作。委员会分为临时委员会和常设委员会两种形式，分别用于解决特定问题和提供持续性的协调与监督。

委员会作为一种附加的设计，其成员通常隶属于某个职能部门，但他们会定期或不定期地聚集在一起分析问题、提出建议或作出决策，协调相关活动或监控项目的进展。因此，委员会是整合各职能部门资源、促进跨部门合作的有效手段。有些企业甚至将委员会作为其组织的中央协调结构，以进一步提升组织的整体效能。

本章小结

（1）组织的稳定是相对的，变革是绝对的。组织变革除了外部经济环境、技术进步、市场竞争、社会价值观变化影响外，企业内部失误频发、沟通阻塞、功能失效、僵化保守是更为直接的影响原因。

（2）组织变革“内因论”的演化模型包括五个阶段：通过创新而成长与领导危机、通过指导而成长与自主危机、通过分权而成长与控制危机、通过协调而成长与官僚危机、通过合作而成长与未知危机。

（3）为了实现有效的组织变革，首先需明确目标模式，包括构成完整体系、适应组织自身运行特点和社会环境要求、具备较强的可操作性、经长期实践证明有效。

（4）组织变革的过程主要有 Lewin 的变革三步骤、Kast 的变革六步骤、Schein 的适应循环方法等观点。会受到个人和组织层面对变革的阻力影响，要通过广泛动员与参与、加强教育与沟通、渐进式变革、全面分析与权衡来克服。

（5）组织结构变革的方向主要是促进组织的有机化，工作团队结构和委员会结构被广泛采用。

组织变革思维导图

本章思考题

1. 为什么说组织的变革是绝对的？
2. Bass、Bennis、Beckhard 的模型各有何观点？
3. Lewin 的变革步骤包括哪些阶段？每个阶段重点研究什么内容？
4. Kast 的变革步骤包括哪些内容？
5. Schein 的适应循环方法包括哪些内容？

6. 简述 Greiner 组织成长模型中五个发展阶段各自的危机和变革方向。

7. 分析组织变革的原因，说明组织变革的动力和阻力。

8. 分别挖掘多家集团公司整体上市或拆分上市的案例，结合本章的内容以及案例公司的发展，谈谈你的看法。

本章拓展阅读　　本篇案例研读

本篇进一步阅读的参考文献

[1] (美)Stephen P. Robbins，Mary Coulter. 管理学[M]. 12 版. 北京：清华大学出版社，2018.

[2] 尤建新，邵鲁宁，卢超，等. 企业管理概论[M]. 6 版. 北京：高等教育出版社，2018.

[3] 尤建新，陈守明，赵红丹，等. 高级管理学[M]. 3 版. 北京：清华大学出版社，2019.

[4] 任浩，魏峰，金桥，等. 企业组织设计：现代的观点[M]. 2 版. 北京：清华大学出版社，2023.

第四篇

领　导

15 行为理论

在领导职能的研究中，领导行为是核心的研究对象。要深入探讨领导行为，首要的是分析组织中的个体行为，继而考察群体行为，最终则聚焦于组织行为。

15.1 个体行为

人类行为展现出无尽的多样性，其背后的影响因素同样纷繁复杂。然而，与世间万物相似，人的行为亦遵循着一定的规律性。德国学者 K. Lewin 曾提出一个描述人的行为最一般规律的示意公式：

$$B = f(P, \quad E) \tag{15-1}$$

式中，B 表示行为（Behavior），P 表示个体（Person），E 表示环境（Environment），f 表示函数符号。这一公式表明人类行为是受到个体内在因素与外部环境综合作用的结果。

所谓内在因素，它涵盖了个体的年龄、性别、健康状况、个性特征、态度倾向、能力水平、行为动机以及价值观等生理与心理层面的诸多要素。而外部环境，则是指个体所处的家庭环境、学校教育、社会环境、工作单位以及组织文化、政策导向和人际关系网络等外部条件。“身居闹市，一尘不染”恰好说明了即便在相同的环境条件下，由于个体内在因素的差异，其行为表现也可能截然不同。而“近朱者赤，近墨者黑”则又强调了环境因素对个体行为的潜在影响。

对于领导者而言，其行为的卓越表现往往体现在对组织成员行为的精准控制与有效预测上。控制行为，意味着要及时纠正成员中那些与组织要求和规范相悖的行为，引导他们朝着更符合组织期望的方向发展。而预测行为，则是基于已掌握的行为规律，预见在特定情境下组织成员的可能行动，从而作出前瞻性的决策。因此，深入研究和掌握人的行为规律，对于领导者而言，无疑是一项不可或缺的重要任务。

15.1.1 行为模式

人的行为深受动机的驱动，而动机的根源则在于个体的内在需要。行为的目标导向性明确，旨在寻求满足这些需要。从心理学视角来看，当个体产生某种需要却未能获得满足时，会陷入一种紧张与不安的心理状态。一旦遇到被认为能够满足该需要的目标，这种内心的紧张状态便会转化为强烈的动机，驱使个体采取行动以满足其需要。当目标达成，需要得到满足后，内心的紧张感随之消散。随后，新的需要又将萌生，激发新的动机，引领个体踏上新一轮的行为过程。行为的基本模式如图 15-1 所示。

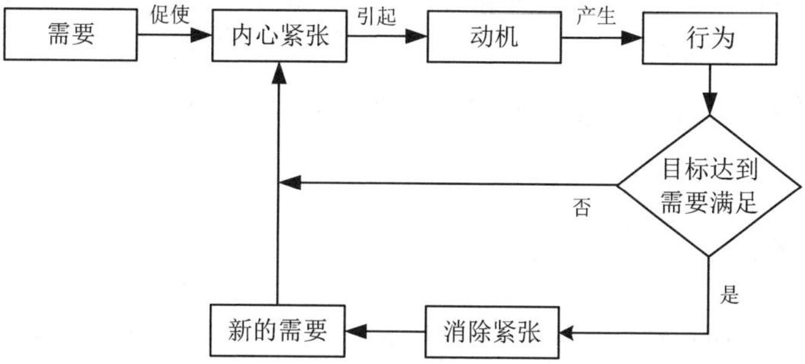

图 15-1 行为的基本模式

15.1.2 需要

所谓“需要”，指的是个体对某种目标或状态的深切渴望与追求。它源自个体在生理或心理上的某种缺失或不足。从维持体内平衡的角度来看，当人们在生理或心理层面感受到某种不平衡或缺乏时，便会产生相应的需要。

因为支配人的行为的动机是由需要产生的，所以，要研究个体行为，首先必须从研究和控制人的需要出发。

1. 需要的分类

人的需要多种多样，可以从不同角度、依据不同标准进行细致划分。从较为宏观的角度来看，可以将其大致分为物质需要和精神需要两大类。物质需要，如衣物、食物、住所、交通和日常用品等，构成了人类最基本、最核心的生理需求，也是精神需要得以满足的基础。而精神需要，则涵盖了人们追求自由创造、享受文化成果等心理层面的需求，它代表着更高层次的需要。

2. 需要的特征

(1) 指向性：每一种需要都明确指向某种具体的事物或状态，如食物、知识或社交关系等。

(2) 再生性：部分需要会反复出现，甚至呈现出一定的周期性。这种需要的不断重现，是推动需要形成和发展的关键因素。

(3) 交替性：在人生的不同阶段或特定环境中，人的需要并非单一存在，而是相互交织、构成复杂的矛盾网络。各种需要会根据其地位、性质、紧迫程度以及方向，随着人的行为表现出不断交替和变化的特性，没有哪一种需要会永远占据主导地位。

(4) 转移性：当某种需要因条件限制而无法得到满足时，个体可能会将注意力转向另一种需要的满足。

(5) 发展性：随着个体接触对象的拓展和满足方式的多样化，以及社会的不断进步和发展，人的需要也会随之发生相应变化。

15.1.3 动机

所谓动机，是驱动个人行动、维持这一行动并指引其朝向特定目标（即满足个人需要）的内在过程。

1. 动机的功能

(1) 始发功能：动机一旦形成，就能引发人的行为。

(2) 指向或选择功能：动机为个人的行为设定了明确的方向，引导其朝着既定目标前进。

(3) 强化功能：行为的结果会对动机产生反馈作用。当行为取得积极结果时，动机会得到加强，促使该行为重复出现；反之，若行为结果不佳，动机则会减弱甚至消失，导致该行为不再发生。

2. 动机的种类

(1) 生理性动机（原始驱动力）：源于人体内部生理平衡状态的变化，是所有人共有的基本需要。例如，饥饿、口渴、睡眠、对冷暖的感知以及解除痛苦等需求所引发的动机均属此类。

(2) 衍生性动机（心理性动机）：源于心理和社会因素，是通过后天学习而形成的。因此，它们因人而异，体现了每个人的独特性和个性。例如，对爱情、温柔、成就、独立以及社会赞许的追求等，均属于衍生性动机。

(3) 优势动机：在实际生活和工作中，个人的行为往往受到多个动机的共同影响。这些并存的动机构成了一个人的动机结构。在这一结构中，总有一个动机最为强烈，成为决定行为的主导因素，即优势动机。管理者需要深入了解下属的动机结构，特别是要把握其优势动机，以提高对下属行为的预测性，并更有效地履行领导职责。

3. 影响动机结构和优势动机变化的因素

(1) 嗜好与兴趣：当面临多种可以满足个人需求的目标时，个人的嗜好和兴趣往往成为其最终选择的重要决定因素。

(2) 价值观：价值观是个人对周围事物是非、好坏、善恶以及重要性的主观评价。它与兴趣紧密相关，但更侧重于生活方式和生活目标的选择，涉及更广泛、更长期的行为导向，其最终指向是个人的理想。

(3) 抱负水平：抱负水平是指个人希望自己的工作能够达到某种质量标准的内在需求。个人的嗜好与价值观决定了其行为的方向，而抱负水平则决定了其行为所能达到的高度。在从事某项实际工作之前，个人通常会在心中预设一个期望的成就目标，并全力以赴地朝此目标努力。如果工作结果的质量或数量达到了或超过了预期的成就目标，个人便会产生成就感；反之，则会产生失败感或挫折感。影响个人抱负水平的因素主要有三个：个人的成就动机（即是否追求超越他人或无所谓）；过去的成败经验（这与个人的能力及判断力密切相关，过去的成功经历会提升抱负水平，反之则会降低）；环境的影响（如父母、老师、朋友、领导的期望或整个社会的氛围都会对个人抱负水平产生影响）。

15.1.4 激励

组织最高管理者的核心职责，在于激发全体成员的潜能，使他们充分发挥作用，以共同实现组织的目标。为此，管理者需深入探究：在何种条件下，员工更愿意按时出勤、坚守岗位，并高效地完成工作？同样条件下，为何有的员工工作成绩卓越，而有的却表现平平？

一般而言，影响员工工作成绩的关键因素，可以用一个简单的公式来概括：

$$工作成绩 = 能力 \times 干劲（即激励的效果） \tag{15-2}$$

从这个公式中不难看出，即便一个人能力出众（设为 1），但若缺乏干劲（为 0），其工作成就也将为零；若干劲不足（为 0.5），则工作成绩也会大打折扣（为 0.5）；若干劲十足（为 1），则必将成绩斐然（为 1）。在实际工作中，我们常发现，有些员工业务技术娴熟，但工作成绩却并不出色，这往往是因为他们的工作干劲未被充分激发。因此，组织管理者若要追求佳绩，就必须同时提升员工的工作能力（业务技术水平）并激发他们的干劲。前者可通过培训教育来实现，这属于人力资源开发与管理的研究范畴；而后者，则有赖于管理者的有效激励。

激励过程可以用基本的动机激发循环图表示，如图 15-2 所示。

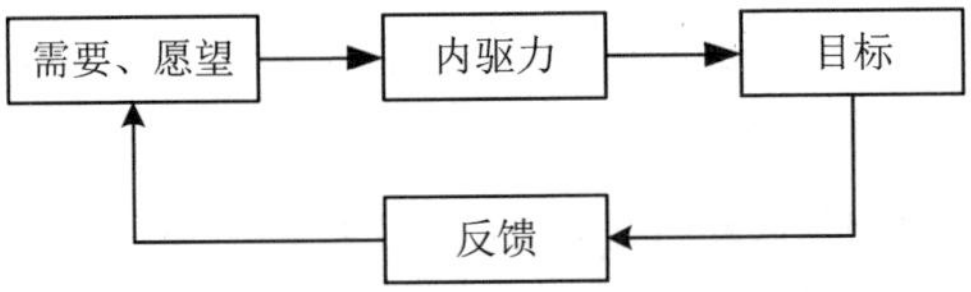

图 15-2　基本的动机激发循环图

心理学家们在动机激发的基本模式基础上，提出了许多激励理论，主要有四种类型。本书在第 16 章激励理论中将进行详细阐述，在此只简单介绍。

(1) 内容型激励理论。侧重于研究激发动机的因素，尤其是从满足需要方面来研究激励。这一类型的理论主要有 A. H. Maslow 的“需要层次理论”、F. Herzberg 的“双因素理论”和 D. C. McClelland 的“三种需要理论”等。

(2) 过程型激励理论。侧重于研究从动机的产生到采取具体行动的心理过程。这类理论都试图弄清人们对付出劳动、功效要求和奖酬价值的认识，以达到激励的目的。最有影响的是 E. A. 洛克（E. A. Locke）的“目标设置理论”、V. H. Vroom 的“期望理论”和约翰·斯塔希·亚当斯（J. S. Adams）的“公平理论”（社会比较理论）等。

(3)“强化”激励理论。这类理论以 B. F. Skinner（1904—1990 年）的“操作性条件反射论”为基础，着眼于行为的结果，认为当行为的结果有利于个人时，行为会重复出现；反之，行为就会削弱或消退。心理学称这一现象为“强化”，这一理论也被称为强化理论。

(4) 综合型激励理论。这一类理论的代表是 R. House，他提出的激励综合模式是把上述几类激励理论综合起来，把内、外激励因素都归纳进去，比较全面地反映人在激励中的心理过程。

15.2 群体行为

在组织环境中，个体并非孤立存在，而是融入各种性质的群体中发挥作用。群体与个体之间、群体与组织之间均存在着紧密的关联与相互影响。深入探究群体行为的规律，将有助于组织管理者更有效地行使领导职责。

15.2.1 群体和群体规范

群体，指的是由至少两个个体为达成共同目标，在相互依赖与互动中形成的联合体。

1. 群体的核心特征

(1) 心理联结：群体成员间需存在心理上的相互认知与归属感，即每个成员都明确“我属于这个群体”。

(2) 行为互动：成员间的行为应相互影响，遵循一定的行为规范。

(3) 共同目标：群体的结合旨在实现一个超出个体能力范畴的共同目标，需全体成员协作达成。

2. 正式群体与非正式群体及协调策略

正式群体，指由官方文件明确界定，拥有固定成员、明确职责与组织地位的群体，如组织内的部门。

非正式群体，是无正式文件规定，人们在相互交往过程中自发形成的群体。其特点包括成员间凝聚力强、有自然形成的“领袖人物”、有非正式规范影响成员行为、信息流通快及一定的排他性。此概念源自 1933 年哈佛大学教授 G. E. Mayo 在《工业文明的人类问题》一书中的阐述，基于 Hawthorne 实验结果提出。

正式群体与非正式群体的协调策略：①优化正式群体结构，促进成员心理平衡，减少非正式群体形成需求；②利用非正式群体的积极面，助力正式群体目标实现；③争取非正式群体领袖支持，增强正式群体的凝聚力；④加强沟通，支持有益的非正式活动；⑤采取管理措施，限制或消除非正式群体的负面影响。

3. 群体规范

群体规范，即群体中所有成员必须遵循的行为准则与标准，是管理人员研究群体行为的关键内容之一。群体规范的形成受模仿、暗示、顺从、服从及认同等心理因素的影响。

群体规范主要有四大功能：①群体支柱：为群体提供稳定基础；②行为标准：指导成员行为，确保一致性；③群体动力：激发群体活力与向心力；④行为矫正：纠正偏离规范的行为，维护群体秩序。

规范分析法由美国学者索尔・皮尔尼克（S. Pilnick）提出，旨在改善群体行为、促进群体建设。该方法包含：①明确规范内容：界定群体应遵守的具体准则；②制定规范剖析方案：深入分析现有规范的有效性；③实施改革：基于分析结果，对群体规范进行调整与优化。

15.2.2 群体压力与从众行为

1. 群体压力

群体压力指个体在与群体中多数人的行为或意见相悖时，所承受的一种心理压力。

群体压力的积极效应体现在：①有助于塑造群体成员的共同行为模式，从而高效完成共同的任务；②能加强群体内部的联系与团结；③能为群体成员提供一定程度的个人安全感。

然而，群体压力也有其消极的一面，即可能抑制成员的创造力与个性表达。因此，管理者应巧妙运用群体压力来规范成员行为，但同时需警惕，避免其成为压制正确意见和创新的障碍。

2. 从众行为

从众行为指在群体压力的作用下，个体可能会放弃个人立场，转而与群体中的大多数保持一致。

对于组织管理者而言，应对从众行为进行如下考量：①积极利用从众行为的正面效应，促进组织成员间的协同合作与行动一致，提升团队效能；②警惕表面上和谐一致可能掩盖的真实问题，防止因误解或忽视个体差异而导致的决策失误；③保持开放心态，主动倾听并尊重不同声音，鼓励创新思维与行为，为组织注入持续发展的活力。

15.2.3 群体凝聚力

群体凝聚力体现的是群体对成员的吸引力、成员对群体的向心力，以及群体内部成员间的相互吸引力。凝聚力的强度直接关联着成员对群体的忠诚度以及遵守群体规范的程度。以下因素主要影响着群体凝聚力的强弱：

（1）领导方式：一般认为，参与式领导更能提升群体凝聚力。这是因为参与增强了成员的主体意识和归属感，促进了群体内部的沟通与交流，从而加深了相互间的信任。

（2）外部环境影响：群体间的竞争所带来的外部压力，往往能激发群体凝聚力的提升。然而，其副作用是可能加剧成员对其他群体的对立情绪。

（3）目标结构一致性：群体成员的工作任务目标相互关联度越高，群体凝聚力就越强。这是因为目标的高度关联度使得成员间的工作绩效相互依赖，进而增强了群体的整体性。

（4）群体成就与荣誉：组织所取得的成就、荣誉及其在社会上的地位，直接影响着组织成员的荣誉感和成就感，进而对群体凝聚力产生正向影响。

（5）成员依赖度：成员在需求满足方面对群体的依赖程度越高，群体对其的吸引力就越大。当群体内多数成员都有此感受时，群体的凝聚力自然得以增强。

（6）群体规模：群体成员过多可能导致参与机会减少、意见难以统一，进而削弱群体凝聚力。因此，管理者在确定组织人员配置时，需充分考虑群体规模的影响。

（7）其他因素：成员间的信息沟通效率、管理人员的素质、成员的个性特点等也是影响群体凝聚力的重要因素。

管理者在研究群体凝聚力时，应特别关注群体凝聚力与组织目标之间的关联。当群体目标与组织目标高度一致时，强大的凝聚力将有力推动组织目标的实现；反之，若群体目标与组织目标相悖，高凝聚力则可能对组织目标的实现产生阻碍作用。

15.2.4 群体冲突

在群体活动中，鉴于成员间的个体差异与组织特性的客观存在，冲突在所难免。这些冲突具体体现在成员面对相互对立、难以调和的多目标时所产生的心理纠葛。由于冲突的普遍性和不可避免性，管理者往往需要投入大量时间来解决群体或个体间的矛盾。

（1）冲突的主要诱因：①个人品质差异；②资源争夺；③价值观分歧；④利益冲突；⑤角色定位不同；⑥权力争夺；⑦责任界限模糊；⑧组织变革带来的不

适应；⑨组织风气影响；⑩年龄或性别差异导致的误解；⑪信息沟通不畅；⑫奖励分配不公。

（2）处理群体冲突的方法：①通过协商寻求共识；②采取仲裁方式公正裁决；③采取回避策略（如调整冲突方的岗位）；④领导主动承担责任，化解矛盾；⑤引导冲突双方转移注意力，聚焦共同目标；⑥寻求双赢解决方案，让双方都能感受到胜利；⑦进行角色互换，增进相互理解；⑧设立“心灵驿站”（类似日本松下电器公司的“精神健康室”，用于处理成员对管理者的不满以及成员间的冲突）。

15.3 组织行为

群体分为正式群体和非正式群体，对这两类群体的行为都是群体行为研究的内容。本节对组织行为的研究特指正式群体，主要探讨组织中的角色、冲突和压力。

15.3.1 组织中的角色

1. 角色期望

职位说明书是描述职位角色期望的第一个核心方面。它详细确定了各职位的主要职能、职责、权力，以及该职位与其他职位之间在完成工作时所必需的主要关系。这些说明为职位的执行者提供了清晰的工作框架。此外，与职位紧密相关的个人还会有其他一些期望，这些期望往往通过他们的处事态度和行为表现出来。

2. 角色分派

角色分派是组织管理中第二个重要的方面。它是一种涉及影响和沟通的过程，通过这一过程，可以明确角色接受者或当事人在执行指定角色时所拥有的自由度，包括对资源的支配权。同时，角色分派还包括对权力的使用规定，以及对完成角色期望者的奖励和对未完成者的惩罚，从而确保角色执行的有效性和公正性。

3. 实际接受的角色

实际接受的角色是组织角色行为中的第三个关键方面。事实上，角色接受者对所分配角色的理解与分配者对角色的规定之间，在一致性上往往存在某种程度的差异。这种差异主要源于角色接受者和分配者对角色期望的不同，他们各自站在不同的位置和角度，导致对角色行为的认知存在偏差。因此，角色行为是多重分配任务、多重扮演角色以及个人对这些角色所持有的期望等多种因素相互作用的产物。

4. 角色行为的复杂性

角色行为涵盖了从相对简单到非常复杂的各种行为模式。最简单的是一元式的组织角色行为，即一项任务、一个职责、一个职位由一个人承担。然而，在实际组织中，常常会将多重角色集合为由一个人承担的单一职位，或者一个人可能同时承担多重角色、多重职责和多重职位。当一个人的角色从简单变得复杂时，他需要履行多重角色、承担多重职责、占据多重职位，这时冲突就难以避免。因为无论何种情况，所有角色都要求由同一个人来完成，这就增加了角色执行的复杂性和冲突的可能性。

15.3.2 组织中的冲突

冲突是组织生活中常见的一种现象。研究的关键不在于消灭冲突，而在于探究冲突产生的原因、冲突的类型，以及学会如何应对冲突，从而减少或消除冲突对组织和组织成员产生的负面压力。

1. 任务分派者引发的冲突

当任务分派者的行为导致接受者作出冲突性反应时，应审视冲突是否源自任务分派者。例如，生产经理既要求增加产量，又禁止加班，使接受者难以执行；或当组织成员从多个来源收到相互矛盾的行为指令时，就会产生任务分派者之间的冲突。遵循统一命令的领导原则，有助于最小化任务分派者自身或之间的冲突。

2. 任务接受者面临的冲突

组织成员可能同时属于组织内外的多个群体，从而面临不同角色之间的冲突。如组织成员接受加班任务可能与家庭成员的角色需求相冲突；或生产工人对分派任务的反应可能与工人群体的某种默契相悖。因此，任务接受者的冲突主要源于成员身兼多职（正式或非正式），表现为同一人扮演不同角色间的冲突。

3. 人与角色之间的不匹配冲突

当某人被赋予与其自我感觉不符的岗位角色时，就会产生人与角色之间的冲突。例如，某人被要求行贿以促成交易，或某人自认为其才华未得到应有的认可等，这都是人与角色冲突的体现。

4. 人与人之间的冲突

人与人之间的冲突多因担负的任务角色处于组织交界面而产生。这种冲突源于冲突双方成员服从具有矛盾任务的组织要求。如采购员与供应商的销售员因各自代表不同利益而发生冲突。一般而言，人与人之间的冲突多由任务目标（或性质）引起，但个人价值观也可能使情况复杂化。

15.3.3 组织中的压力

冲突往往伴随着压力，这是人与环境之间相互作用所产生的一种正常反应。在组织环境中，除了冲突本身，任务含糊不清和任务负担过重也是常见的压力源。

1. 任务含糊不清

任务含糊不清是引发压力的重要因素之一，其根源主要包括以下几点：①有关任务角色的冲突，导致接受者难以明确自身职责；②发出的命令内容不明确，使接受者无法准确理解任务要求；③任务目标尚未确定，让接受者缺乏明确的方向；④任务作用与接受者的愿望不协调，产生心理抵触。这些因素都会导致任务接受者处于举足不定、心理压力很重的状态。

2. 任务负担过重

任务负担过重指任务接受者因资源有限（如时间、人力等）而无法按要求（如预定的计划时间内）完成预期的活动。这一问题并非源于任务要求不合法或对要求缺乏理解，也不是因为接受者的愿望与任务要求不一致。问题的核心在于资源的有限性，这迫使接受者作出艰难的选择，如为了数量而牺牲质量，或从众多任务中挑选一个优先执行而放弃其他。这些选择不仅增加了心理压力，还可能对任务成果产生负面影响。

本章小结

(1) 人的行为是千差万别的，但有一定的规律。Lewin 提出的公式表明，人的行为受到其个体本身的内在因素和其周围环境的综合因素的共同作用。领导行为要能够控制和预测组织成员的行为，必须把研究和掌握人的行为规律作为一项重要的工作内容。

(2) 人的行为是由动机所支配的，而动机则是由需求所引起的。于是，组织的管理者必须研究围绕着需求、动机以及人的行为等一系列的激励理论。

(3) 由于人类个体不是单独在组织中发挥作用的，管理者必须对群体行为和组织行为有一定的研究。要研究和借助群体规范、群体压力、从众行为、群体凝聚力、群体冲突等组织中影响群体行为的各类因素为实现组织目标服务。对组织中正式群体行为的研究主要以角色（描述、分派、接受）、冲突（分派、接受、人）和压力为重点内容。

行为理论思维导图

本章思考题

1. 阐述公式 $B=f(P, E)$ 的含义。
2. 心理学的研究是如何描述人的行为模式的?
3. 什么是需要? 有什么特征?
4. 什么是动机? 有什么功能?
5. 影响动机结构和优势动机变化有哪些因素?
6. 以实例描述公式“工作成绩＝能力×干劲”。
7. 什么是激励? 有哪些研究激励的理论?
8. 什么是群体? 有什么特征?
9. 如何有效地协调正式群体和非正式群体?
10. 什么是群体规范? 有哪些功能?
11. 什么是群体压力? 有哪些积极作用?
12. 什么是从众行为? 为何研究从众行为?
13. 什么是群体凝聚力? 群体凝聚力受到哪些因素的影响?
14. 什么是群体冲突? 引起冲突的原因有哪些?
15. 对组织中角色的研究包括哪些方面?

16. 组织中的冲突包括哪些方面？怎么解决？

17. 组织中的压力是怎么引起的？有何良策？

18. 挖掘阿希从众实验的相关文献，思考阿希从众实验过去了70多年后的今天，“90后”和“00后”员工还会有同样的表现吗？为什么？

本章拓展阅读

16 激励理论

在领导职能中，研究人的行为的一个重要目的，就是要充分激发和调动人的工作积极性，这直接关系到激励问题。调动组织成员的工作积极性，是领导职能中必须深入研究和切实完成的重要任务。关于如何进行有效激励，管理学家和心理学家们提出了各种研究理论，这些理论被统称为激励理论。

16.1 内容型激励理论

内容型激励理论主要着眼于人的内在需要，探索激发工作动机的内在规律和机制。本节主要介绍需要层次理论、双因素理论和三种需要理论。

16.1.1 需要层次理论

需要层次理论是由美国心理学家 A. H. Maslow 在 1943 年提出的。他认为，人都有一系列复杂的需要，这些需要可以按其优先次序排列成阶梯式的层次，其中有四点基本假定：①已经满足的需要不再成为激励因素，即一种需要得到满足后，另一种需要会取而代之，因此人们总是处于力图满足某种需要的状态之中。②大多数人的需要结构是复杂的，在任何时刻都有多种需要在影响着每个人的行为。③一般情况下，当一个层次的需要得到满足后，人们会向更高层次的需要发展。④满足较高层次需要的途径比满足较低层次需要的途径更多样化。

Maslow 将需要分为五大类，即生理需要、安全需要、社交需要、尊重需要与自我实现需要。

1. 生理需要

生理需要是人类维护自身生存的最基本需求，如食物、水、空气和住房等。这类需要处于层次的最底层，人们在满足这类需要之前，会全力以赴。如果这类需要不能被满足，人类的生存将受到威胁。因此，它是推动人类行动的最强大动力。

2. 安全需要

安全需要是在生理需要得到基本满足后产生的。人们希望解除对生病、失业、意外灾难、养老等经济生活的担忧。安全需要包括心理、劳动、职业、环境、经济等多个方面。

3. 社交需要

社交需要是在前两种需要得到基本满足后产生的强烈动机。它包括社交和归属的欲望，希望得到别人的安慰和支持，离群独居会感到痛苦。人们希望与伙伴、同事之间关系融洽，保持友谊与忠诚，希望得到信任和互爱。社交需要与一个人的性格、经历、教育、所属国家和民族以及宗教信仰都有关系。

4. 尊重需要

尊重需要包括对自己成就或自我价值的个人感受，也包括别人对自己的赏识或尊重。在满足社交需要后，人们开始关心成就、声望、地位和晋升机会，以及别人对自己的重视和赏识。尊重需要的满足能使人产生自信和价值感；若不能满足则会使人感到沮丧。

5. 自我实现需要

自我实现需要是最高层次的需要，即成就的需要。它的目标是自我完成，实现一个人的潜能、理想和抱负，做一些自己认为有意义、有价值的事情。达到自我实现境界的人会体验到更多的自发性、解决问题的能力、不偏不倚的态度以及要求独运匠心、不受干扰的愿望。Maslow 认为，自我实现需要的产生有赖于前面四个层次需要的满足。达到“自我实现”境界的人具有一系列特点，如更有效地意识到现实、认识自己和他人、独立性、自主性等。

Maslow 的需要层次理论（图 16-1）认为，任何特定的需要的强烈程度都取决于它在需要层次中的地位以及其他较低级需要已被满足的程度。这一理论预示，激励是一个动态的、逐步的、因果性的过程，在此过程中，行为受到一套不断变化着的“重要”需要的控制。Maslow 指出，虽然这种层次中的等级关系可能因人而异，但生理需要总是最优先的，而自我实现的需要则是满足得最不够的。

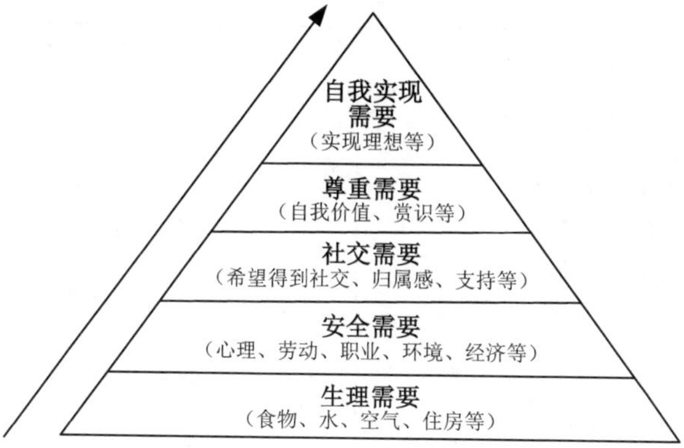

图 16-1 Maslow“需要层次理论”

16.1.2 双因素理论

F. Herzberg 的双因素理论重点在于解释组织成员为何重视某些与工作有关的成果。1959 年，他提出新观点：调动工作积极性的关键在于使人们对工作产生感情，从工作本身激发出内在积极性。他将影响工作动机的因素分为两类：激励因素和保健因素，从而提出了“双因素理论”。

1. 激励因素

激励因素是指能够使组织成员受到激励，在工作中表现出最佳状态的因素。这类因素源自工作本身，给予组织成员很大的激励和工作满足感，促进生产效率提升。若这类因素得不到满足，组织成员虽不会有较大不满，但也只是没有满意感而已。

2. 保健因素

保健因素是指那些只能保证组织成员对工作不会产生不满的因素，主要与工作环境条件相关。若这些因素不具备或有缺陷，必然引起组织成员的不满；但改善这些因素也只能消除不满，无法对组织成员产生多少激励作用。

Herzberg 认为，传统的“满意—不满意”观念不确切。满意的对立面应是没有满意（而非不满意），不满意的对立面应是没有不满意（而非满意）。这一观点基于他对激励因素和保健因素的深入分析。

Herzberg 及其同事对 200 多名工程师和会计师进行调查，提出了属于激励因素和保健因素的具体项目，见表 16-1。

表 16-1　激励因素和保健因素

保健因素（外在因素）	激励因素（内在因素）
公司的政策和行政管理 技术监督系统 与上级主管之间的人事关系 与同级之间的人事关系 与下级之间的人事关系 工作环境和条件 工资 个人的生活 职务、地位 工作的安全	工作上的成就感 工作中得到的认可和赞赏 工作本身的挑战意味和兴趣 工作职务上的责任感 工作的发展前途 个人成长、晋升的机会

3. 激励因素与保健因素的区别与联系

激励因素往往以工作内容为中心，而保健因素则更多与工作的外部条件和所处环境相关。二者区别类似内在激励因素与外在激励因素。内在激励因素是工作本身的一部分，产生于工作进行时；外在激励因素指外部奖酬，仅在工作后或工作场所以外有意义。当组织成员受到较大内在激励时，对外部因素引起的不满具有较大忍受力；反之，这种忍受力会削弱甚至消失。

4. 双因素理论与需要层次理论的关系

Herzberg 的双因素理论与 Maslow 的需要层次理论密切相关。二者既有联系又有区别。需要层次理论针对人类的需要和动机；双因素理论则针对满足这些需要的目标或诱因。结合二者来看，保健因素相当于需要层次论的中低层次需要，只能维持工作激励在“零状态”，是防止不满的前提；激励因素相当于需要层次中的高层次需要，满足这类需要才能真正达到满意感，有效、持久、充分地激励组织成员。需要层次理论和双因素理论对照比较如图 16-2 所示。

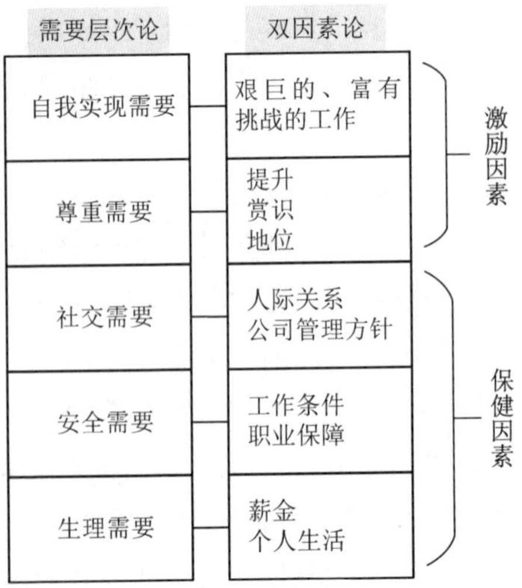

图 16-2　Maslow 和 Herzberg 激励理论的比较

16.1.3　三种需要理论

戴维·克莱德·麦克利兰（D. C.

McClelland）提出了三种需要理论（即成就需要理论），主要探讨了人们对成就、权力和归属的不同需求及其对工作表现的影响。

1. 对成就的需要

有成就需要的人对胜任和成功有着强烈的要求。他们乐于接受挑战，往往为自己设定有一定难度但并非高不可攀的目标。这类人敢于冒风险，同时能以现实的态度对待冒险，不迷信侥幸，而是善于分析和估计问题。他们愿意承担工作的个人责任，并希望得到明确而迅速的反馈。成就需要强的人通常不常休息，喜欢长时间工作，即使失败也不会过分沮丧，反而喜欢表现自己。

2. 对权力的需要

具有较高权力欲的人对施加影响和控制表现出极大的兴趣。他们通常寻求管理者的地位，喜欢争辩、健谈、表现出强有力和直率的特质，头脑冷静且善于提出问题和要求。这类人也喜欢教训别人，乐于讲演，展现出强烈的领导欲望和控制欲。

3. 对归属的需要

具有归属需要的人通常从友爱、情谊和人际交往中获得欢乐和满足。他们总是设法避免因被某个组织或社会团体拒之门外而带来的痛苦。这类人喜欢保持融洽的社会关系，享受亲密无间的以及相互谅解的乐趣，并随时准备安慰和帮助处于危难中的伙伴。

McClelland认为，一个组织拥有成就需要的人越多，其发展和成长就越有保障。这种组织的工作有效性和效率会更高。同样，一个国家拥有高成就需要的人越多，就越兴旺发达。他甚至指出，一些国家之所以不发达，重要原因之一就是缺少这样高成就需要的人。

那么，是否所有的管理者都十分重视成就激励呢？一般来说，有较高成就激励的管理者通常工作得更好，进步也更快。然而，许多管理者不仅需要成就激励，也需要归属和社交的刺激。因为后一种需要是与人共事、合作相处十分重要的条件。管理者需要平衡这两种需求，并在工作中取得更好的成就。

16.2 过程型激励理论

过程型激励着眼于从“外在的目标”来研究对人的激励，侧重研究从动机产生到采取具体行动的心理过程。

16.2.1 目标设置理论

目标是人们行为的最终目的，是预先规定、合乎自己需要的“诱因”，也是激励人们有形的、可以测量的成功标准。最早提出目标设置理论的是 E. A. Locke，他在研究中发现，外来的刺激因素，如奖励、工作反馈、监督的压力等都是通过目标来影响动机。因此，重视目标和争取完成目标是激发动机的重要过程。

重视目标与重视任务的个人，其倾向存在显著差异（表 16-2）：

表 16-2　　重视目标的人与重视任务的人倾向对比

序号	重视目标的人	重视任务的人
1	寻求结果的反馈和信息，需要对自己的工作成绩的评价，需要具体的反馈	避免反馈和评价，追求赞许而不是工作成绩的评价
2	认为金钱是成就的标准，而不是努力工作的奖励	金钱鼓励直接影响工作成就；工作随金钱鼓励而相应地改变
3	如果目标的实现是可能的，愿意承担个人工作责任	不管成功的机会如何，避免承担个人责任
4	对能改进的工作完成得很好，更喜欢创造性的机会	更喜欢常规的不加改进的工作，从创造性中得不到满足
5	寻求危险适度的目标	寻求危险很低或者很高的目标
6	从解决难题中获得成就的满足	从解决问题中获得的满足不如从完成任务中获得的满足强
7	有指向目标的强大动力和体力	不一定有强大的动力，体力不是指向目标的
8	工作主动，把建议看作是干扰	听从个别的指示，接受建议
9	根据成功和失败的现实，调整抱负的水平	不管成功或失败保持高或低的抱负水平

目标设置理论认为，设置可达到的目标是一种强有力的激励，是完成工作的最直接动机，也是提高激励水平的重要过程。组织领导者应充分利用目标设置这一手段，使组织中所有各级人员都能看到和达到个人目标，这是行之有效的激发动机，是调动积极性的关键。同时，组织领导者还应力求把组织目标和组织成员

的个人目标结合起来，并使个人目标在组织范围内有可能实现。

目标设置是一个过程，且常是一个反复的过程。在计划组织目标时，应考虑组织成员个人的参与，使他们寻求的目标将是个人的，并且这些个人目标的实现将导致组织目标的实现。这样，所产生的行为将有助于实现组织目标和组织成员个人目标的协调一致。从激励效果来说，有目标比没有目标好，有具体的目标比只有空泛的、号召性的目标好，有能被执行者接受而又有较高难度的目标比随手可得的目标好。

心理学家建议，遇到难度很高、庞大复杂的目标时，可以将其划分为若干阶段性目标，即“小步子”，通过逐一完成“小步子”来达到总目标。这一点与目标管理的思路有相似之处。同时，随着时间的推移，目标的作用会慢慢减弱。因此，目标的实现期可以短一些，并应与反馈、工作评价等结合使用。设置目标后，目标会促使人去努力，努力使人获得成绩，成绩使人自信自尊，进而激发设置更高目标的愿望，形成良性循环，推动人们不断进步。

16.2.2 期望理论

期望理论是美国心理学家 V. H. Vroom 于 1964 年提出来的。其基本观点是：人们只有在预期其行动有助于达到某种目标的情况下，才会被充分激励起来，从而采取行动，以达到这一预期目标。

Vroom 认为，个人的目标会直接影响个人的工作积极性。如果一个人被认为通过努力工作能够取得良好的工作成绩，并且这些成绩将导致他向往的目标实现，那么他就会为了达到这个目标而积极工作。

目标的激励作用如图 16-3 所示，“努力工作”是手段，“工作成绩”是一级成果，它又是取得二级成果——“良好结果”的手段。

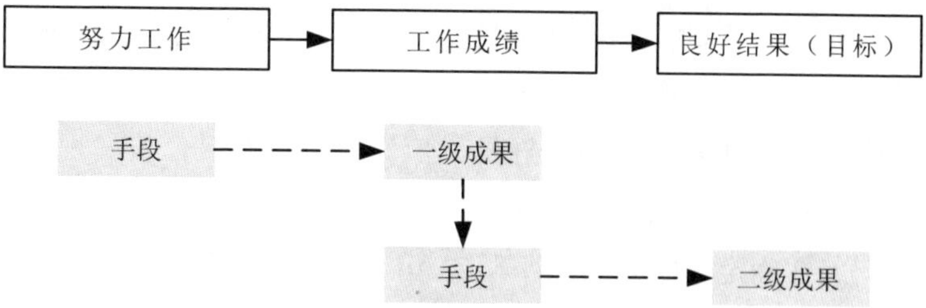

图 16-3　目标的激励作用

目标对人的激励力量的大小可以用下面的公式表示：

$$激励力量=效价\times期望 \tag{16-1}$$

效价：指个人对自己所采取的行动将会达到某一成果或目标的估价。如果个人对成果或目标漠不关心，则效价的值为零；当个人希望达到这种结果时，效价为正值，且期待达到的程度越强烈，效价的值越高。

期望：指某一特定行动导致预期结果（或目标）的可能性大小（也叫概率），这是个人凭自己的经验所作出的主观判断。期望值（概率值）介于 0 和 1 之间，该数值越大，激励力量越强。

式（16-1）表明，只有当效价大于零时，才有激励力量，而且效价越高，激励力量越大。同时，期望值也越高，激励力量越强。

从期望理论出发，要调动组织成员的工作积极性，组织的管理者就必须给他们设置一个有吸引力的、效价较高的目标，并且创造条件使组织成员能够较满意地达到这个目标。如果目标对成员来说效价不高，管理者就应该设法调整或改变目标，以提高效价。或者管理者可以设法改变成员原来的认识，使得原定目标的效价在成员心中得到提高。通过这样的方式，管理者可以更好地激发组织成员的工作积极性，促进组织目标的实现。

16.2.3 公平理论

公平理论是由美国心理学家 J. S. Adams 于 1965 年提出的。该理论侧重于研究工资报酬分配的合理性、公平性对组织成员工作积极性的影响。它指出，成员的工作动机不仅受其所得绝对报酬的影响，还受相对报酬的影响，即个人不仅关心自己收入的绝对值，也关心自己收入的相对值。

公平理论认为，个人不仅会将自己付出的劳动和所得的报酬与他人进行社会比较，衡量自己与他人的“投入”（如教育、努力、时间等）和“报酬”（如金钱、赏识等）是否相等，还会与自己过去的付出和所得进行历史比较。当发现比较相等时，个人会感到公平，心情舒畅，工作努力；相反，若发现比例不相等，则会产生不公平感，内心感到不满。

那么人们怎样确定奖酬是否公平呢？Adams 提出了一个公平关系的方程式，如图 16-4 所示。

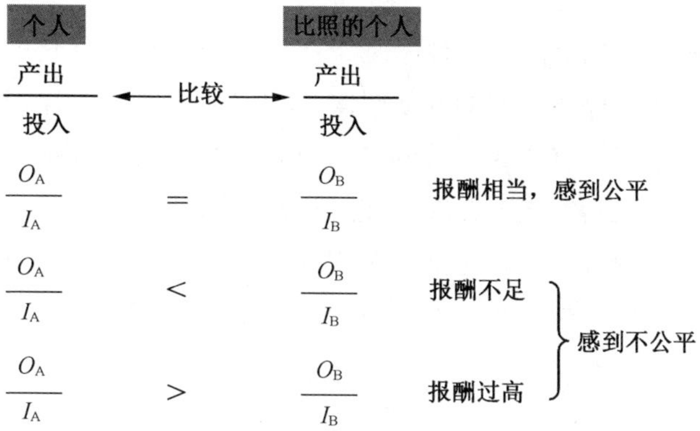

图 16-4　Adams 的公平理论

图 16-4 中，O 表示个人从某项工作所得的报酬，或所产出的结果，简称“产出”或“所得”，一般指工资、奖金、地位、提升或对工作的兴趣等；

I 表示个人对该项工作所付出的努力或所投入的代价，简称“付出”或“投入”，一般包括年龄、性别、所受的教育和训练、所具有的经验和技能、资历、职务、社会地位、对组织的忠诚、作出的努力程度、过去和现在的工作绩效等；

A 表示存在公平或不公平的个体；

B 表示与 A 有某种关系或 A 与之相比较的个体；

O_A/I_A 与 O_B/I_B 分别表示个体 A 与 B 的“所得”与“付出”之比率。

图 16-4 具体显示了 A 与 B 相比较后所出现的三种基本心理状态：其一，二者比率相等，即报酬相当，个体感到公平，心态平衡；其二或其三，二者比率不等，即报酬不足或过高，个体产生不公平感。

“所得”和“付出”全凭个体的主观感觉，当个体主观上感到“不公平”时，会产生一种力图恢复“公平”的愿望。不公平感对大多数人是一种令人不安甚至厌恶的刺激，会激发个体消除紧张状态的内在驱动力。Adams 指出，这样一种激励可以表现成几种形式，如：①通过自我解释，实现自我安慰。如通过曲解自己的或别人的收支，主观上造成一种公平的假象，消除不公平感。②采取一定的行为，如向主管提出要求，要与某人一争高低。③采取一定的行动，改变自己的收支情况，如怠工，要求增加收入。④换一个比较对象进行比较，以获得主观上的公平感。⑤发牢骚，放弃工作，制造人际矛盾，或者自知“斗”不过别人，只好认了、忍了等。

公平理论假设分配上的公平性是基于人们的投入与其所获结果相当，但也有人认为，公平还可以按人们的需要付酬，或“大家得到一样多”来评价。不同人有不同的公平观，有些人只看到自己收入不如别人，就感到不公平。公平理论指出，人与人之间客观上存在着相互比较，因此必然会在人们心理上产生公平或不公平的问题。管理者应高度重视这一点，在处理各种问题时，除了要进行适当的公平教育之外，在工作中应力求公平、公正，力求给人以公平、公正的感受。

16.3 “强化”激励理论

内容型激励理论和过程型激励理论，主要侧重于从人的需要、理解和认识等心理因素来探讨对激励的影响，而强化理论则着重研究个体外在的行为表现及其结果对行为的反作用。具体来说，当行为的结果对个体有利时，这种行为就倾向于重复出现；反之，则会逐渐消退或终止。这种现象在心理学中被称为“强化”，相应的理论也被称为强化理论。

强化理论的主要代表人物是哈佛大学教授 B. F. Skinner。他指出当个体作用于环境并产生结果，如果这些结果满足了他的需要，那么这种行为的频率就会增加，这被称为强化刺激。任何能够增强行为反应强度的刺激物，都被称为强化物。管理者可以通过控制和运用这些强化物来影响和控制其成员的行为，从而实现行为的改造。

在管理中，运用强化理论来改造行为通常有四种方式，这四种方式可以单独使用。

16.3.1 正强化

正强化，即对组织成员的行为给予奖励和肯定，促使其重复该行为。在管理中，这通常被称为奖酬。常见的有物质奖励，如奖品、奖金等。但实际上，奖酬还包括口头表扬、特殊任务、改善工作条件和额外休假等。表 16-3 列出的是组织环境中的典型奖酬的部分内容。

表 16-3　　组织环境中的典型奖酬

物质性的	额外福利	地位标志	社交性/人际性	与任务俱来的	自我采取的
工资	医疗保健	单间办公室	非正式赞誉	成就感	自我赏识
加薪	上下班提供车辆	办公室里的装修	表扬	有更高责任的职务	自我表扬
优先购买企业股票			微笑评价性反馈		自我祝贺
	保险	不同的工作服饰		工作轮换	—
分红利	产品折扣		问候致意	成果反馈	
奖金	节假日加餐	—	非语言性信号	—	
实物刺激	旅游		拍拍肩背		
其他	疗养、休养		询问意见		
	娱乐设施		报章著文		
	工间休息		正式授予的奖赏和赞誉		

16.3.2　负强化

负强化是指预先告知某种不符合要求的行为或不良绩效可能带来的后果，鼓励组织成员按所要求的方式行事，或避免不良行为，以回避不愉快的处境。它是一种抑制性措施，旨在增加希望的目标行为出现次数。负强化与惩罚不同，前者旨在增加目标行为，后者旨在减少不良行为。

与负强化紧密相关的是逃避和回避。逃避是指成员通过实施目标行为来终止已存在的抑制性措施。例如，被批评的工人开始认真擦机器以逃避车间主任的批评。回避则是指成员在抑制性措施采取前，通过完成目标行为来防止不愉快事情的发生。如工人主动擦干净机器，以回避上司的训斥。逃避和回避都是负强化的表现，它们都会导致目标行为的增强，且都利用了抑制性措施来实现这一目的。

16.3.3　自然消退

强化能增加某种工作行为的频率，而自然消退则是减少并最终消除某种行为的过程。从管理角度看，自然消退是用来减少不希望出现的成员行为的方法，即对不良行为视而不见、听而不闻，既不给正强化也不给负强化。这样，行为者会感到自己的行为得不到承认，久而久之，该行为就会逐渐消失。通常，“自然消失”被用作惩罚的替代手段来停止不良行为。但在管理中，如果管理者对某种期望的行为长期不予强化，那么这种行为也可能会不知不觉地自然消退，即便管理者并未自觉意识到这一点。例如，若管理者一直忽视某人的工作成绩和积极性，不给予奖励和认可，久而久之，这个人的工作积极性就会减退。

虽然自然消退能有效减少不希望的行为，但并不能保证会有期望的目标行为来取代它。如果没有培养出替代性的良性行为，那么当自然消退措施停止时，不良行为很可能卷土重来。因此，在运用自然消退法时，应结合强化策略，培养并强化期望的行为，以替代需要消除的行为。

16.3.4 惩罚

惩罚与负强化一样，都是对成员行为的一种抑制性控制技术，用于在不符合期望的行为出现后进行管理。惩罚的作用是减少不良行为的发生次数。惩罚通常带有强制性和威胁性。例如，物质性的惩罚包括降职、降薪、停职停薪、罚款、调动职务、开除以及因未尽职而辞退等。一般来说，除非行为问题非常严重，否则组织不会轻易采用这类物质性的惩罚措施。

更常见的是人与人之间的抑制性后果，如管理人员对行为不端的组织成员进行训斥。此外，非语言性的抑制性后果，如不予理睬、皱眉头、嘴里哼哼以及挑衅性的体态姿势，也可以作为惩罚措施。有时，任务本身也能提供抑制性后果，如重体力劳动带来的疲劳，或恶劣、肮脏的劳动条件。当然，对不合适的行为处以罚款或暂时停止某项特权，也是惩罚的一种形式。

然而，长时间、持续地采用惩罚可能引起一些不良副作用，包括：

（1）惩罚可能引起不利的情绪反应，产生敌对情绪，甚至导致破坏性行为。

（2）惩罚对不良行为往往只能起到短期抑制作用，无法持久消除行为。

（3）惩罚可能导致组织成员设法回避或逃避惩罚，如自动退职、离职和缺勤等。

（4）惩罚可能压抑组织成员的主动性和灵活性，影响他们的探索精神和主观能动性。

（5）持续的惩罚可能在成员中形成消极自卑的情绪，影响他们的工作自信心。

（6）惩罚还可能使组织成员对管理者产生条件反射式的畏惧心理和距离感。

除了惩罚和强化方式外，强化的时间安排也对组织成员的行为和功效有影响。强化安排大致可分为连续强化和间断强化两大类，前者指每次行为出现都给予强化，后者指行为出现若干次后才给予一次强化。

16.4 综合型激励理论

这一理论的代表人物是 R. House。他试图通过一个公式把上述的几类激励理论综合起来，纳入内、外激励因素。这一代表性公式为

$$M = V_{it} + E_{ia}(V_{ia} + E_{ej}V_{ej}) \tag{16-2}$$

式中，M 代表某项工作任务的激励水平高低，即动力的大小。

V_{it} 代表对该项活动本身所提供的内酬效价，它所起的内激励不计任务完成与否及其结果如何，故不包括期望值大小的因素，也可以说期望值最大是 1，所以可不表示。

E_{ia} 代表对进行该项活动能否达到完成任务的期望值，也就是主观上对完成任务可能性的估计。进行这种活动时，人们要考虑自己完成任务的能力，以及客观上存在的困难等。

V_{ia} 代表对完成任务的效价。

$E_{ej}V_{ej}$ 代表一系列双变量的总和，这些双变量中的第一个 E_{ej} 代表任务完成能否导致获得某项外酬的期望值；第二个 V_{ej} 代表对该项外酬的效价。在估计 E_{ej} 时，人们考虑完成任务后，有多大把握得到相应的外酬，如加薪、提级和表扬。

公式中下标的含义如下所述：

① i 表示内在的；

② e 表示外在的；

③ t 表示任务本身的；

④ j 表示任务导致的；

⑤ a 表示完成。

如果去掉括号，则式（16-2）右端的三项含义如下所述：

① V_{ej} 代表工作任务本身的效价，即这工作对工作者本人有用性大小。只要本人做那种工作感到有很大乐趣，很有意义，那么完成工作任务的期望值就为 1，即完成任务的主观概率是百分百，所以不必再乘 E_{ej} 了。因此，这一项也代表做

这件工作本身的内激励。

② $E_{ej}V_{ej}$ 代表任务的完成所起的内激励作用。

③ $E_{ia}E_{ej}V_{ej}$ 代表各种外酬所引起的激励效果之和，其中引入两达期望值会因为前者是对完成任务可能性的估计，后者则仅是对完成任务与获得奖酬相联系的可靠性的估计。

总之，V_{ej} 和 $E_{ej}V_{ej}$ 两项属于内在激励，$E_{ia}E_{ej}V_{ej}$ 属于外在激励，三者之和代表了内、外激励的综合效果。

本章小结

激励问题是领导职能研究的重要内容之一，可借鉴的激励理论大致分为四种类型。

(1) 内容型激励理论主要从人的需要出发，探索激励工作动机的规律性。代表性的理论有 Maslow 的“需要层次论”、Herzberg 的“双因素理论”、McClelland 的“三种需要理论”。

(2) 过程型激励理论着眼于从“外在的目标”来研究对人的激励。代表性的理论有 Locke 的“目标设置理论”、Vroom 的“期望理论”、Adams 的“公平理论”。

(3)“强化”理论侧重于研究个体外在的行为表现，强调人的行为结果对其行为的反作用。强化理论的主要代表人物是 Skinner，他认为可以运用正强化、负强化、自然消退和惩罚等方式来控制和改造组织成员的行为。

(4) 综合型激励理论将前述几类激励理论综合起来，把内、外激励因素都归纳进去。这一理论的代表人物是 House，他提出了一个综合型激励公式，即

$$M = V_{it} + E_{ia}(V_{ia} + E_{ej}V_{ej})。$$

激励理论思维导图

本章思考题

1. 激励理论有哪些类型？分别有哪些代表人物？
2. Maslow 的需要层次论把需要分为哪几大类？
3. 双因素是指哪两类因素？Herzberg 的观点与传统的观点有何差异？
4. 成员的成就需要程度对组织的发展有何作用？
5. 目标设置怎样才会产生巨大的激励力量？
6. 期望理论说明了激励力量与哪些因素密切相关？
7. 人们是怎样来衡量公平这一问题的？
8. 正强化是如何起到激励作用的？
9. 负强化与惩罚这两种方式有何联系和区别？
10. 自然消退的方式是怎么发生激励作用的？

本章拓展阅读

17 领导理论

任何一个组织目标的达成，主要取决于该组织领导人员的高素质以及他们领导的正确性和有效性。如何成为一个有效的领导者，是一个非常值得研究的课题。

17.1 领导的概念

关于“领导”一词，历来存在不同的解释。比较普遍的观点认为，领导（Leadership）是一种行为和影响力，它能够引导并激励人们去实现组织目标，是在特定条件下推动组织目标实现的行动过程。

17.1.1 领导的三要素

构成领导活动的三大要素是领导者、被领导者和环境，其中领导者扮演着最为关键的角色。

领导者（Leader）指那些在实施领导过程中施加影响的人，即那些能够影响他人并握有管理职权的人。而被领导者，则是那些同意接受领导者影响，自愿放弃部分决策自由，以共同追求某一目标的人。显然，领导者并非孤立存在，他们需要有追随者，即被领导者的存在。然而，要让一个人心甘情愿地放弃决策自由并非易事。领导者必须向下属证明自己的价值，才能赢得下属的认同和接受，使他们自愿放弃部分决策自由。因此，为了维持其领导地位，领导者必须能够给予被领导者无法从其他地方获得的满足。这样，被领导者才会自愿地赋予领导者实现组织目标所必需的职权，使他拥有对他人的权力和影响力。此时，领导者的正确性和有效性将直接影响领导者自身以及被领导者的命运。

值得注意的是，本章所讨论的领导者和被领导者的关系，并不局限于行政规定的上下级等级关系。当一个人对他人施加影响，并且这种影响被接受时，无论接受影响的人是上级、同事、下级、朋友还是其他人，他们都已成为实际意义上的被领导者，而施加影响的人则成为实际意义上的领导者。

17.1.2 领导者与管理者的区别

领导与管理在本质上是有所不同的。领导者与管理者在动机、成长路径以及思考和行动方式上均展现出显著的差异，具体体现在以下几个方面：

1. 动机与关注点的不同

领导与管理在动机和关注点上存在显著差异。管理者更注重理性和控制，他们承担着既定的目标任务，必须制订并实施计划以实现组织目标。相比之下，领导者即使处于管理者岗位，也更多地思考如何充分发挥他人的力量来提升实现目标的绩效。管理者侧重于任务的完成，而领导者则更注重激发团队的潜力和创造力。

2. 目标设定与推动方式的差异

在目标设定和推动方式上，管理者和领导者也表现出不同的角色。管理者的角色是为实现任务目标服务，他们确保计划的执行和目标的达成。而领导者则主动设立目标，并以极大的热情让团队接受并致力于实现这些目标。管理者是目标的执行者，而领导者则是目标的引领者和推动者。

3. 问题解决与决策制定的差异

在问题解决和决策制定方面，管理者和领导者也有着不同的方法。管理者倾向于把工作当成一种促成过程，通过权力、谈判和赏罚等手段让各方妥协，然后接受解决方案。而领导者则首先创造性地描绘出振奋人心的远景，达成共识后再编制解决方案。管理者注重问题的解决过程，而领导者则更注重问题的长远影响和根本解决方案。

4. 面对机遇与挑战的态度差异

在面对机遇或挑战时，领导者表现出积极主动、敢于冒险的态度，他们勇于探索新的可能性和突破点。而管理者则更加保守，他们主要关注的是如何服务于岗位职责，确保工作的稳定性和可靠性。领导者是变革的推动者，而管理者则是稳定的维护者。

5. 人际关系处理的差异

在与其他人的关系上，管理者和领导者也有着不同的处理方式。管理者关注的是如何完成工作，他们寻求合作但不愿过多投入感情。而领导者则关注事件和决策对参与者的意义，他们通过个人影响力唤起人们的情感呼应，建立更深厚的团队关系。

6. 决策制定与关注点的差异

在决策制定方面，管理者更注重利用管理职能来作出决策，他们关注决策的过程和合规性。而领导者则更多地关注应该作出什么样的决策，他们注重决策的战略性和长远影响。管理者是决策的执行者和守护者，而领导者则是决策的引领者。

7. 沟通方式的差异与融合

在与下属沟通时，管理者更多地依照组织程序进行，他们注重沟通的规范性和效率。而领导者则不会死板地依照组织程序进行沟通，他们更多地关注追随者的情感需求，以任何手段进行有效沟通。尽管管理者和领导者在沟通方式上存在差异，但并不意味着二者之间有严格的界限。许多卓有成效的管理者与领导者是一体的，他们能够根据情境和需求灵活运用不同的沟通方式。

综上所述，领导与管理在多个方面都存在显著差异，但二者并非截然分开。在实际工作中，管理者和领导者需要相互补充、相互协作，共同推动组织的进步和发展。

17.1.3 领导的影响力

影响力，指的是个体在与他人交往中，能够影响和改变他人心理及行为的能力。一般而言，领导的影响力主要由两大类构成：权力性影响力和非权力性影响力（图 17-1）。

1. 权力性影响力

权力性影响力是一种带有强制性质的影响力，它具有强迫性和不可抗拒性，以外在推力的形式发挥作用。在这种影响力的作用下，被影响者的心理与行为往往表现为被动和服从，因此其对人的激励作用是有限的。构成权力性影响力的主

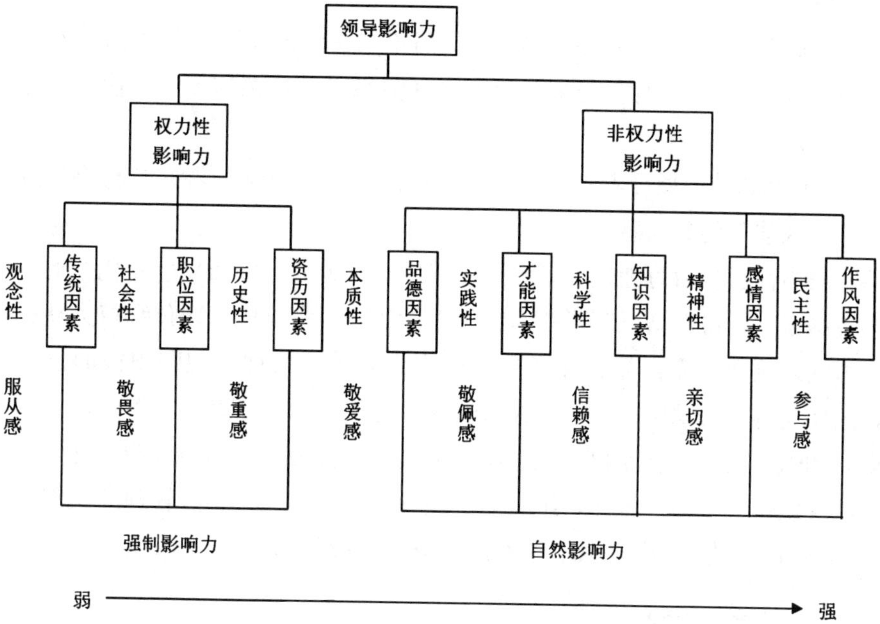

图 17-1　领导影响力构成

要因素包括：

（1）传统因素：下级对上级的服从感源于对领导者高人一等的传统观念。

（2）职位因素：社会分工所赋予的领导职权，使该职位的角色拥有一定的法定权力，从而引发被领导者的敬畏感。

（3）资历因素：领导者的资格和经历所产生的影响力，使被领导者对其产生敬重和推崇之情。

这些因素与领导者当前的个性行为表现无关，且领导者个人在改变其职位之前无法使之改变或增减。

2. 非权力性影响力

非权力性影响力是一种自然形成的影响力，它既无正式规定，也无上下授予的形式。这种影响力与领导者本人的素质、行为密切相关，被领导者是从内心自愿地接受其影响。构成非权力性影响力的主要因素包括：

（1）品德因素：领导者的品格、道德和思想面貌反映出其崇高本质，使被领导者从内心产生崇拜和敬爱感。

（2）才能因素：领导者在工作实践中所展现出的才干和能力，让被领导者产生敬佩感。

(3) 知识因素：领导者知识渊博，无所不知，使被领导者产生信赖感。

(4) 感情因素：领导者与被领导者之间关系融洽，亲如家人，使被领导者产生亲切感。

(5) 作风因素：领导者胸怀宽广，尊重民主，使被领导者在参与决策过程中拥有"主人翁"的参与感。

非权力性影响力可随领导者思想、素质和行为的改变而发生变化。通过提高领导者的素质，可以增强其影响力。权力性影响力主要依靠职位和权力获得，而非权力性影响力则需依靠领导者自身的内在素养、精神面貌和积极的态度来创造，因此显得更为重要。一个非权力性影响力很高的领导者，其权力性影响力也会得到加强；反之，若非权力性影响力很差，则权力性影响力也会下降，即领导者会缺乏整体影响力。因此，组织的管理者必须认识到，有效管理的关键在于其领导影响力，而领导影响力的关键在于非权力性影响力。

17.1.4 三类领导理论

领导理论的研究成果颇丰，归纳起来主要分为三大类：特质理论、行为理论和权变理论。

(1) 特质理论：特质理论侧重于从领导者的性格、品质等个人特征出发，分析领导成败的原因，旨在找出成功领导者所具备的特质要素。

(2) 行为理论：行为理论认为，虽然成功的领导者确实需要具备一定的良好品质，但领导者的才能和工作有效性主要体现在实际工作中。因此，对领导者在工作中的个人行为进行研究显得尤为重要。

(3) 权变理论：权变理论提出，实践中并不存在固定的最佳领导行为模式。它认为领导是一个动态的过程，领导行为应根据被领导者的特点和环境的不同而灵活变化。

这三类理论代表了领导理论研究发展的三个阶段，它们之间既有内容上的交叉，又各自具有独特的研究特点。下面将对这三类理论分别进行讨论。

17.2 领导特质理论

特质理论的研究指出，领导是一个动态的发展过程，领导者的品质和特性是在这一实践过程中逐步塑造和形成的，并且可以通过系统的训练和培养来加以造就。因此，在选拔管理者成为领导者时，不仅要明确选择的标准，而且岗前和在岗培训也需要有明确的方向和目标，同时，还应该配以严格的考核指标来进行评估。

17.2.1 古典领导特质理论

在早期的研究中，存在着一种关于“伟人”的学说。这类理论认为，一些人由于具备特定的“伟人”素质，脱颖而出成为领导者。这一学说将研究重点聚焦于领导的特质，许多研究文献相继提出了领导者应具备的众多特质，涵盖个性（如适应力、支配能力、自信力）、身体特征（如身高、体重、长相）以及能力（如智商、工作技巧、人际交往）等方面。

1. C. A. Gibb

Gibb的研究指出，天才的领导者应具备以下特质：善言、外表英俊潇洒、智力过人、具有自信心、心理健康、有支配他人的趋向、外向而敏感。这些被认为是领导者与生俱来的特质，对领导力的发挥至关重要。

2. R. M. Stogdill

Stogdill等人的初期研究提出，领导者的先天特性应包括有良心、可靠、勇敢、责任心强、有胆略、力求革新进步、直率、自律、有理想、良好的人际关系、风度优雅、胜任愉快、身体健壮、智力过人、有组织力以及有判断力等。然而，经过多年的研究，Stogdill在其1948年的著作*Personal factors associated with leadership*中改变了部分观点，他认为高度、性格和感情控制能力等因素并非是决定领导力的关键因素。

3. F. E. Fiedler

Fiedler在比利时的海军中进行了一项关于领导特质的实验。实验结果显示，管理者与普通员工在处理工作方面并无显著差异，且一些具体部门的管理者在某些工作上表现出色，但在其他任务上却表现不佳。Fiedler认为，管理者并非天生具备优于他人的特质，他们也是从普通员工中成长起来的，成为领导者后与普通员工并无显著差异。

4. P. F. Drucker

Drucker在《有效的管理者》一书中指出，有效管理者的特质与智力、想象力和知识水准之间几乎没有太大关联。他强调，一个人的有效性主要通过有条理、有系统的工作来实现，而非单纯依赖天赋才能。Drucker还指出，有效管理者在类型、性格和才智方面存在差异，但有效性是一种后天的习惯，可以通过学习获得。这一结论否定了“伟人”论的论点，即并非只有具备特定特质的人才能成为有效领导者。

17.2.2 现代领导特质理论

Drucker 的结论对古典特质理论提出了挑战。如果按照古典特质理论，只有具备特定特质的人才能成为领导者，那么对于其他人来说，即使进行培训也是毫无意义的。然而，Drucker 认为有效性是一种可以学习的习惯，这意味着通过培训和学习，任何人都有可能成为有效的领导者。这一观点为领导力的培养和发展提供了新的思路。

1. R. M. Stogdill

Stogdill 于 1974 年总结了他自 1948 年以来对领导品质的研究，发现领导者通常具备一些共同特质，包括才智、强烈的责任感与完成任务的内驱力、坚持追求目标的性格、大胆主动的独创精神、自信心、合作性、乐意承担决策和行动的后果、能忍受挫折、社交能力和影响他人行为的能力以及处理事务的能力。

2. W. Jeserich

Jeserich 在 1971 年的著作《管理才能探索》中报告了他的研究成果，他研究了领导者的个性特质和五种激励特质。个人的个性特质包括督察能力、首创精神、才智、自信心以及决断力等；激励特质则涉及对工作稳定的需要、对金钱奖励的需求、对指挥他人权力的需求、对自我实现的需求、对事业成就的需求。表 17-1 为 Jeserich 研究的总结，表示了这些特质的相对重要性。

表 17-1　　个人的个性特质对管理成功的重要性

重要性	个性特质
非常重要	督察能力
	首创精神
	才智
	自我实现
	自信心
	决断力

（续表）

重要性	个性特质
中等重要	缺乏对工作稳定的需要
	主动亲近工人阶级
	缺乏对优厚金钱奖励的需求
	处理事务的成熟程度
最不重要	性别

Jeserich 的研究因其严密的科学性而备受重视。尽管各种个性特质之间并非完全独立，仍需进一步调整和完善，但他的研究揭示了一些值得关注的要点。首先，才智和自我实现对成功至关重要；其次，指挥他人的权力并非决定性因素，这与 Y 理论的观点相契合；再次，督察能力，即运用计划、组织和控制来指导下级的能力，在管理系统性的解释中被视为最重要的特质；最后，性别特征（男性或女性）与管理成功与否并无显著关联。

3. 美国和日本的企业界

美国和日本的企业界对领导者应具备的特质有不同的看法。美国企业界认为，领导者应具备十大条件：①合作精神；②决策才能；③组织能力；④精于授权；⑤善于应变；⑥勇于负责；⑦敢于求新；⑧敢担风险；⑨尊重他人；⑩品德超人。

日本的企业界则研究认为，企业的领导者应具备十项品德和十项能力。

十项品德是：①使命感；②责任感；③信赖性；④积极性；⑤进取心；⑥诚实；⑦忍耐性；⑧公平；⑨热情；⑩勇气。

十项能力是：①思维决策能力；②规划能力；③判断能力；④创造能力；⑤洞察能力；⑥劝说能力；⑦对人理解能力；⑧解决问题能力；⑨培养下级能力；⑩调动积极性能力。

4. 成功者的四种特质

一些研究人员在对许多成功的企业领导者进行分析后，归纳出了四种关键特质。第一，领导者的智力要比跟随者高一些；第二，领导者在情绪方面较他人更为圆熟，视野开阔，见多识广；第三，领导者具有内在的动力，不断进取、追求更高目标；第四，领导者能关心和尊重他人，善于与他人合作进行富有成效的工作。这些特质是成功领导者所共有的，也是他们取得成功的关键因素。

17.3 领导行为理论

领导行为研究主要涵盖两大任务：首先，根据领导者行为的基本倾向，提炼出标志并描述领导行为的一般模式；其次，探讨领导的各种行为模式与下属人员工作表现、满意度之间的关系。研究表明，高效率领导者的行为模式与低效率领导者的行为模式存在显著差异。研究提出的多种领导行为理论模式，大致可以归纳为两大类：一类聚焦于领导者的行为侧重点，即是更侧重于工作任务还是更关心员工；另一类则关注领导者的决策风格，是倾向于专制还是民主。

17.3.1 X理论与Y理论

美国心理学家D. M. McGregor提出，领导者对被领导者的看法，往往是其个人行为决策的出发点。他通过观察和分析一些领导者对下属看法，总结出两种对立的观点，即X理论和Y理论。他认为，秉持X理论的领导者倾向于强调严格的管理制度和控制手段，采取“强硬”的管理措施，并辅以金钱激励，即“胡萝卜加大棒”的管理方式；而支持Y理论的领导者则主张以人为核心的管理，注重创造有利条件，使员工能够充分发挥其潜力，并强调自我控制的重要性。McGregor主张，X理论已逐渐显得过时，领导工作应建立在对人的天性和行为动机更为恰当的理解之上，即应采纳Y理论。表17-2列出了基于X理论和Y理论假设的领导行为方式的特征。实践表明，X理论并非毫无用处，Y理论也并非无所不能，具体应用时需根据实际情况灵活对待。

表17-2　　X理论与Y理论的管理特征

理论		X理论	Y理论
假设		人们厌恶工作；人们不愿承担责任；人们必须被迫工作	人们喜欢工作；人们喜欢承担责任；人们最好在自我管理中工作
重要管理活动	计划工作（包括目标设置）	上级为下属设置目标，在制定目标和计划过程中，下属较少参与，很少提供研究的备选方案，对目标和计划承诺少	上级和下属共同设置目标，在制定目标和计划中，下属参与大量的活动，提供许多研究的备选方案，对目标和计划承诺多

（续表）

理论		X 理论	Y 理论
重要管理活动	领导工作	领导者是独裁的，只依靠权力，人们服从命令，但隐藏着反抗并存在不信任；沟通是单向的，从上到下，很少反馈，信息流动受限制	领导者是参与者，协调合作有赖于权力，人们寻找责任，感到负有责任，并承担做好工作的义务； 沟通是双向的，带有大量反馈需要的信息，能自由流动
	控制与评价	控制来自外部，而且是僵硬的；上级的行动像法官一样，在评价中信任低；着眼于过去，把重点放在发现确认上	控制来自内部，并且有赖于自我控制；上级的行动像教练员一样，在评价中信任度高；人们学习过去，但着眼于将来；运用反馈控制，着眼于解决问题上

17.3.2 领导行为四分图

领导行为四分图由美国俄亥俄州州立大学工商企业研究所于 1945 年研发设计。他们通过对 1 000 多种描述领导行为的因素进行筛选、整理和归纳，最终将其归纳为两个核心衡量尺度：抓工作和关心人。

抓工作，即以组织目标为核心，指的是领导者明确自己及下属在完成工作目标中应扮演的角色，并形成相应的组织结构；关心人，则以人际关系为中心，指的是领导者关注下属的需求，重视与下属的关系维护。

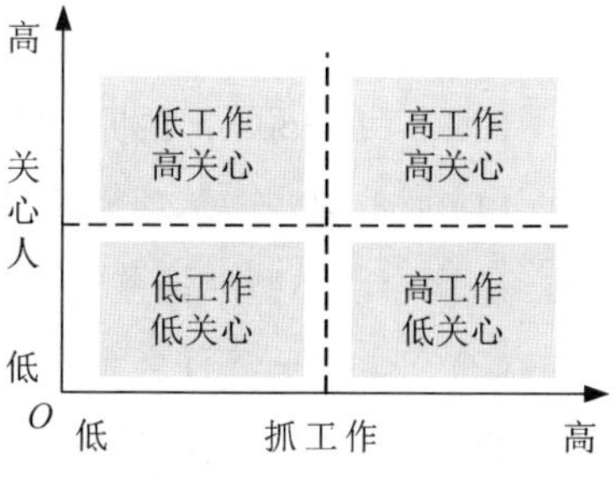

图 17-2　领导行为四分图

基于这两个维度，领导行为四分图理论将领导行为划分为四种基本类型：高工作高关心人的领导行为、高工作低关心人的领导行为、低工作低关心人的领导行为、低工作高关心人的领导行为。这一研究成果为后续的领导行为研究开辟了新的路径。领导行为四分图如图 17-2所示。

17.3.3 管理方格图

在领导行为四分图的理论基础上，R. R. Blake 和 J. S. Mouton 进一步提出了“管理方格图”。如图 17-3 所示，管理方格图的纵轴代表领导者对人，尤其是对部下的关心程度；横轴则表示领导者对生产，尤其是对部下完成工作情况的关心程度。管理方格图由 81 个小方格组成，每一个小方格都代表了对生产的关心程度和对人的关心程度之间的一种可能组合，这意味着总共可以显示 81 种不同的领导方式。在评价企业领导者的领导方式时，只需根据其在对人和对生产两方面的行为表现，在管理方格图上找到相应的交叉点，即可明确其领导类型。

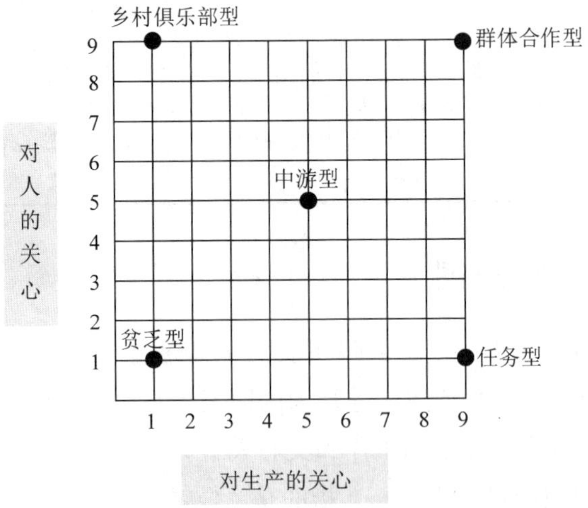

图 17-3　管理方格图

Blake 和 Mouton 在提出管理方格图时还列举了五种典型的领导方式：

（1）1.1 型——贫乏型管理。这类领导者对工作和人都表现出漠不关心的态度，是领导者类型中最差的一种。

（2）9.1 型——任务型管理。这类领导者只关注任务的完成情况而忽视对人的关心，长此以往会导致团队士气低落，形成独裁式的领导风格。

（3）1.9 型——乡村俱乐部型管理。这类领导者非常重视与部下的关系，但对工作却漠不关心或缺乏有效的管理手段，久而久之会导致纪律松散和工作效率低下，形成放任式的领导风格。

（4）5.5 型——中游型管理。这类领导者既关心工作也关心人，但都没有全身心投入，只是求得两方面都过得去，缺乏进取心和追求卓越的动力。

（5）9.9 型——群体合作型管理。这类领导者对工作和人都极为关心，努力将部下个人利益的满足与企业目标的实现有效地结合起来，因此团队士气旺盛、关系和谐、工作出色，是最高效、最有效的领导方式。

管理方格图常被用于诊断和改进企业的领导方法和领导作风，以提高企业领导者的领导水平和工作效率。

17.3.4 第四型领导体制

美国密歇根大学社会研究中心 R. Likert 在 1961 年出版的《管理的新模式》一书中，提出了“第四型领导体制”的理论模型。根据这一理论，企业的领导方式被归纳为四种类型：

(1) 第一型：专权独裁型。在这种类型中，权力高度集中于最高管理层，下属员工没有任何发言权。非正式群体往往对组织目标持反对或抵触态度。

(2) 第二型：温和独裁型。权力仍然控制在最高管理层手中，但也会适度授予下属一些权力。非正式群体对组织目标的态度可能不再那么明确反对，但也不一定完全支持。

(3) 第三型：协商型。在这类领导方式中，重要问题的决策权仍掌握在最高管理层，而次要问题的决策权则下放给中下层管理者。上下级之间建立了一定程度的相互信任，非正式群体对组织目标大多持支持态度。

(4) 第四型：参与型。在这种领导方式下，领导者对下属员工完全信任，与员工平等相处，鼓励员工参与管理决策，上下级之间沟通顺畅，民主氛围浓厚。

Likert 认为第四型（参与型）的领导行为是最理想的。为了准确判断一家企业的领导类型，Likert 提出了八个关键的评估指标：领导风格、激励机制、沟通方式、相互作用程度、决策过程、目标设置合理性、控制机制以及绩效表现。

17.3.5 PM 领导类型理论

PM 领导类型理论由日本大阪大学的三隅二不二教授提出。他认为，领导者的行为主要具有两大特征：一是追求目标实现（Performance）；二是维持群体关系（Maintenance）。基于这两大特征，组织领导者的行为方式可以被分为以下四种类型：

(1) P 型。这类领导者主要追求目标的达成，对人际关系则相对忽视，在维持群体关系方面表现较差。

(2) M 型。这类领导者注重人际关系，但在达成目标方面可能未尽其责。

（3）PM 型。这类领导者不仅自己积极推动目标的达成，还非常注重调动群体的积极性，增强群体的凝聚力，实现目标与群体关系的双重平衡。

（4）pm 型。这类领导者在完成目标和维持人际关系方面均未尽到其应有的职责。

PM 领导类型理论可用于鉴别和评价组织领导者的行为。一般认为，PM 型的组织在生产经营、发展后劲以及成员对组织的信赖程度等方面都表现优秀；其次是 P 型或 M 型组织；而 pm 型组织则表现最差。PM 领导类型理论见图 17-4。

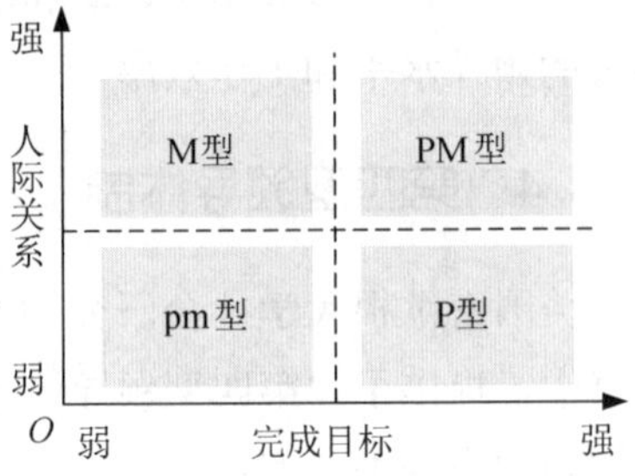

图 17-4　PM 领导类型理论示意

17.4　领导权变理论

领导权变理论的核心观点在于，领导的有效性关键在于“协调”。其权变思想强调：领导者越能使自己的领导行为与环境状况及被领导者的需求相契合，就越能有效地达成个人目标与组织目标。

17.4.1　超 Y 理论

D. M. McGregor 认为，Y 理论能够将组织目标与成员的个人目标有效结合，从而提升生产效率，因此他认为 Y 理论的领导方式优于 X 理论。这一观点随后引发了诸多争议，有人指出两种理论在特定情境下均具有一定的适用性。基于此，美国的 J. J. Morse 和 J. W. Lorch 在经过多次实证研究后，提出了“超 Y 理论”。该理论的主要观点如下：

（1）人的需求存在差异：有的人倾向于严格的组织结构和明确的规章制度，不渴望参与决策或承担责任；而另一些人则恰恰相反。

（2）不同的人对领导方式的需求不同：上述第一类人更倾向于接受 X 理论的领导方式，而第二类人则更欢迎 Y 理论的领导方式。

（3）组织目标、工作性质以及人员素质等因素对领导方式的选择具有重要影响：例如，在工厂企业的生产车间中，X 理论可能更为适用；而在管理部门或技术部门，Y 理论则可能更为恰当。不同的情况应采用不同的领导方式，以实现最佳的管理效果。

17.4.2 领导的生命周期理论

领导的生命周期理论是由 A. K. Korman、P. Hersey 以及 K. Blanchard 三人共同研究提出的。该理论认为，领导者的行为主要包括工作行为和关系行为两大方面，且领导者的行为方式应与下属的“成熟度”相适应。随着下属由不成熟逐渐走向成熟，领导者的行为方式相应地由高工作低关系向高工作高关系、低工作高关系、低工作低关系转变，即领导风格应依次从命令型过渡到说服型、参与型，最终到达授权型，这一变化过程如图 17-5 所示。

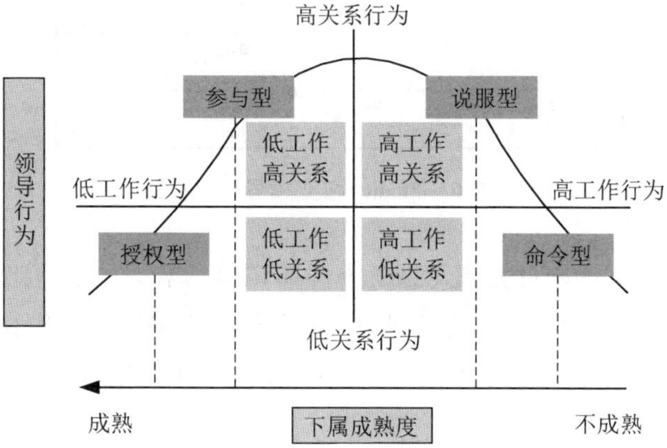

图 17-5 领导的生命周期理论曲线

关于人的成熟问题，该理论借鉴了 C. Argyris 的成熟-不成熟理论。组织成员由不成熟到成熟的发展过程，体现在多个方面的转变：由依赖性变为独立性，由被动性变为主动性，由简单性变为复杂性，由肤浅性变为深刻性，由短暂性变为长远性。相应地，组织领导的方式也应随着下属的成熟度发展而作出相应的调整。

17.4.3 有效领导的权变理论

有效领导的权变理论是由美国权变理论领导模式首创者 F. E. Fiedler 提出的。这一理论模式指出了三个影响领导效果的情景因素：领导者与被领导者的关系、工作任务的结构以及领导者所处职位的职权和组织支持。

根据这三种情景因素，领导者所处的环境可以从最有利到最不利分成八种类型，如图 17-6 所示。其中，三个情景条件齐备构成领导者最有利的环境，三者都不具备则是最不利的环境。企业领导者需采取的领导方式应与这八种环境条件相适应，才能确保领导的有效性。

领导者与被领导者的相互关系	好				差			
工作任务结构	明确		不明确		明确		不明确	
领导者的职位权力	强	弱	强	弱	强	弱	强	弱
情景类型	1	2	3	4	5	6	7	8
领导者所处环境	有利----------------不利							
以人为中心的领导方式								
以工作为中心的领导方式								

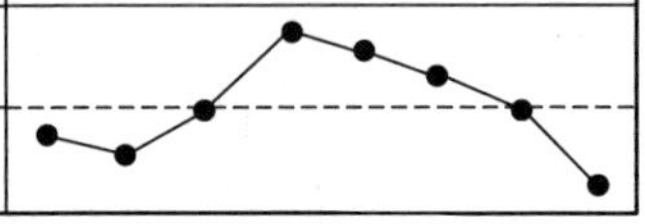

图 17-6　Fiedler 权变领导理论模式

Fiedler 用时 15 年，对美国 1 200 个群体调查分析，得出了图 17-6 中的曲线。该曲线表明，在最有利和最不利的环境条件下，采用以工作为中心的指令型领导方式效果较好；而在处于中间状态的环境中，则采用以人为中心的领导方式效果更佳。

另外，一个人的领导风格是固定不变的。即如果你是关系型领导者，你将始终如此；任务型领导者也同样如此。为了测量领导者的风格，Fiedler 开发了“最难共事者”问卷（Least Preferred Coworker Questionnaire，LPC）。Fiedler 相信，如果领导者能以相对积极的词汇来描述最难共事者，那么说明他乐于与同事形成良好的关系，即他是关系导向型的领导者。反之，如果领导者对最难共事者的描述较为消极，则他更倾向于任务导向型。Fiedler 模型的核心在于，在不同的情形下找到合适的领导者来实施领导和管理工作。

17.5　领导理论的新进展

近年，领导理论取得了新的进展，各种观点层出不穷。本章将简要介绍两个较为普遍接受的理论：变革型领导理论与中国特色的家长式领导理论。

17.5.1 变革型领导理论

领导者主要分为交易型领导者（Transactional Leaders）和变革型领导者（Transformational Leaders）。

1. 交易型与变革型领导者的定义

交易型领导者通过明确工作角色与任务要求，指导并激励被领导者朝着既定目标前进。本章所介绍的多数领导理论均聚焦于交易型领导者。而变革型领导，则蕴含着蜕变革新的意义。Burns最早提出了变革型领导的概念，他强调变革型领导是领导者与被领导者共同提升到高层次动机与道德的过程。

2. 变革型领导的核心特征

变革型领导是创造超越期望的表现，即通过增强成员信心、提升工作价值来引导成员付出更多努力。变革型领导能够使被领导者的动机发生高层次、基本性、质的改变。具体来说，变革型领导者的领导行为包括：①激励被领导者或同僚以新视角看待工作性质；②促进被领导者对组织或团队愿景的认知；③开发被领导者的高层能力或潜能；④激励被领导者超越个人利益，为组织利益着想。

3. 变革型领导者的影响

变革型领导者是指那些能够鼓励他人为了组织利益而超越自身原有利益意图，并能对他人产生超乎寻常深远影响的领导者。变革型领导更具魅力，因为他们不仅灌输已有观念来解决问题，更倡导采用新观点、新视角来应对挑战。

众多实证研究表明，变革型领导行为对于提升组织绩效具有积极作用。变革型领导与成员的工作满意度之间存在显著的正向关系，同时，变革型领导还能提升成员的组织承诺与工作绩效。这表明，变革型领导在推动组织发展、激发成员潜力方面发挥着重要作用。

17.5.2 中国特色家长式领导理论

领导的内涵、作风及实务作法深受文化影响。领导者选择的领导作风，在多数情况下，会反映出其所处的文化脉络，而非完全是个人意志的决定。近年来，华人主导的亚洲经济迅猛发展，华人企业中的管理哲学与实务因此受到了众多研究者的关注。自Silin（1976）的研究后，有研究者采用主位研究途径，开始探讨华人家族企业的高层领导问题，指出华人企业的组织领导具有清晰、鲜明的特色，即家长式领导（Paternalistic Leadership）。

1. 家长式领导的定义与组成

什么是家长式领导？Farh 与 Cheng（2000）在回顾相关研究后，将其界定为：在人治的氛围下，所展现出的具有严明纪律与权威、父亲般的仁慈及道德廉洁性的领导方式。家长式领导包括三个重要组成部分：威权领导、仁慈领导和德行领导。威权领导强调领导者的权威是绝对且不容挑战的，对被领导者进行严密控制，要求毫无保留地服从；仁慈领导指领导者对被领导者个人的福祉进行个别、全面而长久地关怀；德行领导则要求领导者展现较高的个人操守、修养及敬业精神。

2. 家长式领导的文化根基

家长式领导植根于儒、道、法及家庭观，反映东方社会中的传统文化主流思想，并存在于东方社会组织当中。华人社会中，个人通过家族社会化历程，将家族生活中所学到的心理与行为推广到团体生活，使人在企业或政府组织中表现出强烈的家庭意识，如尊敬师长、长幼有序及关系取向等价值观。费孝通（1948）提出的“差序格局”观念，揭示了中国人人际网络的差序性，这是一种以己为中心所形成的同心圆水波纹式的人际网络。

3. 家长式领导与领导绩效的关系

多数实证研究表明，家长式领导中的“仁慈领导”和“德行领导”与“领导绩效”呈显著正相关，而“威权领导”则与“领导绩效”呈显著负相关。这表明，在家长式领导中，仁慈和德行是提升领导绩效的重要因素，而威权则可能阻碍领导绩效的提升。

4. 家长式领导在新时代的挑战

21 世纪以来，华人企业逐渐壮大，尤其是中国大陆的企业开始走向全球舞台，这标志着华人经济力量的崛起和全球影响力的增强。然而，在关注这些企业发展的同时，我们也必须正视一个事实：新型华人企业的领导者正受到全球化和西方管理哲学的深刻影响，这使得传统的家族式领导方式已经难以完全适应现代企业的需求。

一方面，全球化带来了信息的快速流通和文化的多元交融。这使得华人企业的领导者需要更加开放和包容，以适应不同文化背景和价值观的员工。而传统的家长式领导往往强调权威和服从，这可能与现代企业的多元化和民主化趋势相悖。

另一方面，西方管理哲学的引入也对家长式领导产生了冲击。西方管理注重制度、流程和规范，强调效率和效果，这与家长式领导中的人性化管理和个别关怀存在一定差异。在追求高效和竞争力的过程中，华人企业可能需要借鉴西方管理的优点，以完善其领导方式。

此外，新型华人企业的领导者还面临着代际传承的挑战。随着老一辈企业家的逐渐退休，新一代领导者需要接过接力棒，继续推动企业的发展。然而，他们可能更加倾向于采用现代化的管理方式和领导风格，这与传统的家长式领导存在明显差异。

综上所述，家长式领导在新时代背景下正面临着诸多挑战和变革。为了适应全球化和现代企业的需求，华人企业的领导者需要不断调整和完善其领导方式，既要保留家长式领导中的优点，如人性化管理和个别关怀，又要借鉴西方管理的优点，如制度化和规范化。只有这样，才能在激烈的市场竞争中立于不败之地，推动华人企业的持续发展。

17.6 领导班子的合理结构

组织的领导班子，即领导者团队，必须构建一个合理的结构，以确保每位领导成员都能充分发挥其才能，共同释放出领导集体的巨大力量。领导班子的结构是多维度的，主要包括年龄结构、知识结构、智能结构、专业结构及素质结构。

1. 年龄结构的优化

在组织的领导班子中，应实现各种年龄成员的有机结合，以取长补短。年轻人通常奋发有为，充满活力；中年人是中流砥柱，经验丰富；年长者则老马识途，智慧深邃。因此，领导班子应老、中、青相结合，以中青年为主体，但同时也要根据具体情况进行灵活调整，避免一刀切。

2. 知识结构的多元化

组织领导班子的成员应具备一定的学历背景，但学历并非唯一标准。学历仅反映一个人曾经的受教育程度，并不能完全代表其实际领导能力。在选择领导成员时，除了重视学历外，还应重点考察其实际工作能力和知识水平，并注重各种学历层次和人才的搭配与结合。

3. 智能结构的互补性

组织的领导者不仅要掌握知识，还要能够灵活运用知识，这就涉及智能结构的问题。在实践中，人们运用知识的能力各不相同，有的人善于“再现”，有的人擅长“发现”，还有的人则富于“创造”。因此，在领导班子中，应实现各种智能结构人才的相互结合和互补，以发挥领导班子集体的最优智能效能。

4. 专业结构的合理性

组织领导班子的成员应努力向复合型人才发展，同时，班子成员之间的专业结构也应讲究各方面专业人才的有机结合。通过合理的专业结构配置，可以确保领导班子在应对各种复杂问题时能够集思广益、协同作战。

5. 素质结构的协同性

素质结构是指具备不同素质的领导者在领导班子中互相支持、互相配合、互相补充、团结一致，共同发挥各自的长处以做好工作。一个良好的素质结构是提高领导效果的基础，它要求领导班子成员在素质上能够相互协同、相互补充，共同推动组织的发展。

本章小结

(1) 领导是一种行为和影响力，可以引导和激励人们去实现组织目标，是在一定条件下实现组织目标的行动过程。领导者是实施领导影响过程的人。领导者不能孤立地存在，必须有被领导者跟随。为此，领导者必须能证明自己的存在价值，并使他人认同和接受。

(2) 领导的影响力可分为权力性的和非权力性的两大类，前者带有强制性，而后者则是自然形成的。有效领导的关键在于提高非权力性影响力。

(3) 领导特质理论认为，领导是一种动态过程，领导者的特质和特性是在这一动态的实践中逐步形成，可以通过训练和培养造就。

(4) 领导行为理论的研究提出高效率的领导者与低效率的领导者在领导行为方面有差异。对领导行为模式的研究分为两大类，一类研究领导行为的倾向，即倾向于抓工作还是关心人；另一类研究领导作风，是民主的或专制的。

(5) 领导权变理论强调“协调”，其指导思想是领导者使自己的领导行为类型与所处的环境状况和被领导者的需求越一致，就越能有效地实现个人目标和组织目标。

(6) 领导班子的合理结构包括年龄结构、知识结构、智能结构、专业结构和素质结构。

领导理论思维导图

本章思考题

1. 什么是领导?
2. 什么是领导者?领导者与管理者有什么区别?
3. 什么是领导的影响力?权力性影响力与非权力性影响力之间有何联系?
4. “伟人”的学说是什么观点?其代表人物的研究有何论点?
5. Fiedler 同意“伟人”的观点吗?
6. Drucker 的评述对“伟人”学说有何影响?
7. Stogdill 的研究认为领导者具有哪些共同的特质?
8. Jeserich 研究成果包括哪些内容?
9. 美国和日本企业界提出了领导者的哪些条件、品德和能力?
10. 领导的 X 理论和 Y 理论各有什么特征?
11. 管理方格图是由谁提出的?其列举的五种典型领导方式有什么含义?
12. 领导权变理论的基本观点是什么?
13. 什么是领导的超 Y 理论?
14. 领导的生命周期理论有何新的观点?
15. 关于领导权变理论的研究,Fiedler 有什么新的观点?
16. 简述变革型领导与交易型领导的区别。
17. 家长式领导由哪三个组成部分构成?
18. 请挖掘中国上市公司协会会长宋志平的众多著作,并对他在企业中所表现出的领导力进行评述。

本章拓展阅读

18 管理沟通

沟通是组织管理中一个极为重要的环节。组织战略目标能否成功实现，激励措施是否切实有效，绩效管理的效果究竟如何，这些问题都需要通过沟通来寻找答案。有时候，沟通中的一个细微技巧，可能恰好就是推动组织目标实现的关键。因此，组织的管理者应当高度重视沟通的作用。

18.1 沟通概述

18.1.1 沟通的含义

沟通，即信息从发送者到接受者的传递过程，是组织管理中的一个核心环节。有效的沟通由三方面组成：首先，发送者传递的信息必须完整且准确；其次，接受者需充分理解这一信息；最后，接受者需愿意并以恰当的方式将信息的意图转化为实际行动。对于领导职能而言，沟通是团结组织成员、共同努力实现领导者意图、达成组织目标的重要手段。若无沟通，组织活动将无法展开，既无法实现相互协调合作，也无法进行必要而及时的协调变革。

沟通过程一般由以下七个要素构成：

（1）沟通来源：信息发送者因某种需要（如工作需要或交往需要），准备将其意图、目的传递给他人，从而构成沟通来源。

（2）沟通传译：信息发送者通过思维过程，将观念形态的意图和目的以文字、语言、动作等信息符号形式表达出来，如命令、指示、决议等。传译过程受发送者的知识经验、智力活动特点及个性心理特征等影响。

（3）信息：沟通信息符号中有用的内容，将进入信息沟通渠道，直接对信息接受者产生作用。

（4）沟通渠道：信息从发送者到接受者的传递所选用的渠道或媒介。组织中的沟通渠道包括文件传递、电话传送、会议传递和面对面口头交流等。选择哪种渠道应依据信息性质、重要程度、保密情况及空间距离等因素确定。沟通渠道应畅通无阻、无干扰，以确保接受者能准确无误地收到信息。

（5）接受者：接受者对信息的理解和接受程度取决于其知识水平、专业水平、智力情况和工作经验等。理解效果可分为全部理解、部分理解、没有理解和歪曲理解四种。

（6）沟通反馈：接受者将已理解的信息反馈给发送者，使发送者了解信息是否被接受、接受到何种程度以及效果如何等。沟通反馈为发送者修正信息或编制新信息提供参考。

（7）沟通的文化背景：组织内的任何沟通都在企业文化的大背景下进行。沟通方式、渠道的选择等在很大程度上取决于公司的文化背景。

18.1.2 沟通的类型

组织内的沟通可以分为正式沟通和非正式沟通两大类。

1. 正式沟通

正式沟通是指通过正式的组织程序所进行的沟通，它包含四种形式：

（1）自上而下的沟通：是组织内部信息传递的重要方式，它遵循上下隶属关系和等级系列，从高层向低层传递信息。这种沟通通常表现为上级对下级发布的命令、指示等，旨在使下级了解组织的整体情况和具体任务。由于其具有指令性、法定性、权威性和强迫性，因此往往能够引起下级的重视。然而，自上而下的沟通也可能存在问题，如传递路线过长导致信息传递效率低下，以及信息在传递过程中易被遗漏或曲解。

（2）自下而上的沟通：是组织内部信息传递的另一种重要方式，它遵循上下隶属关系和等级系列，从低层向高层传递信息。这种沟通通常以下级对上级的信息反馈和基层情况的反映为表现形式，具有非命令性、民主性、主动性和积极性等特点。然而，在上级处理下级传递的信息时，也存在盲目采用或忽视下级信息的风险。

（3）横向沟通：是组织内部同级层次成员之间进行的信息交流方式，其目的在于增进相互了解并促进工作上的合作与配合。这种沟通方式以非命令性、协商性和双向性为显著特点，确保了信息的平等传递与接收，有助于构建和谐的团队氛围和高效的工作协作机制。

（4）斜向沟通：是组织内部一种特殊的信息交流方式，它发生在既不属于同一隶属系列，又不属于同一等级层次的成员之间。这种沟通方式的目的在于加快信息交流，促进相互之间的通报、合作和支持。斜向沟通具有协商性和主动性的特点，有助于打破组织内部的壁垒，促进跨部门、跨层级的协作与配合。

2. 非正式沟通

非正式沟通指的是不按照正规的组织程序、隶属关系、等级系列来进行的沟通，主要有以下四种形式：

（1）单线式：通过一长串人际沟通来传递信息。

（2）流言式：主动寻找机会，通过闲聊来散布信息。

（3）偶然式：不规则的随机沟通方式，如道听途说。

（4）集束式：有选择地寻找对象传播信息，每次传递都选择亲近者。

非正式沟通是组织内部一种灵活且广泛的信息交流方式，其特点在于传递速度快、方式多样且传播范围广。然而，这种沟通方式也缺乏正式沟通的责任感，导致信息在传递过程中可能失真。此外，非正式沟通还可能促进组织内部小团体的形成，进而对组织的整体团结和凝聚力产生负面影响。

互联网的产生对正式沟通和非正式沟通都起到了积极作用。它促进了二者之间的混合，在不断透明、加速的环境下，使得沟通过程信息越来越对称，有效杜绝沟通中的信息失真问题。组织应充分利用互联网的优势，同时正确引导非正式沟通渠道，以促进组织的整体协调和发展。

18.2 常见的沟通障碍

沟通障碍的存在导致了其达不到预定的效果，妨碍了组织目标的实现。常见的沟通障碍主要有：

（1）缺乏信任。缺乏信任是沟通中的一大主要障碍。1989 年 3 月《哈佛商业评论》曾指出："对经理人而言，尽早抓住问题是重要的，而找出会使你头疼的问题的最好方式，是让你的下属告诉你。这取决于坦率与信任，但这两点都有严格的内在的局限性。在需要坦率和信任的时候，大部分人倾向于选择沉默，自我保护。”这种沉默和自我保护显然阻碍了沟通的有效进行。

（2）信息曲解。主管与下级之间的空间距离减少面对面沟通的机会，或个人无法区分实际信息与个人观点等时，都容易发生信息曲解。管理者和员工可能倾向于根据自己的观点、价值观等来解释信息，而非客观解读，从而造成沟通中的曲解。此外，语言及媒介使用不当也可能导致对事情本质的错误描述，进而引起信息接受者的误解。

（3）层次差异及知识经验水平的限制。管理人员和下级员工之间存在层次差异，主要表现在知识及专业技术层次上。若主管忽视下级的知识层次，使用专业术语或技术性、行政性语言，而下级对这些术语一无所知，就会导致沟通障碍。双方缺乏“共同的经验区”，接受者无法正确理解发送者的信息，沟通就会受阻。这种障碍的存在与组织的权责结构密切相关。

（4）组织结构不合理。合理的组织结构有助于信息沟通，但组织结构过于庞杂则容易使信息传递失真，影响及时性，进而降低工作效率。沟通缺口指的是沟通正式网络中存在的缺陷或漏洞。随着组织的增长，正式沟通网络变得大而复杂，若缺乏充分的计划工作，就会出现缺陷。过分依赖正式沟通而忽视其他沟通方式，将导致沟通系统产生缺口。

（5）信息混乱。信息并非越多越好，关键在于信息的有用性。信息过量会造成沟通障碍，使人们无法有效处理信息。信息之间的不一致、不协调，如令出多门，也会使信息接受者感到困惑。若信息传递时言行不一致，如上级发布的命令自己首先不执行，将导致信息接受者对信息内容的重要性产生怀疑。

（6）环境干扰。环境干扰可能使信息接受者无法全面、准确地接收信息，如噪声干扰导致听不清，或者环境干扰使人的注意力无法集中，从而无法正确记忆信息。这些环境因素都会降低沟通的质量和效果。

综上所述，沟通障碍看似是小事，但其在不经意间形成的负面影响却非常大。克服沟通障碍已经成为管理者所面临的重要课题之一。

18.3 沟通的改进

沟通形成障碍的因素众多，除了上述的六种主要障碍外，还存在许多其他因素。沟通改进的目的在于尽力消除这些沟通障碍，以下是几种有效的改进方式：

（1）培养信任度，奠定沟通基础。信任是沟通的基础，管理者要想使沟通获得预期效果，首要任务就是培养管理者与员工、员工与员工之间的信任。只有提升信任度，沟通内容才会被全盘说出和接受，避免因自我保护而保持沉默。管理者应主动建立信任氛围，通过公正、透明的管理行为赢得员工的信任。

（2）选择恰当语言，确保信息清晰。语言可能会造成沟通障碍，因此管理者应选择员工易于理解的词汇，使信息更加清楚明确。考虑到组织中员工年龄、教育和文化背景的多样性，管理者应注意语言的差异性和适应性，避免使用过于专业或晦涩的词汇。同时，管理者应关注员工对信息的理解程度，确保信息被正确接收。

（3）运用肢体语言，增强沟通效果。肢体语言在面对面沟通中占据重要地位，研究表明，一半以上的信息是通过肢体语言传达的。管理者在沟通时应注意自己的肢体语言与所说的话的一致性，通过赞许性点头、恰当面部表情和积极目光等非语言信号来表示对对方的关注。这样不仅能增强沟通效果，还能让员工感受到被尊重和重视。

（4）减少沟通层级，降低信息失真。交谈是人与人之间最常用的沟通方法，其优点是快速传递和快速反馈。但信息经过多人传送时，口头沟通的缺点就会显现，信息失真的可能性增大。因此，从组织结构的角度来说，应尽量减少沟通的层级，降低信息失真的概率。管理者应尽可能直接与员工沟通，减少中间环节，确保信息被准确传递。

（5）增加非正式沟通，增进信息传递。正式沟通途径有时可能失败，而非正式沟通途径又太少，导致组织信息传递失真或出现断层。增加非正式沟通机会可以增进信息的传递，让员工在更轻松的环境中畅所欲言。例如，设置专门的休息区域和时间，鼓励员工之间进行非正式交流。这样既能达到信息交流的目的，又能增进员工间的情感交流。

（6）鼓励及时反馈，确保沟通准确。为了避免员工误解或对信息传递者意图理解不准确，组织应鼓励及时反馈。员工可以对信息传递者的意图作出反馈，从而判断信息是否被正确接受，并在必要的情况下进行纠正。管理者在公布任务时可以要求员工复述任务内容，以确保沟通的有效性。同时，通过观察员工的眼睛和体态举动，可以了解他们是否确实正在接收信息。

（7）重视面对面沟通，增强情感交流。互联网和信息技术的迅猛发展增加了人们沟通的机会与频率，但也可能成为面对面交流的障碍。面对面沟通对于管理者来说更为重要，因为它更容易调动员工的情感和积极性。管理者应重视面对面沟通的机会，与员工进行深入交流和互动，以建立更紧密的关系和更高效的团队。

本章小结

（1）管理沟通是组织管理者制定决策、贯彻决策方案的重要基础，也是管理者能否成为领导者的重要因素。组织内的人际沟通有正式沟通和非正式沟通，前者为通过正式的组织程序所进行的沟通，后者为不按正规的组织程序、隶属关系、等级系列而进行的沟通。两种类型的沟通各有利弊，领导者在运用时可取长补短。

（2）组织中常见的沟通障碍会影响管理者意图的贯彻，影响判定决策时信息的搜集（包括质量和数量），影响组织内成员的团结和组织健康发展。改善沟通要培养信任度，奠定沟通基础；选择恰当语言，确保信息清晰；运用肢体语言，增强沟通效果；减少沟通层级，降低信息失真；增加非正式沟通，增进信息传递；鼓励及时反馈，确保沟通准确；重视面对面沟通，增强情感交流。

管理沟通思维导图

本章思考题

1. 为什么组织的领导者必须关注管理沟通？
2. 沟通过程中的七个要素是什么？
3. 什么是正式沟通？有哪几种形式？
4. 什么是非正式沟通？有哪几种形式？
5. 非正式沟通和正式沟通各有什么利弊？
6. 沟通中有哪些障碍？如何改善沟通？

本章拓展阅读　　本篇案例研读

本篇进一步阅读的参考文献

[1] 苏保忠.领导科学与艺术[M].2版.北京：清华大学出版社,2009.
[2]（美）Stephen P. Robbins，Mary Coulter.管理学[M].12版.北京：清华大学出版社,2018.
[3] 康青.管理沟通[M].5版.北京：中国人民大学出版社,2018.
[4]（美）Spencer A. Rathus.心理学[M].3版.北京：中国人民大学出版社,2019.
[5] 尤建新,王莉,赵红丹,等.管理与组织行为学[M].2版.北京：清华大学出版社,2023.

第五篇

控　制

19 控制概述

组织运营若缺乏有效控制或控制失效，必将导致计划落空。换言之，组织若未建立有效的控制系统，既定目标将难以实现。即便计划再完善，若控制活动不力，执行过程中仍会问题频出。因此，对于管理而言，构建良好的控制系统至关重要。

19.1 管理控制及其重要性

19.1.1 何谓管理控制

控制职能的核心使命在于确保组织的各项活动紧密依循预定的计划与标准，从而稳健地推动组织向既定目标迈进。尽管计划的制订可能极尽翔实，组织结构或许已调整至高效状态，员工的积极性亦被充分激发，但这些因素单独作用，仍不足以确保所有行动都能精准执行，组织目标必然达成的承诺也无法仅凭此兑现。唯有当计划职能启动，历经组织、领导，直至控制职能的顺畅运行，管理职能的完整循环才得以被构建。

控制，本质上是对所有活动是否严格遵循计划、指示及原则的全面审视，其核心目的在于及时发现并纠正偏差，防止错误重演。

具体来说，控制可被阐述为：对各项活动实施严密监控，以确保其按照既定计划推进，并在发现重大偏差时及时予以纠正的过程。控制的定义蕴含三大核心要素：一是鲜明的目标导向，即确保受控对象始终沿着计划所指引的方向前进；二是以“监视”与“纠偏”为核心活动；三是强调控制作为一个持续不断的过程。无论部门当前运作是否看似无懈可击，所有管理者都应当主动肩负起控制的职责。因为在将已完成的工作与计划所设定的标准进行全面比对之前，管理者无法确切判断部门的工作是否真正处于正常轨道。一个高效、完善的控制系统，是确保各项行动始终指向组织目标的重要保障，其完备程度与管理者实现组织目标的信心与能力成正比。

19.1.2 控制的重要性

1. 确保目标实现

通过持续的监测和纠正，确保组织活动按照计划进行，最终实现既定目标。控制职能的核心在于确保组织的各项活动按照预定的计划和标准进行，通过定期检查和评估，及时发现并纠正偏差，确保组织能够按计划实现其目标。例如，项目管理中的里程碑检查点可以帮助并确保项目按时完成，达到预期的质量标准。

2. 提高效率

控制职能是通过持续的监测与评估，迅速发现并纠正工作中的偏差，有效减少资源浪费及重复劳动，进而提高组织的整体运作效率。例如，在生产运作环节中，严格的质量控制能够降低不合格品的出现率，在提高生产效率的同时，也确保了产品的质量。

3. 降低风险

通过采取预防和纠正措施，控制职能能够显著降低组织所面临的风险，确保其稳定运行。建立一个健全的风险管理与内部控制体系，是控制职能的重要组成部分。借助这一体系，组织能够提前识别并防范潜在风险，减少不确定性和意外事件的发生概率。例如，在财务管理领域，严格的财务控制机制能够及时发现并防止财务舞弊行为，从而降低财务风险，确保组织的财务健康与稳定发展。

4. 实现授权

唯有依托控制职能，授权才能真正落地。众多管理者视授权为棘手之事，这主要源于对成员可能犯错、无法达成计划要求及自身需承担责任的担忧。为规避授权风险，他们往往选择亲自上阵。然而，构建有效的控制系统能显著减轻这种授权顾虑。通过该系统，管理者可获取授权后成员的工作绩效信息与反馈，从而确保授权效果。

5. 增强责任感

确立清晰的标准与严格的考核机制，对于增强员工的责任感及提升团队协作水平具有显著效果。控制职能通过制定明确的绩效标准和考核机制，能够有效激发员工的积极性与责任心，驱使他们以更加严谨的态度对待工作，进而增强团队的整体协作能力。

19.2 管理控制思想的演变

自组织诞生之初，控制便作为管理职能的核心要素而存在。在工业化前的时代，控制主要依赖于单方面的命令与严苛的纪律，对被控制者的尊重微乎其微。随着工厂化生产的兴起，控制因素日益增多，但企业管理者发现，仅凭宗教权威、军队纪律或国家法令已难以实现有效的控制。控制职能的概念和实践随着管理理论的发展而不断被演进，控制职能在不同历史阶段的主要特点和发展也有变化。

19.2.1 早期管理理论

H. Fayol 首次将控制纳为管理的五大要素之一，与计划、组织、指挥、协调并列，凸显了其在管理框架中的关键地位。控制触及企业的每一个角落，涵盖人事管理、计划执行、产品质量监控、财务管理，乃至安全与情报管理等众多方面。高效控制建立在迅速行动的基础之上，必要时还需辅以制裁措施，以确保控制的有效性。同时，Fayol 强调控制必须公正无私，以维护员工的信任与尊重。

为了保障控制职能的独立性与客观性，Fayol 建议将执行控制的检查人员与被检查对象进行分离，以此减少利益冲突与偏见的影响，确保控制过程的公正与准确。控制不仅是对其他管理要素的补充，更发挥着综合作用。它促使计划更加完善，推动组织结构的简化与强化，提升指挥的效率，同时促进各部门间的协调与合作。

实际上，控制是管理活动周期得以圆满完成的关键环节。它不仅总结了过去周期的成果与不足，更为下一个管理周期提供了改进的方向与依据。在连续的管理周期（或过程）中，控制促使管理活动不断迭代与优化，为企业的持续发展注入源源不断的动力。

19.2.2 科学管理时期

在科学管理时代，与早期工厂制度相似，控制的核心聚焦于材料、生产流程及其他生产相关职能，特别强调通过经验研究来设定精确的标准定额，并在工时与成本计量上实现精进。这一时期见证了管理理论的重大进步，其中，H. L. Gantt 贡献了首个重要的图解辅助工具，用于计划与控制，极大地提升了管理的可视化与效率。

同时，F. W. Taylor 提出了“精神革命”的理念，试图构建管理者与工人之间的共同目标认知，尽管这种尝试在实践中常遭遇挑战，未能完全实现其初衷，但它却深刻地推动了将目标内化为一种激励与控制手段的管理思想。Taylor 强调，通过科学的方法分析工作并设定标准，不仅能提升生产效率，还能在员工心中树立对目标的认同与追求，从而在一定程度上实现控制与激励的内在融合。

这些发展不仅革新了当时的管理实践，也为后续管理理论的演变奠定了坚实的基础，特别是在如何通过科学控制与激励机制，促进生产效率与员工满意度的双重提升方面，提供了宝贵的启示。

19.2.3 社会人管理理论时期

在社会人管理理论时期，管理专家们倡导管理者应调整以往严苛的外部控制方式，转而注重开放沟通渠道，提升管理者的人际交往能力，并深刻认识到团队影响力对管理工作的重要性。这一时期标志着严格的外部控制观念逐渐被软化，控制不再仅仅是自上而下的强制，而是日益演变成管理层通过提供激励因素，鼓励民主参与和内在动机的过程，同时也体现了管理者所展现出的高超社会技能。

在这一框架下，控制不再局限于传统的监督和约束，而是融入了更多的人文关怀和团队协作精神。管理者被鼓励采用更加柔和、更加人性化的控制策略，通过积极沟通、团队建设活动以及共享决策权，来激发员工的积极性和创造力，从而实现更高效、更和谐的组织管理。这种转变不仅提升了员工的满意度和归属感，也促进了组织整体效能的提升，标志着管理理论向更加人性化、民主化方向迈进。

19.2.4 现代管理理论

在控制理论发展的过程当中，拉尔夫·戴维斯（Ralph C. Davis）等现代管理学家的观点极大地丰富了控制理论的内涵。Davis 特别关注控制时机的精准把握，他创新性地提出了“事前”控制（亦称前馈控制）与“同步”控制（同期控制）的理念，强调应在活动启动前及执行过程中实施控制。

与此同时，系统论和控制论的融入，为管理控制带来了全新的视角。控制被视作一个涵盖各种活动的循环流程，其中反馈机制在管理控制中扮演着至关重要的角色。这一理论革新，使得管理者能够更加全面、动态地理解和实施控制。

技术的飞速发展，尤其是计算机技术的崛起、管理信息系统的普及，以及21世纪互联网和人工智能技术的突飞猛进，为控制方法的复杂化和精细化提供了强大的技术支持。实时监控、大数据分析等先进手段的应用，使得控制的精确度和效率得到了显著提升。这些技术让管理者不仅能够实时追踪和评估活动进展，更能够基于海量数据进行深度分析，从而作出更加科学、合理的决策，进一步推动管理控制理论和实践的飞跃。

19.3 控制的过程

管理控制是一个动态过程。尽管控制对象和控制工作的具体要求千变万化，但其核心流程始终如一。控制过程（Control Process）主要由五个步骤构成，如图19-1所示：①确立清晰的控制标准；②对实际绩效进行准确测量；③将实际绩效与既定标准进行对比分析；④依据分析结果，采取相应管理行动以纠正偏差或调整不合适的标准；⑤实施反馈机制，促进持续改进。

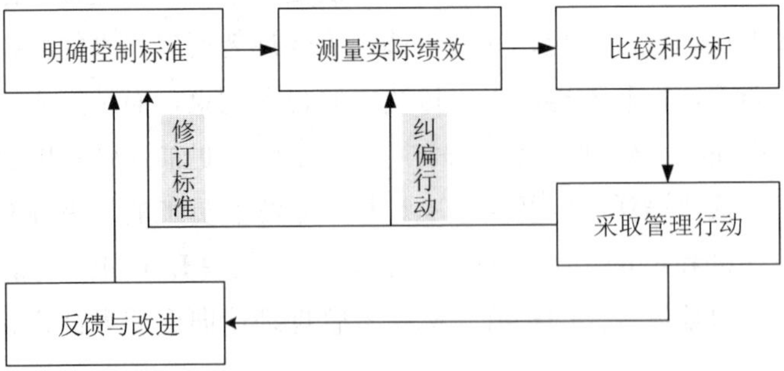

图19-1 控制的一般过程

19.3.1 明确控制标准

控制活动的首要任务是确立标准，这一标准作为评判工作成效的基准。管理者需制定具体且可量化的标准，而这些标准往往源自计划职能的设定。控制标准构成了衡量组织活动是否依循计划轨迹的基础，并且是评估绩效、识别偏差的核心依据。

1. 特点

控制标准一般具有如下特点：

具体性：标准必须具体且清晰，避免任何模糊性，确保所有参与者都能准确理解标准的详细要求。

可衡量性：标准应尽量采用数字和量化指标，以确保控制的精确性，这样的标准更便于进行客观评价和对比。

合理性：标准应该是合理的，既不过高也不过低，能够反映组织的实际情况和目标。

可行性：标准需在现有资源和条件下切实可行，确保能够得到有效执行。

灵活性：标准应有一定的灵活性，能够随外部环境和内部条件的变化作出相应调整。

2. 目的

明确控制标准的制定旨在实现以下目标：

确保目标一致性：通过清晰界定控制标准，确保所有相关人员对目标有统一、明确的认识，从而避免目标模糊所带来的混乱和低效努力。

建立评估基准：提供具体且可量化的标准，为绩效评估提供客观、公正的基准，使管理者能够迅速识别并纠正工作执行中的偏差。

强化责任意识：明确的标准有助于增强员工的责任感和使命感，激励他们更加专注和负责地对待工作任务，同时促进团队间的协作与配合。

提升组织透明度：通过公开、透明的标准设置，增加组织内部运作的透明度，促进信息的有效流通与沟通，进而提升整体协调与运作效率。

3. 类型

在企业运营中，以下几种标准类型被广泛应用：

时间标准：它界定了完成特定工作任务所需的时间上限。

生产率标准：衡量在特定时间段内能够完成的工作量多少。

消耗标准：指的是完成某项工作所必需的资源或材料消耗水平。

质量标准：明确了工作应达到的预期水平，或是产品或服务应具备的质量规格。

行为标准：规定了员工在工作中的行为规范和职业操守要求。

值得注意的是，针对不同的组织结构、计划内容和控制节点，控制标准需相应调整，以适应具体情况。

4. 实施步骤

确立控制标准通常遵循以下关键步骤：

标准制定：紧密围绕组织的战略目标与规划，精心制定具体且明确的控制标准。在此过程中，务必确保标准的详尽性和可量化性，从而避免任何可能的模糊与歧义。

标准沟通：将既定的控制标准全面、清晰地传达给所有相关参与人员，确保每位成员都能深刻理解标准的内涵与要求。为助力标准的理解与执行，组织应提供必要的培训、指导及支持资源。

标准监控：通过定期搜集并深入分析相关数据，严密监控实际工作表现与既定标准之间的差距。鼓励采用诸如统计报告、图表等直观、有效的工具与方法，以实现绩效的动态可视化管理。

评估与优化：定期对控制标准的实施效果进行客观评估，并依据实际情况进行灵活调整。积极鼓励参与人员提出宝贵反馈，以持续推动控制标准的完善与优化。

管理者通过明确控制的标准，能确保组织活动遵循预定的计划与标准进行，从而最终达成组织目标。这些清晰的标准不仅为绩效评估提供了基准，同时也提升了组织的透明度与责任感，推动了管理的高效与有序性。

19.3.2 测量实际绩效

测量实际绩效涉及收集并掌握实际工作绩效的相关信息。此步骤要求管理者能够精确且迅速地获取必要信息，从而确保对实际表现进行公正客观评估。作为控制职能的核心环节，测量实际绩效使管理者能够洞察组织活动的真实状况，并为接下来的对比分析以及采取纠正措施提供坚实的数据基础。

1. 目的

测量实际绩效的主要目的在于：

全面了解情况：通过多种方法收集数据，确保管理者能够全面、准确地了解组织活动的实际情况。

客观评估绩效：提供客观、准确的数据支持，帮助管理者客观评估绩效，发现存在的问题和偏差。

及时发现偏差：通过及时地收集和分析数据，管理者可以尽早发现偏差，并采取必要的纠正措施。

提高管理效率：通过有效的绩效测量，管理者可以更好地监控和管理组织活动，提高管理效率和效果。

2. 方法

为了精准评估实际工作的绩效水平，管理者需积极获取相关信息。在信息搜集的过程中，主要存在四种常用方式：个人观察、统计报告、口头汇报及书面报告。这四种方式各具优势与局限，如表 19-1 所示。然而，当它们被综合运用时，能够极大地拓宽信息渠道，并显著提升信息的可靠性和准确性。

表 19-1　　搜集实际绩效信息的方法

方法	具体内容	优缺点及适用情况
个人观察	管理者亲自到现场观察员工的工作情况和组织活动的进展情况	优点是能够直接获取第一手资料，了解实际情况，但耗时耗力，很有可能受主观判断的影响，适用于小规模组织或特定项目的现场检查
统计报告	通过收集和分析各种统计数据，如销售数据、生产数据、财务数据等，依此来评估绩效	优点是数据客观、准确，便于量化分析，但数据收集和处理需要时间和资源，适用于大规模组织和需要大量数据支持的决策。由于互联网和大数据技术的迅猛发展，这一方法正逐渐受人青睐
口头汇报	通过面对面交流，让员工或下属部门汇报工作进展和存在的问题	优点是互动性强，可以及时解答疑问，获取更多信息，但信息可能存在主观偏差，需要进一步核实，适用于日常管理工作中的快速沟通
书面汇报	通过书面形式提交工作报告，包括详细的绩效数据和分析数据	优点是信息详细、正式，便于存档和查阅，但准备时间较长，可能不够及时，适用于需要正式记录和长期保存的场合
信息技术工具	利用计算机系统、管理信息系统（Management Information System，MIS）、企业资源计划系统（Enterprise Resource Planning，ERP）等现代信息技术工具，自动收集和分析数据	优点是数据实时、准确，自动化程度高，节省时间和资源，但需要投入较高的初期成本，且系统维护和更新需要技术支持，适用于大型企业和需要高效数据管理的组织

3. 实施步骤

测量实际绩效包括以下具体活动。

（1）选择合适的方法：根据组织的规模、行业特点和管理需求，选择合适的绩效测量方法。为确保数据的全面性和准确性，应综合运用多种方法。

（2）制订数据收集计划：确定需要收集的数据类型和频率，明确数据收集的责任人和时间节点。

（3）实施数据收集：按照计划进行数据收集，确保数据的准确性和完整性。为提高数据收集的效率，应注意使用适当的工具和方法。

（4）数据整理和分析：对收集到的数据进行整理和分析，提取关键信息。应积极采用可视化图表、报表等形式，直观展示绩效情况。

（5）评估和反馈：根据分析结果，评估实际绩效与控制标准之间的差异，确保信息的透明度和沟通的有效性。

随着互联网、大数据与人工智能技术的迅猛发展，绩效测量的方式正经历着深刻的变革。管理者必须紧跟时代步伐，不断学习和采纳新的测量手段，以更有效地支撑控制职能活动的实施。在这个过程中，管理者应积极探索和利用互联网带来的广泛数据源，借助大数据技术的强大分析能力，以及人工智能的智能化算法，来提升绩效测量的精准度和效率。

19.3.3 比较和分析

比较和分析是指将实际绩效与既定标准进行比较，识别存在的差距或偏差。通过这一过程，管理者可以发现实际工作与计划工作之间的差异，并分析偏差的原因。偏差的原因可能是计划不合理、执行不到位或外部环境变化等。

1. 目的

进行比较和分析的主要目的在于：

（1）明确问题所在：通过比较和分析，管理者可以明确实际绩效与标准之间的差距，识别存在的问题。

（2）提供依据：比较和分析的结果为后续的纠正措施提供了可靠的依据，帮助管理者制定有效的解决方案。

（3）预防问题：通过深入分析偏差的原因，管理者可以采取预防措施，避免类似问题的再次发生。

（4）持续改进：比较和分析是一个持续的过程，通过不断的分析和改进，促进组织的持续发展和进步。

2. 方法

进行比较和分析采用的主要方法有：

(1) 数据分析：通过对收集到的数据进行统计和分析，找出实际绩效与标准之间的差异。具体包括数据整理，将收集到的数据进行整理，确保数据的准确性和完整性；统计计算，计算关键指标的数值，如平均值、标准差等；图表展示，使用图表（如柱状图、折线图、饼图等）直观展示数据的分布和趋势；差异分析，计算实际绩效与标准之间的差异，如百分比差异、绝对值差异等。实践中必须确保数据客观、准确，能够提供量化的差异分析结果。

(2) 因果分析：通过逻辑推理和调查研究，找出偏差产生的根本原因。具体包括鱼骨图（因果图），将问题作为鱼头，将可能的原因作为鱼骨，逐步细化每个原因；5 Why 分析法，通过连续问"为什么"来追溯问题的根本原因，直到找到最底层的原因；根本原因分析（Root Cause Analysis，RCA），通过系统的调查和分析，找出问题的根本原因。管理者要深入挖掘问题的本质，为解决问题提供方向。

(3) 标杆对比：将组织的实际绩效与行业标杆或其他优秀组织的绩效进行对比，找出差距。具体步骤：选择标杆，以行业内公认的最佳实践或优秀组织作为标杆；数据收集，收集标杆组织的相关数据；对比分析，将实际绩效与标杆数据进行对比，找出差距。标杆对比有助于提供外部视角，帮助组织发现自身的不足。

(4) 趋势分析：通过对历史数据的分析，找出绩效的变化趋势，预测未来的发展方向。主要步骤包括数据收集，收集一段时间内的历史数据；趋势计算，计算绩效指标的变化趋势，如增长率等；图表展示，使用趋势图（如折线图）展示绩效的变化趋势。优点是基于长期视角帮助管理者作出战略决策。

3. 实施步骤

进行比较和分析的实施步骤如下：

(1) 收集和整理数据：收集实际绩效数据和既定标准数据，确保数据的准确性和完整性；整理数据，使其适合进行比较和分析。

(2) 进行比较和分析：使用数据分析方法，计算实际绩效与标准之间的差异；使用因果分析方法，找出偏差产生的根本原因。

(3) 记录和报告：将比较和分析的结果记录下来，形成书面报告。报告中应包括实际绩效、标准、差异分析和原因分析等内容。

(4) 制定纠正措施：根据比较和分析的结果，制定具体的纠正措施；明确责任人和时间节点，确保措施得到有效执行。

（5）持续监控：在采取纠正措施后，继续监控实际绩效，评估措施的效果；根据新的数据进一步进行比较和分析，不断优化管理措施。

通过比较和分析，管理者能够全面、准确地把握组织各项活动的实际运行状况，有效识别并妥善解决存在的问题与不足，确保组织活动按照预定的计划和标准进行，最终实现组织目标。

19.3.4 采取管理行动

针对发现的问题或偏差，管理者需及时采取适当的管理行动进行纠正，以确保组织活动回归正轨。这些行动可包括调整计划、优化流程、提供培训等，旨在确保组织活动按照预定的计划和标准进行。

1. 目的

采取管理行动的目的主要有：

（1）及时纠正偏差：通过采取适当的管理行动，及时纠正发现的问题或偏差，确保组织活动回归正轨。

（2）确保计划执行：确保组织活动按照预定的计划和标准进行，提高组织的执行力和效率。

（3）预防问题再发：通过分析偏差的原因并采取相应的措施，预防类似问题的再次发生。

（4）提升管理水平：通过持续的管理和改进，提升组织的整体管理水平和绩效。

2. 方法

采取管理行动有如下方法：

（1）调整计划：如果发现偏差的原因是计划本身不合理或不切实际，管理者需要重新制订或调整计划。具体实施有如下步骤可供参考：重新评估目标，确保新的计划目标是合理的和可行的；修改计划内容，根据实际情况调整计划的具体内容和时间表；沟通和执行，将新的计划传达给所有相关人员，并确保其得到有效执行。

（2）优化流程：如果发现偏差的原因是流程设计不合理或执行不到位，管理者需要优化流程。实施步骤包括流程分析，详细分析现有流程，找出存在的问题和瓶颈；流程优化，提出改进措施，简化或优化流程；培训和执行，对相关人员进行培训，确保新流程得到有效执行。

（3）提供培训：如果发现偏差的原因是员工技能不足或操作不当，管理者需要提供培训。实施步骤有需求分析，确定培训的需求，明确培训的目标和内容；设计培训课程，根据需求设计培训课程，选择合适的培训方法和工具；实施培训，组织培训活动，确保员工积极参与；评估效果，培训结束后，评估培训效果，确保员工掌握所需的知识和技能。

（4）加强监督：如果发现偏差的原因是执行不到位或责任心不强，管理者需要加强监督。实施步骤主要有明确监督标准，制定明确的监督标准和要求；定期检查，确保员工的工作按计划执行；反馈和指导，帮助员工改进工作。

（5）资源调整：如果发现偏差的原因是资源不足或分配不合理，管理者需要调整资源。具体步骤包括资源评估，评估现有资源的使用情况，找出不足之处；资源调整，根据需要调整资源的分配，确保资源的合理利用；监控效果，调整后，持续监控资源的使用效果，确保问题得到解决。

3. 实施步骤

采取管理行动主要有以下实施步骤。

（1）识别问题：基于比较分析的结果，明确存在的问题和偏差，确定问题的性质和严重程度。

（2）分析原因：使用因果分析方法，找出问题的根本原因，确认问题的原因是否为计划不合理、执行不到位或外部环境变化等。

（3）制定措施：根据问题的原因，制定具体的纠正措施，明确措施的具体内容、责任人和时间节点。

（4）实施措施：将制定的措施传达给所有相关人员，确保其得到有效执行。为确保措施的顺利实施，必须提供必要的支持和资源。

（5）监控效果：在采取措施后，持续监控实际绩效，评估措施的效果。根据新的数据进行进一步的分析和调整，确保问题得到有效解决。

（6）总结和反馈：定期总结管理行动的效果，记录成功的经验和存在的不足，促进持续改进。

管理者通过及时采取管理行动，能迅速纠正偏差，确保组织活动紧密遵循预定计划与标准，从而有效达成组织目标。此过程在解决即时问题的同时，也促进了组织整体管理水平的提升与绩效的增强。

19.3.5 反馈与改进

反馈与改进构成了一个持续性的控制过程，其中管理者利用反馈机制，不断调整并优化控制措施，以期提升控制效能，推动组织的持续进步与发展。这一过程既涵盖了对当前控制措施的有效性评估与改进，也涉及对未来潜在问题的预见性防范与准备。

1. 目的

通过反馈与改进机制，旨在实现以下目标。

（1）确保控制机制的持续有效性：通过定期回顾和优化，确保控制措施始终适应组织的发展和变化，保障其有效性。

（2）不断提升组织的管理水平和效率：通过总结经验和持续改进，不断提高组织的管理水平和效率，促进组织的可持续发展。

（3）预防问题的再次发生：通过深入分析问题的原因，采取预防措施，避免类似问题的再次发生。

（4）增强员工的责任感和参与度：通过持续的培训和沟通，增强员工的责任感和参与度，提高团队的凝聚力和执行力。

2. 方法

反馈与改进通常采用如下几种方法。

（1）定期回顾：定期对控制过程进行回顾和评估，确保控制措施的有效性和适应性。包括设定回顾周期，根据组织的规模和管理需求，设定固定的回顾周期，如每月、每季度或每年；收集反馈信息，通过会议、调查问卷、访谈等方式，收集各层级员工和相关部门的反馈意见；评估效果，评估现有控制措施的效果，包括控制标准的合理性、数据收集的准确性、纠正措施的有效性等。定期回顾有助于确保控制措施的持续有效性，及时发现和解决问题。

（2）总结经验教训：通过对控制过程的回顾，总结成功的经验和存在的不足，为未来的改进提供参考。包括记录关键事件，如控制过程中发生的重大事件和关键问题；分析原因，找出根本问题所在；总结经验，记录存在的不足和需要改进的地方。总结经验教训有助于积累管理经验，避免重复错误，提高管理效率。

（3）优化控制标准和方法：根据反馈和总结的经验，优化控制标准和方法，提高控制的精准度和有效性。具体包括调整控制标准，使其更加合理和可行；改进数据收集方法，提高数据的准确性和及时性；完善纠正措施，确保问题得到有效解决。优化控制标准和方法，有助于提高控制措施的适应性和有效性，促进组织的持续改进。

(4) 持续培训和沟通：通过持续培训和沟通，确保所有相关人员了解最新的控制标准和方法。包括制订培训计划，定期对员工进行培训，确保他们掌握最新的控制知识和技能；建立有效的沟通机制，确保信息的畅通和及时传递。持续培训和沟通，有助于提高员工的控制意识和能力，促进团队协作和管理水平的提升。

3. 实施步骤

反馈与改进过程的具体步骤与采用的方法密切相关，一般来说，反馈与改进过程核心包括设定回顾周期以定期评估，通过多种方式收集各层级反馈，评估现有控制措施效果，总结经验教训，优化控制标准和方法，持续进行培训和沟通，实施并传达改进措施，监控实施后的效果，并将此作为一个持续的过程，不断优化控制措施，推动组织的持续改进与发展。

通过反馈与改进，管理者可以确保控制机制的持续有效性，不断提升组织的管理水平和效率，最终实现组织目标。这一过程不仅有助于解决当前的问题，还能够预防未来的问题，促进组织的可持续发展。

19.4 控制的类型

根据时间节点和目的的不同，控制可以分为前馈控制（预防控制）、同期控制（即时控制）、反馈控制（事后控制），如图 19-2 所示。

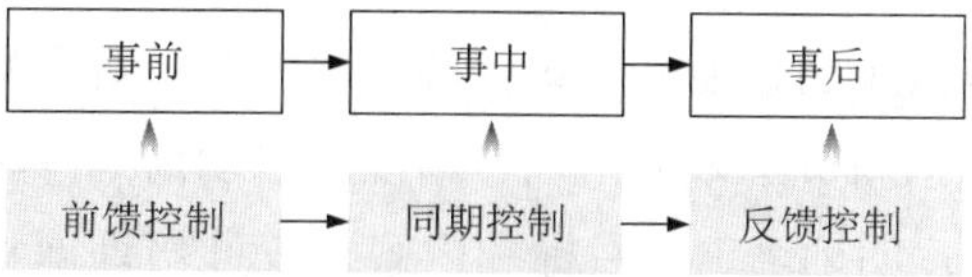

图 19-2 控制类型

19.4.1 前馈控制

前馈控制也称预防控制，它发生在实际工作开始之前，是未来导向的。其特点是将注意力放在行动的输入端上，使得一开始就能将问题的隐患排除，“防患于未然”。前馈控制是管理者最渴望采取的控制类型，因为它能避免预期出现的问题。采用前馈控制的关键是要在实际问题发生之前就采取管理行动。

组织中运用前馈控制的例子是很多的，比如，工厂在需求高峰来临之前，已添置机器，安排人员，加大了生产量，以防供不应求；公司在预计到产品需求量下跌之前就开始准备开发新产品上市。事实上，前馈控制是一个非常复杂的系统，要进行有效可行的前馈控制，必须满足以下两个必要条件：一是必须对计划和控制系统进行透彻、仔细的分析，确定重要的输入变量；二是必须建立清晰的前馈控制系统模型。

常用的前馈控制方法如下。

1. 市场调研

通过市场调研了解市场需求、竞争态势和消费者偏好，为项目提供科学依据。具体操作包括明确市场调研的目的和范围；设计调研问卷，确保问题的全面性和针对性；通过线上调查、电话访问、实地考察等方式收集数据；分析数据，对收集的数据进行统计和分析，提取关键信息。市场调研主要服务于新产品开发、市场进入策略的制定等。

2. 风险评估

通过系统方法评估潜在的风险，识别可能影响项目成功的因素。包括风险识别，列出所有可能的风险因素，如市场风险、技术风险、财务风险等；风险分析，评估每个风险因素的概率和影响程度；风险优先级排序，根据风险的严重性和可能性，确定优先级；制定应对措施，针对高优先级的风险，制定具体的应对措施。风险评估常用于项目启动阶段、重大决策制定等。

3. 培训

通过培训，提升员工的技能和知识，确保他们在项目开始前具备必要的能力和素质。实践培训包括新员工入职培训、新项目启动前的专项培训等。培训的前馈控制有：需求分析，明确培训的目标和内容；设计培训课程，选择合适的培训方法和工具；实施培训，确保员工积极参与；评估效果，确保员工掌握了所需的知识和技能。

4. 准备工作

通过详细的准备工作，确保项目启动时所有资源和条件都已到位。包括资源准备，确保所需的物资、设备、人员等资源已经准备到位；流程准备，制订详细的项目计划和操作流程，确保各个环节顺畅衔接；沟通准备，建立有效的沟通机制，确保信息的畅通和及时传递；应急准备，制定应急预案，应对可能出现的突发情况。

前馈控制旨在预防问题的发生，而非等问题出现后再进行补救。这种控制方式依赖于及时且准确的信息，但遗憾的是，这往往难以实现。因此，管理者通常需要依赖其他两种控制类型来辅助管理。

19.4.2 同期控制

同期控制，亦称为即时控制，顾名思义，是在活动进程中实施的一种控制方式。它强调一旦活动出现偏差，立即采取措施进行纠正。通过这种即时响应的机制，同期控制能够有效防止偏差的扩大或由此引发的更严重后果，使管理者能够在问题演变为重大损失之前及时介入并予以解决。

同期控制通常采用的方法如下。

1. 现场观察

管理者亲自到现场观察员工的工作情况和活动的进展情况。包括制定观察计划，确定观察的时间、地点和内容；现场巡视，管理者亲自到现场观察员工的工作情况和活动的进展情况；记录观察结果，发现问题和偏差；发现问题后，立即采取纠正措施。

2. 实时监控系统

通过安装和使用实时监控系统，自动收集和分析数据，及时发现并纠正偏差。具体包括安装监控设备，在关键位置安装摄像头、传感器等监控设备；数据收集，通过监控设备实时收集数据，如生产数据、客户反馈等；数据分析，应用数据分析工具，对收集到的数据进行实时分析；报警和通知，设置报警阈值，当数据超出正常范围时，自动发送报警通知；收到报警后，立即进行纠正。

3. 定期检查

通过定期检查的方式，确保活动按计划进行，及时发现并纠正偏差。包括制订检查计划，确定检查的时间、内容和责任人；实施检查，按照计划进行定期检查，记录检查结果；评估结果，识别存在的问题和偏差；采取措施实施纠正。

4. 员工反馈

通过员工反馈机制，及时了解活动中的问题和建议。包括建立反馈渠道，如意见箱、在线反馈系统等；定期收集员工的反馈意见和建议；分析反馈，识别存在的问题和改进点；采取措施实施改进。

同期控制更多地应用于生产经营活动的现场管控，由基层管理者负责实施。

它主要包含两大职能：一是提供技术性指导，涉及对下属工作方法与程序的具体指导；二是进行监督，以确保下属能够按要求完成任务。在同期控制过程中，管理者需即时完成的工作包括对比、分析、纠正偏差等一系列控制工作。尽管控制的标准源于计划工作中设定的行动目标、政策、规范及制度等，但控制的实际成效却更多地取决于现场管理者的个人素质、管理风格、指导技巧，以及下属对这些指导的理解与接受程度。因此，同期控制对管理者的能力和要求相对较高。此外，同期控制的具体内容还需根据被控制对象的特点来灵活调整。对于简单劳动或高度标准化的工作，严格的现场监督往往能取得良好效果；然而，对于高级创造性劳动，管理者则应更注重营造一个有利的工作环境和氛围，以促进计划的顺利实施和组织目标的实现。

随着信息技术的飞速进步，实时信息如今能够跨越地域限制，实现迅速且准确的异地传输，这为同期控制打破了传统现场的局限性，使其得以在更广阔的范围内有效实施。举例来说，在互联网的广泛覆盖下，商品供应商与物流服务商能够实时共享超市的运营状况及库存数据。这种信息的即时同步，使得超市能够在商品缺货的第一时间获得补给，确保了货物的及时上架，大大提升了供应链的反应速度和效率。

19.4.3 反馈控制

反馈控制是一种事后控制方法，它在活动结束后通过评估和分析结果来总结经验教训，从而为未来的活动提供参考和指导。其核心目的不仅在于从过去的活动中汲取成功经验并识别存在的问题，以便制定并实施改进措施，提高未来活动的成功率；还在于深入剖析问题根源，采取有效措施预防类似问题的再次发生，进而通过这一持续的反馈与改进过程，不断提升组织的整体绩效和管理水平。在组织中使用反馈控制的例子很多，产品的质量检测、人事的考评、对各类财务报表的分析稽查，等等，都属于反馈控制的内容。

反馈控制主要方法如下。

1. 绩效评估

通过对员工或团队的绩效进行评估，了解其在活动中的表现和贡献。包括制定绩效评估的标准和指标，如销售额、客户满意度、项目完成情况等；通过销售报告、客户反馈等途径收集数据；对员工或团队的绩效进行评估；反馈结果，并提供改进建议。

2. 客户反馈

通过收集客户的反馈意见，了解客户对产品或服务的满意度和改进建议。主要有设计反馈问卷，确保问题的全面性和针对性；收集反馈，通过电子邮件、电话访问、在线调查等方式收集客户反馈；分析反馈，提取关键信息；采取措施实施改进。

3. 项目总结报告

通过对项目的整个过程进行总结，评估项目的成败，总结经验教训。包括制订总结计划，确定项目总结的时间、内容和责任人；收集数据，如项目计划、进度报告、会议记录等；编写总结报告，包括背景、目标、实施过程、成果、问题及建议等；分享总结报告，进行讨论和反馈。

4. 数据分析

通过数据分析，对活动的结果进行深入分析，找出成功和失败的原因。具体步骤包括数据收集，如财务数据、生产数据、销售数据等；数据整理，确保数据的准确性和完整性；数据分析，找出关键指标的变化趋势和原因；报告结果，提出改进建议。

相较于前馈控制和同期控制，反馈控制展现出两大优势。首先，它为管理者提供了计划执行效果的真实反馈。当反馈表明标准与实际成果间差距甚微时，即意味着计划目标已顺利达成；反之，若差距显著，管理者可据此宝贵信息优化后续计划，确保其更为高效。其次，反馈控制对于提升员工积极性具有积极作用。鉴于人们普遍渴望获得对自身工作表现的评价，反馈机制恰好满足了这一需求，为员工提供了及时的绩效反馈。

本章小结

(1) 控制职能，作为管理职能的终结环节，不仅标志着一个管理周期的圆满结束，更预示着下一个管理周期的开始。鉴于计划在实施过程中常遇挑战，控制职能在管理职能中的核心地位愈发凸显。

(2) 控制是对各项活动实施严密监控，以确保其按照既定计划推进，并在发现重大偏差时及时予以纠正的过程。控制职能对组织至关重要，它确保目标实现，提高生产效率，降低风险，实现有效授权，并增强员工责任感，推动组织高效稳定发展。

(3) 管理控制思想的演变经历了几个重要阶段。早期管理理论首次将控制纳为管理的五大要素之一，奠定了其基础地位。进入科学管理时期，控制的重点转向了材料、进程和生产，追求效率与规范化。随后，在社会人管理理论时期，人们开始修正严格的外部控制方法，转而注重人际关系的发展，强调管理的人性化。到了现代管理理论阶段，系统论和控制论被引入来深入阐释控制问题，同时，管理信息化的普及极大地推动了管理控制理论与实践的飞跃发展。

(4) 控制的过程首先要明确控制标准，随后通过测量实际绩效来获取当前表现的数据。接着，对实际绩效与既定标准进行比较和分析，识别存在的偏差或不足。基于这些分析结果，采取相应的管理行动来纠正偏差或调整那些不适当的标准。最后，通过反馈机制对整个控制过程进行回顾与改进，以确保未来的控制活动更加有效和精准。

(5) 根据控制时点的不同，可以将控制分为三种模式：前馈控制、同期控制和反馈控制。反馈控制作用在行动之后，只能改进下一次行动的质量；同期控制作用在行动之中，随时将行动中的偏差予以纠正；前馈控制作用在行动之前，在开始时就努力将问题的隐患予以排除。采取前馈控制是管理者追求的目标。互联网和大数据时代的来临，这三种模式都将取得巨大进步。

控制概述思维导图

本章思考题

1. 什么是控制？控制职能有什么重要意义？

2. 控制过程主要包括哪五个步骤？

3. 控制的类型有哪些？各有什么利弊？控制类型的选择要考虑哪些因素？

4. 请研读《上海证券交易所融资融券交易实施细则（2015 年修订）》，并查阅相关文献和学习相关知识，从控制职能的角度分析一下从“T+0”到“T+1”的变化。

本章拓展阅读

20 有效控制与控制方法

为了实施有效的控制，管理者需要明确可以控制什么、应该控制什么，并熟练掌握控制的方法。同时，管理者还必须具备评估有效控制系统的能力。

20.1 管理者可控因素

为了实施有效的控制，管理者首先需要明确哪些是关键的控制要素、内容及工作的着力点，这些构成了控制的对象。在企业管理中，可控因素通常涵盖了人（员工）、机（设备）、料（物料）、法（方法或流程）、环（环境）以及测（测量或评估）。具体到操作层面，管理者应着重关注并控制以下六个方面：人员、财务、作业、信息、组织绩效和风险。

20.1.1 人员

依据管理的定义，管理者是通过指导和协调他人的工作来达成组织目标的。为了实现单位的整体目标，管理者不仅需要，而且必须紧密依赖并激发下属员工的潜力与积极性。毕竟，组织的基石在于人，唯有准确把握人员的工作方向，提升效率及工作动力，才能有力推动组织目标的实现。因此，确保员工能够按照既定的期望和标准高效工作，是管理者的一项核心任务。

在管理实践中，对人员的直接控制常通过定期巡视来实现，一旦发现问题便立即进行纠正，以确保工作方向的正确性。此外，建立系统化的员工评估机制同样至关重要。通过全面、客观地评估，对绩效卓越的员工给予及时奖励，以此强化其优秀表现，并树立榜样；而对于绩效不佳的员工，则依据评估结果采取相应措施，及时纠正其行为偏差，引导其回归正轨。这一过程不仅实现了对员工的有效控制，更巧妙地转化为激励员工持续进步的过程。

进一步地，对员工的控制策略可分为硬控制与软控制两大类。硬控制手段包括职务的精心设计、明确的工作纪律、直接有效的监督、公正的绩效评估以及合理的组织报酬等，它们为组织提供了必要的结构与规范。而软控制则侧重于通过培训与发展提升员工能力、塑造积极向上的组织文化等方式，激发员工的内在动力与归属感。软硬结合，方能构建起全面而有效的员工控制体系。

20.1.2 财务

盈利作为企业的核心目标之一，自然而然地促使管理者将各类财务指标作为关键的控制对象。在致力于实现盈利最大化的过程中，管理者往往会依托收入和费用的精细调控来达成目标。他们通过深入剖析每季度的财务报表，精准识别实际业绩与目标之间的差距，并借助一系列核心财务指标的计算，深入剖析这些差距产生的具体原因，从而制定出针对性的改进措施。有效的财务控制不仅能够显著降低运营成本，还能确保资源的优化配置与高效利用。

值得注意的是，财务控制的适用范围远不止于私营企业。对于非营利性组织而言，管理者同样高度重视财务控制，其关键目标之一在于提升管理的整体效率与有效性，确保每一份资源都能被用在刀刃上。显然，无论是在营利还是非营利领域，财务控制都扮演着成本控制与资源优化的重要角色，是管理者不可或缺的管理工具。

20.1.3 作业

所谓作业，是指将劳动力、原材料等各类资源，通过一系列有序的活动和流程，转化为最终产品或服务的过程。与侧重于“人”的人员控制不同，作业控制的核心关注点在于“事”，即整个转换过程的执行情况。作业控制的主要目的是评估并优化组织在这一转换过程中的效率和效果，确保资源得以被最大化利用，且产出符合预期标准。

在实际操作中，作业控制涵盖了多个关键领域，以全面监控和优化作业流程。这些领域包括但不限于生产计划控制，确保生产进度与市场需求紧密衔接；

对于质量控制，严格把关产品或服务的品质，满足甚至超越客户期望；对于原材料控制，合理采购与储存，避免浪费与短缺；对于库存控制，维持最佳库存水平，减少资金占用；对于设备运行控制，确保设备稳定运行，提高生产效率。通过这些细致入微的作业控制措施，组织能够不断提升其运营效能，实现持续稳健的发展。

20.1.4 信息

管理者在履行控制职能时，高度依赖于信息，而信息的数量充足性、质量准确性、来源可靠性以及时效性，均是决定控制工作成功与否的关键因素。因此，对信息本身的有效管理与控制显得尤为关键。管理者总是渴求一个高效的管理信息系统，该系统能够在恰当的时间节点，为合适的人员提供精确且适量的数据支持。

近年来，随着信息技术的迅猛进步，管理信息的获取途径与方式已发生了翻天覆地的变化。互联网的广泛普及与深入应用，使得管理者无论身处何地、何时，都能便捷地根据实际需求，即时访问当前及历史数据。更进一步地，可以利用先进的数据分析工具，对这些数据进行深入挖掘与分析，从而为决策制定提供有力支撑，确保控制工作的精准与高效。

20.1.5 组织绩效

将整个组织的绩效作为控制的核心对象，无疑展现了一种全面且宏观的管理视角，这通常是高层管理者所关注的全局性控制问题。然而，组织绩效的优劣并非由单一的评价角度或标准所能界定，它需要综合考量来自多方面的评价反馈。为了获得更为全面、客观的评价结果，除了专业的研究机构致力于构建完善的组织绩效评价体系外，组织的管理者、顾客及委托人、证券分析家、潜在的投资者与贷款者、供应商，以及现有员工和潜在雇员等利益相关者，也都会从各自的角度出发，对组织进行多维度评价。因此，管理者必须灵活运用各种控制手段，以确保或提升组织的综合绩效水平。

同时，在衡量组织效果时，应避免依赖单一的测量指标。生产率、效率、销售额、市场占有率、利润、现金流、员工士气、知识资产、适应性、稳定性以及可持续性等多个方面，都是评估组织整体绩效时不可或缺的重要指标。但值得注意的是，这些指标中的任何一个都不能单独代表组织的整体绩效，它们共同构成了一个复杂而多维的绩效评价体系，需要管理者进行综合分析与权衡。

20.1.6 风险

在实现组织目标的过程中，不确定性始终伴随左右，这就是风险。有效防范并控制这些风险，是管理者肩负的一项核心使命。正因如此，在现代管理理论与方法的探索与实践中，风险管理占据了举足轻重的地位。它已不再局限于传统意义上的末端控制，而是向前端延伸，在战略规划与制定阶段就同步展开，深入研究并预先制定各类“应急预案”。这一转变不仅增强了组织对潜在风险的预见性，还显著提升了其风险管控的整体水平，为组织目标的顺利实现提供了更加坚实的保障。

有效控制风险要求管理者首先进行风险识别与评估，识别潜在风险并评估其影响与概率。随后，采取风险回避、减轻、转移或接受等应对策略，并借助法律尽职调查、风险分类评分、风险分散与对冲等手段进一步优化风险控制。同时，持续监控风险变化，及时调整控制措施，确保风险控制的有效性与适应性，从而保障组织目标的顺利达成。

20.2 有效控制的前提

有效控制的前提包括计划的明确性、组织结构的健全性、信息的有效性与反馈渠道的畅通、控制的可重复性和可测量性，以及管理者的素质与能力等多个方面。这些前提为控制工作的有效实施提供了有力保障。

20.2.1 计划的明确性

计划是控制的基础，它为控制提供了明确的标准和目标。有效的计划应该是科学的、具体的、可操作的，并且能够适应环境的变化。其重要意义在于：①明确目标：计划明确了组织的长期和短期目标，为控制提供了方向；②资源配置：计划帮助管理者合理分配资源，确保各项活动按计划进行；③风险管理：通过详细的计划，可以预见和准备应对潜在的风险和不确定性。

从控制职能的视角来看，对于计划职能提出了三个实施要点：①科学性：计划应基于充分的数据和分析，确保其科学性和合理性；②可行性：计划应考虑组织的实际情况和资源限制，确保其具有可操作性；③灵活性：计划应具有一定的灵活性，能够适应环境的变化和突发事件。

20.2.2 组织结构的健全性

组织结构是实施控制的组织保障，它确保有专门的机构和人员负责控制职能，并明确各自的职责和监督关系。其重要意义在于：①责任明确：通过明确的职责分工，确保每个控制环节都有专人负责；②协调一致：良好的组织结构有助于各部门之间的协调与合作，提高控制的效率；③监督有力：明确的监督关系有助于及时发现和纠正问题，确保控制的有效性。

从控制职能的视角来看，对于组织结构提出了三个实施要点：①设立专门机构：设立专门的控制部门或岗位，负责监控和评估组织的各项活动；②职责明确：通过岗位说明书等方式，明确每个控制人员的职责和权限；③监督机制：建立有效的监督机制，确保控制活动的透明性和公正性。

20.2.3 信息的有效性与反馈渠道的畅通

信息沟通网络是实施控制的信息保障，它确保控制者能够及时、准确地收集和分析相关信息，以便作出科学的决策。其重要意义在于：①及时性：及时的信息传递有助于快速发现和解决问题，避免延误；②准确性：准确的信息是制定有效控制措施的基础，避免因信息失真导致的决策失误；③全面性：全面的信息覆盖有助于管理者全面了解组织的运行状况，作出综合判断。

从控制职能的视角来看，对于信息沟通网络提出了三个实施要点：①建立信息系统：利用现代信息技术，建立高效的信息收集和处理系统，如企业资源计划系统（Enterprise Resource Planning，ERP）、客户关系管理系统（Customer Relationship Management，CRM）等；②畅通沟通渠道：确保上下级之间、部门之间的沟通渠道畅通无阻，信息能够被及时传递；③数据分析能力：培养数据分析能力，确保管理者能够从大量数据中提取有价值的信息；④反馈机制：建立有效的反馈机制，确保控制措施的效果能够得到及时评估和调整。

20.2.4 控制的可重复性和可测量性

控制的可重复性和可测量性是组织有效控制系统的重要保证。可重复性意味着控制过程可以按照既定的程序和标准进行，确保每次控制都能达到预期的效果。可测量性则要求控制目标具有明确的量化指标，便于评估和控制效果。通过设定可重复、可测量的控制标准，可以确保控制工作的规范性和科学性，提高控制工作的准确性和有效性。

20.2.5 管理者的素质与能力

管理者的素质与能力是控制有效性程度的关键影响因素。一个优秀的管理者应具备高度的责任心、敏锐的洞察力、卓越的决策能力和良好的沟通协调能力。他们需要能够准确把握市场动态和组织内部情况，制定出切实可行的控制策略。同时，他们还需要善于激发员工的积极性和创造力，营造积极向上的工作氛围。通过提升管理者的素质和能力，可以确保控制工作的智慧性和人性化，推动组织持续健康发展。

20.3 有效控制系统的特征

所有有效的控制系统均具备若干共通特征。尽管这些特性在不同情境下的重要性各异，但仍能归纳出一些普遍存在的特征。

20.3.1 准确性

一个传递不准确信息的控制系统，会使管理层在应当采取行动的关键时刻未能获得警示，从而错失良机；或者在没有问题发生时错误报警，引发不必要的干预。因此，一个精准的控制系统必须具备可靠性，并能即时提供准确的数据。

20.3.2 经济性

在运用过程中，一个控制系统从经济视角考量必须展现合理性。其带来的效益需要与成本进行权衡对比。为最小化成本，管理层应寻求实施能产生预期成效的最精简控制手段。P. F. Drucker 指出："为节省九角九分而耗费一元，不叫控制。"

经济性的另一层面在于高效利用组织有限的资源，即强调重点管理。管理层无法也无需掌控组织内的每一项事务，否则将得不偿失。因此，管理层应聚焦于对组织战略具有重大影响的关键活动、任务及事件。换言之，控制的着力点应置于偏差易发之处，或偏差后果严重之处。这正是关键绩效指标（KPI）考核的核心价值所在。

20.3.3 适度性

管理控制需保持适度，始终铭记其初衷在于促进而非阻碍组织机能的提升。百货业中不乏过度控制导致机能障碍的极端案例：众多百货公司要求售货员全面提供控制相关信息，涵盖存货控制表、记账记录、发货单据等，致使售货员投入销售本职工作的时间大幅缩减。在某些大型百货公司，售货员竟有三分之二的时间被报表处理所占据，而服务顾客的核心职责仅占据三分之一，实属主次颠倒。针对此问题，一种解决方案是设立专职报表处理人员，另一种则是实施“最少化”或“精简化”控制策略。

管理控制应成为组织顺畅运行的助力，而非制造机能障碍的根源。此问题不仅企业面临，政府、高校同样难以幸免。尤其在高校，部分管理者热衷于朝令夕改的教条主义“指挥棒”，导致众多教授被迫将大量时间耗费在应对考核指标、填写表格及报销事务上，相应减少了其科研与教学的投入，破坏了高校的健康发展机能。非但未能提升管理水平，反而污染了学术生态。

20.3.4 例外性

由于管理层无法全面掌控所有活动，其控制策略应涵盖对例外情形的考量。构建例外处理系统，能确保管理层在偏差出现时迅速应对，避免手足无措。例如，公司管理政策规定，分公司管理者有权自主决定每月不超过 200 元的年薪增长或奖金发放，超出此额度则需上报总公司审批。这类审核节点不仅作为权力制衡的控制机制，还有效减轻了上级对日常开支的繁琐审核负担。

一个高效的控制系统应专注于常规流程的监控，但必须具备敏锐识别真正例外情况的能力。唯有当例外发生时，才需启动纠正措施或调整标准。

20.3.5 控制标准的全面性

管理者与普通员工皆倾向于寻求一种“光鲜”的衡量基准。若管理者单纯依赖某单一测量标准，譬如单件利润，员工便会集中精力优化此指标，使其表面看上去颇为出色，而忽略其他重要方面。采用多重标准，则能有效减轻或规避这种片面追求单一指标的“隧道视野”。

多重标准具备双重优势。相较于单一标准，多重标准因其复杂性而更难被操纵，从而能有效遏制工作中的形式主义倾向。再者，实际工作评估中，单一指标往往失之偏颇，缺乏全面性。因此，多重标准能更精准地衡量实际工作表现。例如，通过盈利能力、创新能力、员工满意度、客户满意度等多重维度来综合评估企业的经营绩效。相较于单一指标，其控制效果无疑更为优越。

20.4 控制方法

虽然明确控制对象或找到控制的“抓手”是控制工作的基础，但仅凭此还不足以确保控制工作的有效进行。为了真正实现控制目标，管理者还必须深入研究并熟练掌握各种控制的技术和方法。

20.4.1 预算控制法

预算不仅仅是一种计划工具，还是一种控制工具。财务预算为管理者提供了一个比较与测量支出的定量标准。由于据此能够指出标准与实际收入、花费之间的偏差，因此它也是一种控制方法。预算是组织使用最广泛的控制工具。

组织运营活动的每个方面都可以编制预算，但预算主要是指企业的财务报表预算，包括资产负债表、利润表和现金流量表等的预算，以及表内项目的预算。

如果从另一角度进行粗略划分，可归纳为以下四种预算：收入和支出预算、资金预算、现金流预算和资产负债预算。

预算工作为各项工作制定了财务标准，对照标准进行比较和纠偏工作是有效的控制方法，此方法可以确保经营财务目标的实现。

20.4.2 财务比率控制法

财务比率控制与预算控制不同，预算控制经常是绝对量（值）指标，而财务比率控制是相对量指标。相对而言，预算控制通俗浅显，而财务比率控制更能从深层次反映组织的运营状况，进而控制组织的运营和发展质量。

财务比率指标是组织中的各种财务报表（如资产负债表和利润表）中的一对有意义的数据比较并计算出的百分比或比率。管理者可以利用这些比率作为一种内部控制手段，用它来考查组织在利用其资产、负债、库存等方面的效率。财务比率控制法是非常实用的控制技术。

对于企业而言，常用财务比率指标可以分为三类：偿债能力比率、盈利能力比率和经营比率。

1. 偿债能力比率

偿债能力比率是指组织应付应偿债务的能力。组织必须具备足够的应付能力，但又不可留有过多的闲置资金。偿债能力比率的表达方式有：①流动比率；②速动比率；③资产负债率；④付息能力比率。

流动比率的计算公式为：流动资金/流动负债。流动资金包括现金、应收债款、库存等，而流动负债包括应偿债务、应付短期票据以及利息等。流动比率表明组织在短期内偿还债务的能力。速动比率是用组织的现金和可以立刻变换为现金（如流通证券）的流动资金去比组织现有的负债。若速动比率为 1，则表示组织具有足够的现金偿付到期的债务。

资产负债率的计算公式为：总债务/总资产。这一比率既表现了组织的偿债能力，又反映了利用借入资本的能力。借入资本多，表明组织吸引投资的能力较强，应用金融杠杆的意识较强。但借入的资本如果过多，则组织承担的风险太大。

付息能力比率的计算公式为：毛收入/应付利息，又称利息倍数。这个比率表明组织直接用毛收入支付利息的能力。

2. 盈利能力比率

这是一个组织的获利性指标，表达方式有两种：①投资利润率；②销售利润率。

投资利润率的计算公式为：净利润/投入资金总额。这一比率反映组织的投资获利能力。销售利润率的计算公式为：净利润/销售总额。这一比率反映组织所得的净利润与销售水平之间的关系，在控制可变成本或可控成本的效能方面有实用价值。

3. 经营比率

经营比率分析有助于对组织运营状况的了解，常用的比例有以下几种：

(1) 库存周转率。其计算公式为：销售额/平均库存额。这一比率反映库存量是否恰当，为保证库存周转率处于良好状态提供必需的控制信息。

(2) 市场占有率。其计算公式为：销售额/市场总销售额。这一比率反映组织在变动着的市场中所占有的市场份额。如果市场的总销售额增加 10%，而某个组织在该市场的销售额增长了 5%，则说明该组织的市场份额正在减少。

(3) 销售费用比例。其计算公式为：销售费用/销售额。这一比率反映了组织销售职能方面的工作效能。

（4）投入-产出比例。投入-产出比例在各个组织中表现的方式有许多种类，其中最常用的是投资利润率。

（5）总资产周转率。其计算公式为：销售收入/总资产。用于获取一定销售收入水平的资产越少，管理当局利用组织全部资产的效率越高。

比率分析是一种极有用的控制手段，但在进行比率分析时应注意处理好下述问题。其一，比率是一个商数，商数的获得取决于分母和分子两方面的数额。因此，无论比率值是否发生变动，都必须对分子和分母的数额进行调查，以确定比率值的真实意义。其二，比率应当在一个时期，形成某个趋势下，才能作出判断，并使其成为控制过程的重要信息。第三，孤立地看待某个比率可能意义不大。因此，管理者要学会用比率与先进的组织进行比较，从而发现不足，不断改进。

20.4.3 审计控制法

审计是通过核查财务决算表对其所反映的事项是否全面以及精确程度来考察财务记录的可靠性和真实性，从而起到控制作用。依审计主体的不同，审计可分为外部审计和内部审计。

1. 外部审计

外部审计是由组织外部的某个会计师事务所来进行的，其目的是测定组织的财务记录是否反映了组织财务状况的真实情况，外部审计主要验证这些记录是否准确，以及核查是否始终如一地贯彻了既定的会计程序和会计制度。为此，审计员必须抽查一切形式的基本财务记录，以保证核查结果的准确性。

外部审计对于控制过程的作用是间接的，而且有局限性。

2. 内部审计

内部审计是由组织内部审计人员进行的，与外部审计相同，也是为了验证组织记录的准确性，并检查这些记录是否符合预计要求。但是，内部审计还为内部控制提供一种手段，它力图检查其他控制的效能。因此，内部审计是对其他控制形式的总控制。

国际内部审计师协会（Institute of Internal Auditors，IIA）于 1967 年对内部审计下的定义强调了其评核组织内各项活动独立的立场，从事会计、财务及其他业务等的核查，辅助各管理阶层，为管理控制方法之一，对管理控制的效果一一审查评核，以视其在财产管理方面是否作适当的维护或使用，各项活动运作是否能及时被正确记录，以及其他各方面能否真正做到没有浪费、作弊与损失的存在。显然，内部审计的主要职责是审查评核各项控制的有效性。

内部审计对于控制过程的作用主要有以下几个方面：①促成管理目标的实现，任务、计划的完成及达到最有效的管理；②促使包括会计资料在内的各种管理信息的资料真实、正确、合法及合理；③维护组织财产的安全；④促使各项内部控制制度的健全、适用和有效执行；⑤通过绩效评估与对管理制度考核，促使管理水平与管理素质的提高。

3. 内控审计

内控审计是近年来随着上市公司的发展而发展的一项工作，是对企业内控系统有效性进行的审计。实施企业内部控制的目的是及时发现并防范企业经营中存在的风险，保证企业经营管理合法合规、资产安全、财务报告及相关信息真实完整，提高企业的经营管理水平和风险防范能力，促进企业战略目标的实现和可持续发展。内控审计的目的是支持企业内控制度得以健康运行。

20.4.4 统计和图表控制法

这是最早的管理控制方法之一，现在也得到很好的发展。在此类控制法中，影响较大的是 Gantt 横道图和质量统计控制。

H. L. Gantt 用图表帮助管理并进行计划和控制的做法是当时管理思想上的一次革命。Gantt 图是基于时间的控制方法绘制的标明计划和控制工作的条形图。尽管后来出现了许多变化，但是 Gantt 图的实质是为了表明如何通过各种活动的情况来安排工作的程序和时间，以完成这项工作，这点没有变。管理人员能够从图 20-1 提供的信息中看出某一项工程或产品落后于预定的计划，然后采取行动加以纠正，以便使工作赶上计划安排，或者调整计划。总体而言，Gantt 图是计划方法，更是控制方法。

Gantt 图作为计划和控制方法，在全世界得到了广泛应用。后来所有控制生产的表格和图表都从 Gantt 最初的工作中受到了启发，现在这种方法已经被发展成了计划评审法（Program Evaluation and Review Technique，PERT），它是用电子计算机计算的更为复杂的方法，不过仍然是以计划和控制时间与成本的原则为基础的。

质量统计控制图是另一种被广泛采用的方法。图 20-2 显示了一种通用的控制图，在实际运用中不一定同时有上下限。例如，在流水线产品质量控制中，纵

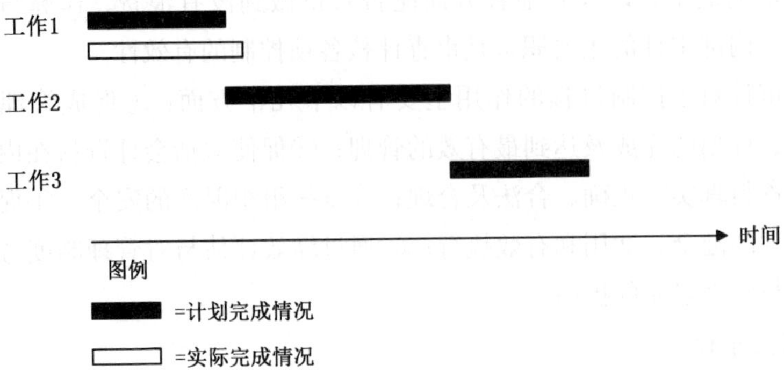

图 20-1　Gantt 图示例

轴可以表示每万件产品的次品个数，标准定位 20 件，上限为 30 件，不设下限。如果废品个数超过 30 件，就要分析原因，采取纠偏对策。统计控制图方法的上下限设置有一整套的理论与方法，可以参阅质量管理方面的文献，本章不再赘述。

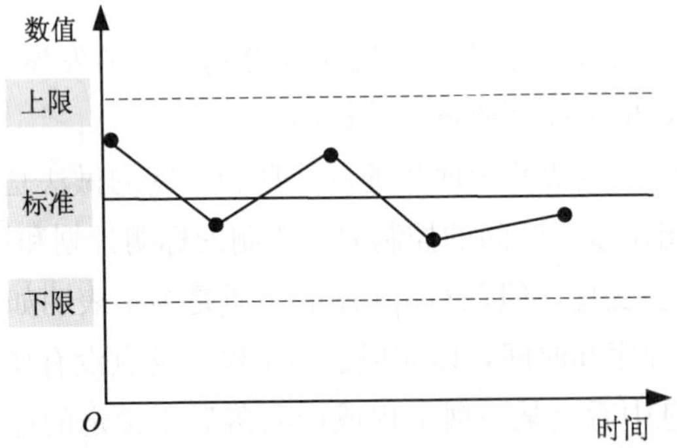

图 20-2　质量统计控制图

20.4.5　失效模式和影响分析法

失效模式和影响分析法（Failure Mode and Effects Analysis，FMEA）是一种用来确定潜在失效模式及其原因的分析方法，常用于质量管理和风险管控。

FMEA 实际上是失效事件发生之前的行为，而非事后补救。使用 FMEA 进行风险管控，能在早期识别计划方案、运营过程或产品与服务中的风险，可以帮助组织或个人提高规避风险的能力和应对风险的效率。通过 FMEA 的支持，有助于改进计划方案、运营过程或产品和服务设计。

通常，在计划和研发阶段开展 FMEA 活动被称为 DFMEA，而运营过程开展 FMEA 活动则被称为 PFMEA。但是，随着互联网、人工智能等技术的发展，组织中的并行工程成为常态，组织结构和运营模式的变革导致了各阶段工作相互渗透，没有绝对的 DFMEA 和 PFMEA 之分，应根据具体情况具体分析，以支持改进和提升绩效。

关于 FMEA 的研究和应用，由于内容比较冗长，可以参阅相关文献，本章不再赘述。

20.5 实施有效控制的建议

确保控制职能得以有效施展的核心要素主要包括计划与控制的深度融合、强化组织文化的引领作用、实施持续改进策略、加大培训与发展投入等。

20.5.1 计划与控制的深度融合

确保制订计划与控制实施之间的无缝对接至关重要。在制订计划阶段，就应充分考虑控制的需求，将控制的标准和指标直接融入计划内容中。这样，控制活动就能更加具有针对性和实效性。通过计划与控制的深度融合，可以确保组织在执行过程中能够始终保持对目标的清晰认知，并及时发现并纠正偏差，从而推动组织向既定目标稳步前进。

20.5.2 强化组织文化的引领作用

构建一个积极向上、鼓励创新且重视责任感的组织文化环境，对于提升控制职能的有效性至关重要。这样的组织文化能够显著增强员工的自我驱动力和团队凝聚力，使员工更加愿意主动承担责任、积极参与控制工作。同时，鼓励创新的组织文化还能激发员工的创造力和想象力，为控制工作提供更多的新思路和新方法。在这种文化氛围下，控制措施的执行效率和效果都会得到显著提升。

20.5.3 实施持续改进策略

控制不应被视为一次性的任务，而应是一个持续迭代优化的过程。为了实现这一目标，组织需要建立健全的反馈机制，及时捕捉并分析执行过程中的偏差信息。通过这些反馈，组织可以灵活调整控制策略，以适应不断变化的环境和需求。同时，持续改进策略还要求组织不断学习和借鉴先进的控制理念和方法，不断推动控制工作的创新和发展。这样，组织就能在向既定目标不断迈进的过程中，实现长期的持续改进和提升。

20.5.4 加大培训与发展投入

从事控制工作的人员是组织控制职能的重要执行者，他们的专业素养和能力水平直接影响到控制工作的有效性和前瞻性。因此，组织需要定期为这些人员提供专业培训和发展机会，以提升他们的专业技能和管理知识。同时，培训还应注重强化他们解决问题的能力和适应变化的能力，使他们能够高效应对各种复杂情况。通过加大培训与发展投入，组织可以打造一支高素质、专业化的控制团队，为组织的长期发展提供有力保障。

本章小结

(1) 为了对组织实施有效管理，管理者必须首先明确可操控的因素，精心规划出实现特定控制目标所需的最优控制因素组合，并借助恰当的控制手段来达成预期目的。构建并维护一个健全的控制体系，是确保控制工作成效的关键所在。

(2) 在控制工作的实践中，重点通常聚焦于以下几个核心领域中的一个或多个组合：人员、财务、作业、信息、组织绩效和风险。

(3) 有效控制的前提在于确保计划的明确性，同时保证组织结构的健全，以及信息的有效传递与反馈渠道的畅通。

(4) 一个有效的控制系统应该是信息准确的、经济的、适度控制的、强调例外的，并且控制的标准是全面的。此外，该系统还需具备指导问题解决方向的能力。

(5) 实施控制时，常用的方法包括但不限于：预算控制法、财务比率控制法、审计控制法、统计和图表控制法、失效模式和影响分析法。

(6) 为了实施有效控制，还需要重视计划与控制的深度融合，强化组织文化的引领作用，实施持续改进策略，以及加大培训与发展投入。

有效控制与控制方法思维导图

本章思考题

1. 管理者可以控制的因素有哪些?

2. 请挖掘"三鹿奶粉"事件的相关文献,阐述从奶粉问题中折射出了哪些"控制问题",有效控制的前提是什么?

3. 有效控制系统的特征有哪些?

4. 预算有什么作用?组织应如何来编制预算?

5. 管理者应如何应用财务比率分析法来进行控制活动?

6. 外部审计的目的是什么?内部审计的作用是什么?内控审计指的是什么?

7. 统计和图表控制法一般包括哪些内容?如何使用?

8. 失效模式和影响分析法的作用是什么?

9. 随着互联网的发展,暴露出众多个人隐私数据失控的问题。请挖掘相关案例,基于本章学习的内容,阐述保护个人隐私的对策与建议。

本章拓展阅读　　本篇案例研读

本篇进一步阅读的参考文献

[1] 尤筱玥,黄志明. 基于 FMEA 的业务外包风险评估研究[J]. 上海管理科学,2014,36(5):45-49.

[2] (美)Stephen P. Robbins, Mary Coulter. 管理学[M]. 12 版. 北京:清华大学出

版社,2018.
[3] 尤建新,邵鲁宁,李展儒.质量管理学[M].4版.北京：科学出版社,2021.
[4] 刘虎沉,尤建新,施华.质量工程与管理[M].2版.北京：科学出版社,2023.

主要参考文献

[1] 翟立林,周士富.管理决策理论与方法[M].北京：中国建筑工业出版社，1987.

[2] 周士富,陈炳权.现代工业管理导论[M].上海：同济大学出版社,1988.

[3] 翟立林.现代管理学概论[M].上海：上海社会科学院出版社,1990.

[4] 尤建新.管理学概论[M].上海：同济大学出版社,1995.

[5] 石含英,王荣桢.世界管理经典著作精选[M].北京：企业管理出版社,1995.

[6] 芮明杰.管理学：现代的观点[M].上海：上海科学技术出版社,1999.

[7] (美)Richard L. Daft, Dorothy Marcic.管理学基础[M].北京：机械工业出版社,2004.

[8] (美)Harold. Koonts, Heinz. Weihrich.管理学精要[M].北京：机械工业出版社,2005.

[9] (美)John M. Ivancevich.人力资源管理[M].北京：机械工业出版社,2005.

[10] 尤建新,陈强,朱德米.公共管理研究[M].上海：同济大学出版社,2006.

[11] (美)Peter F. Drucker.卓有成效的管理者[M].北京：机械工业出版社,2006.

[12] (美)Peter F. Drucker.德鲁克日志[M].上海：上海译文出版社,2006.

[13] (美)Peter F. Drucker.管理的实践[M].北京：机械工业出版社,2006.

[14] 沈荣芳.运筹学[M].2版.北京：机械工业出版社,2009.

[15] 苏保忠.领导科学与艺术[M].2版.北京：清华大学出版社,2009.

[16] (美)Richard L. Daft.领导学[M].5版.北京：电子工业出版社,2011.

[17] 周三多,陈传明.管理学：原理与方法[M].6版.上海：复旦大学出版社，2014.

[18] 曹玉红,尤建新,唐述毅,等.基于 BSC-FANP 供应链内部控制评价研究[J].运筹与管理,2014,23(6)：213-221.

[19] 尤筱玥,黄志明.基于 FMEA 的业务外包风险评估研究[J].上海管理科学，2014,36(5)：45-49.

[20] (挪威)Geir Lundestad.大国博弈[M].6版.张云雷,译.北京：中国人民大学

出版社，2015.
[21] 尤建新，邵鲁宁，卢超，等. 企业管理概论[M]. 6 版. 北京：高等教育出版社，2018.
[22] 康青. 管理沟通[M]. 5 版. 北京：中国人民大学出版社，2018.
[23] (美)Stephen P. Robbins，Mary Coulter. 管理学[M]. 12 版. 北京：清华大学出版社，2018.
[24] 尤建新，陈守明，赵红丹，等. 高级管理学[M]. 3 版. 北京：清华大学出版社，2019.
[25] (美)Spencer A. Rathus. 心理学[M]. 3 版. 北京：中国人民大学出版社，2019.
[26] 尤建新. 大数据时代呼唤数据质量治理[J]. 上海质量，2019(10)：20-23.
[27] 盛昭瀚. 问题导向：管理理论发展的推动力[J]. 管理科学学报，2019，22(5)：1-11.
[28] 尤建新. 管理理论发展应不忘初衷并超越当下[J]. 管理科学学报，2019，22(5)：15-17.
[29] 尤筱玥，雷星晖，杨迷影. 可持续供应商的概念界定及评价准则研究[J]. 上海管理科学，2019，41(2)：1-7.
[30] 尤建新. 管理学概论[M]. 5 版. 上海：同济大学出版社，2020.
[31] 尤建新，邵鲁宁，李展儒. 质量管理学[M]. 4 版. 北京：科学出版社，2021.
[32] 彭博达，尤筱玥. 组织生态的革命性改变：基于 CiteSpace 的数字化转型研究(下)[J]. 上海质量，2021(11)：17-20.
[33] 尤建新，王莉，赵红丹，等. 管理与组织行为学[M]. 2 版. 北京：清华大学出版社，2023.
[34] 刘虎沉，尤建新，施华. 质量工程与管理[M]. 2 版. 北京：科学出版社，2023.
[35] 任浩，魏峰，金桥，等. 企业组织设计：现代的观点[M]. 2 版. 北京：清华大学出版社，2023.
[36] 尤建新. 可持续理念赋能健康发展[J]. 上海管理科学，2023，45(6)：7-8.
[37] 蒋璐，孙栩锐，卢超，等. 企业责任式创新：研究综述与未来展望[J]. 管理学季刊，2024，9(2)：137-157.

前　　言

（第六版）

进入新世纪以来，“大云平移”和人工智能的飞速发展，在改变世界经济格局的同时，也使得市场竞争生态发生了巨大变化，企业的组织体系和运营模式日新月异。《管理学概论》既要坚守经典，又必须与时俱进，这是第六版修订所遵循的准则。

第六版《管理学概论》是在前五版的基础上修订而成，继续保持五篇二十章的结构。在修订过程中，结合近几年管理实践的发展，补充和调整部分案例研讨，特别注重进一步丰富国内案例的内容，期望大学生在学习管理学理论和方法的同时，能够主动地融入我国管理的实践，与时俱进，德智体美劳全面发展。

第六版《管理学概论》的修订工作跨越了 2021—2024 年，历经中美贸易冲突、新冠疫情防控以及人工智能飞速发展等重大事件。这些重大事件不仅对全球的经济格局产生了巨大影响，也暴露了学界在管理学理论和方法研究方面存在严重滞后的问题。对于学者而言，这既是挑战和压力，也是探索机遇。随着中国共产党的二十大召开，结合二十大精神以及近年来 ESG（环境、社会、治理）规制、联合国可持续发展目标、数字化转型和人工智能应用等需求的发展，有必要对《管理学概论》进行相应的修订，这是第六版修订必须丰富的重要内容。

第六版《管理学概论》由尤建新、蒋璐执笔修订。在第六版的修订过程中，听取了众多授课老师的宝贵建议。在此，向长期以来使用本书并对本书各版次提出改进建议的所有师生、专家以及参加过本书各版次修订和建言献策的蔡三发、陈强、陈守明、雷星晖、刘虎沉、卢超、任声策、邵鲁宁、许学国、尤筱玥、赵红、周文泳等老师们，表示衷心的感谢！并期望你们继续对第六版《管理学概论》给予积极支持和不吝赐教！

尤建新

2024 年 9 月于同济园

前　　言

（第五版）

光阴似箭，第一版《管理学概论》是在作者整理了10年讲课笔记的基础上成稿的，至今已经25年了。进入21世纪以来，大云平移和人工智能的飞速发展，在改变了世界经济格局的同时，也使市场竞争生态发生了巨大变化，企业的组织体系和运营模式日新月异。《管理学概论》既要坚守经典，又必须与时俱进，这是第五版修订的准则。

第五版《管理学概论》是在前四版的基础上修订而成，保持了第三版、第四版的5篇20章结构，结合近几年以来管理实践的发展，补充和调整了部分案例研讨，期望大学生们在学习管理学理论和方法的同时能够主动地融入管理实践中，做到德智体美劳全面发展。

第五版《管理学概论》修订过程跨越了2019年，经历了中美贸易战和新型冠状病毒性肺炎COVID-19的磨难，这两个重大事件不仅对全球经济社会格局产生了巨大影响，也暴露出了学界在管理学理论和方法研究方面的严重滞后，对于学者而言，既是挑战和压力，也是探索和成长空间。关于管理学的经典与发展，第四版的前言中已有作者的阐述，这里不再赘述。总之，发展是硬道理，这是今天管理创新的硬核。

第五版《管理学概论》由尤建新、尤筱玥执笔修订。在第五版的修订过程中，听取了众多授课老师的积极建议，在此，向长期以来使用本书并对本书各版次提出改进建议的所有师生和专家以及参加过本书各版次修订和建言献策的雷星晖、彭正龙、周文泳、陈守明、陈强、刘虎沉、许学国、蔡三发、赵红、任声策等教授们表示衷心的感谢！并期望你们继续对第五版《管理学概论》给予积极支持和不吝赐教！

尤建新

2020年3月于同济园